80/20思維

放掉80%的無效努力，
抓住20%讓人生持續獲益的關鍵

80/20 DAILY
Your Day-by-Day Guide to Happier, Healthier, Wealthier, and More Successful Living

by
RICHARD KOCH

理查・柯克——著
蕭季瑄——譯

高寶書版集團

獻給我認識的人中，最快樂、最落實80／20法則的三個家庭：

安妮、傑米、葛瑞絲、薩爾與湯姆

瑪麗－路易絲、瓊恩、諾亞與傑克

蓋伊、妮基、羅米莉、班與奧托

前言與謝詞

要是沒有萊恩．史密斯（Ryan Smith），這本書就不會存在，所以我首先必須感謝他。他讀了《80／20法則》後，認為我應該根據這個原則撰寫一本日常讀物。我同意。令我驚訝的是，我的編輯兼出版人，伊恩．坎貝爾（Iain Campbell）也這麼認為。所以我動筆了，謝啦，萊恩！也要感謝伊恩，他的編輯嚴謹、快速、精確且充滿想像力，遠遠超出了職責範圍。如果所有編輯都優秀如伊恩，作者和讀者們會更高興。此外，非常感謝我傑出的經紀人莎莉．霍洛威（Sally Holloway），她才華洋溢，且能花費最小的氣力解決問題——無疑就是80／20法則最佳實踐。

坦白講，《80／20思維》比我想像得更耗時。我熱愛寫作，但當我深入探索這份任務時，我清楚地發現，80／20法則的範圍、廣泛程度和力量，遠超過了我之前涵蓋及意識到的內容，且需要參考大量最新的研究和思考。

《80／20思維》大多數內容都是原創的。儘管主要是以十多年前的作品主題為基礎，但我面臨的挑戰是需要重新思考大部分的問題，而且是第一次思考其中的一些議題。每一章節都是全新撰寫而成，只有偶爾引用我自己的話。

這本書裡有新的主題，包括「機會主義」、情緒、成長、個人壟斷理論、自愛、如何打造自己的新藍海、如何複利自己、正確的居住地點、時間綠洲、運氣的本質（和流行的觀點不同，究竟什麼是幸運、什麼是不幸）、選擇並打造你的樞紐、做出符合80／20法則的決定、直覺、帕斯卡賭注（Pascal's wager）及不對稱賭注，最後是關於黑天鵝理論（極不可能發生，實際上卻又發生的事件）及歷史的章節。

我最大的恩人，也是80／20法則的大恩人，如果把他想成一股有知覺的力量，無疑是無與倫比、具有深遠影響力的提姆．費里斯（Tim Ferriss）。過去二十年間，沒有人像他一樣如此不懈、如此有影響力地致力於推廣80／20法則。我尤其感謝提姆給予的支持，這和他往常（且明智）的策略相當不同。我的書和我本人也因為兩次登上他著名的播客〈秀〉（Show）而受益匪淺，雖然有點明顯，但我真的推薦你看看我和提姆一起寫的兩篇部落格文章[1]。在最近的一集節目中，提姆熱心地來到葡萄牙探望我，我們倆在餐桌邊有段非常有趣的時光。

哇，提姆！

當然了，非常感激裴利．馬歇爾（Perry Marshall）為這本書撰寫前言。裴利是非常成功的《80／20法則做行銷，業績變百倍》（*80/20 Sales and Marketing*）一書的作者，該書遠超出

1 兩篇文章分別為：https://tim.blog/2020/09/22/richard-koch/，以及 https://tim.blog/2023/07/05/richard-koch-2/。

了銷售與行銷的範圍，可以被視為《80／20法則：第二部》。它完全補足了我的著作，且出色地完成了許多我沒法嘗試的事情。若你喜歡這本書，也請閱讀他的作品！

同樣地，我也要感謝我的朋友馬克思・阿科斯塔・盧比歐（Marx Acosta-Rubio），他不遺餘力地提供支持，並針對我的工作提出有建設性的批評。馬克思廣泛閱讀，鼓勵我讀幾本偉大的傳記，促使我在現在這本書之前，先寫了《如何達到不合理的成功》（暫譯，*Unreasonable Success and How to Achieve It*）。馬克思是位睿智的博學人士、著名的自由主義者，也是一位非常良善的人。《如何達到不合理的成功》以及我所有的著作，特別是你現在手上的這本，都因為他的影響而有顯著進步。

最後，我誠摯感謝所有慷慨抽出時間閱讀本書、做出無價貢獻的朋友。我就不列出名字了，以免漏掉哪個人，但其中非常重要的點子來自蓋伊・鮑里斯、湯姆・巴特勒－波登、雨果・狄加多、克里斯・艾爾斯醫生、尼可拉斯・拉德、傑米・理夫以及傑米・斯蒂雅特。

好了，請專心閱讀這本書吧，反思內容，讓整個人生變得更快樂、更健康、更富有、更成功、更有向善的力量。

目錄
Contents

序

裴利・馬歇爾，《80／20法則做行銷，業績變百倍》作者

理查・柯克請我為他的新書《80／20思維》寫序時，我滿心困惑。述說三百六十五件關於80／20法則的事情，好像有點違反這項法則吧？

畢竟，80／20法則提倡的不是說很多，而是專注。所以，把很多內容濃縮成一句話更符合80／20吧？或者七十三句話，也就是三百六十五的百分之二十？

但話說回來，或許80／20的深度，需要每天一點一滴的智慧才能被挖掘而出。

這條法則很深奧。你可以每天探索一點，持續一年後仍能發掘更多。你只想要獲得80／20的棕色腰帶嗎（空手道三至一級的腰帶顏色）？或者是黑帶三段？80／20法則的深度和廣度表明了它的複雜性值得被持續探索。

我認為80／20的深度足以每日挖掘。每一個應用方法，都賦予熟悉的問題全新的角度。僅僅是一個見解，也能夠從根本上改變你的思維及策略。

現在，如果有人能夠讓這三百六十五種見解發揮功效，那人就是理查·柯克。他於一九九七年撰寫了第一本80／20法則的書籍，該書已銷售逾百萬冊、被翻譯成超過四十種語言。他還有其它二十五本著作，其中有些是關於80／20法則，而大多都涉及了一系列概念：如何變得更快樂及更富有、如何讓生活達到禪宗般的優雅等等。

一九八三年，他開始用大約五十萬美元的積蓄進行投資。這筆財富現已增長到大約十六億美元。他的資產年複合成長率約為百分之二十二，略高於華倫·巴菲特（儘管巴菲特因起步較早而擁有更多的財富）。

理查每週花不到一天的時間進行投資，並達到了這個成就。他沒有辦公室，且只有兩名員工。他從未使用試算表程式——他不知道怎麼用，且認為那些會誤導人。他用一台古老的**HP12c**計算機計算。他給出很多錢（但只給朋友和家人），不知道如何花費他的財富，也不在乎這點。他只有一個奢侈的習慣（秘密）。

他一天騎單車兩小時，還會帶他的拉布拉多散步很長一段距離，地點大多是在海邊。他打羽球、小賭怡情、一天和朋友吃飯幾次、每天閱讀兩小時。他居住在一個幾乎永遠陽光普照的地方。這聽起來真是美好的生活。

在《80／20思維》中，每一天的法則都能讓你快樂、放鬆、擺脫壓力、擁有健康的心靈，讓你有能力幫助親朋好友和其他更廣泛的社交圈。沒錯，最後甚至能因為找到一份很棒的工作而獲得更多財富。

有時候，即使是看似多餘的百分之八十也蘊含價值，只有在深入檢視或是事後回顧時，才能明白這點。我承認這很諷刺：你越深入了解80／20，就越能欣賞完整的百分之百。每一層面的細微差別都是以上一層為基礎。

理查的《80／20思維》可能是你維持心靈健康所需的日常慣例。在一個資訊飽和的世界，以準則為中心的日常儀式可能正是消除震耳欲聾噪音的方法。理查將教你簡單、有力且快樂地思考。

投入其中吧——一次一天、一次一項豐富的80／20深刻見解。

第一章 什麼是80／20法則？

什麼是80／20法則？為什麼它在日常生活中如此美妙？我們即將探索到底什麼是80／20法則，為什麼要應用它以及如何運用。對於那些喜歡分析的人們，有個80／20分析法，這在統計和商業中非常有用。不過呢，80／20思考法更容易被忽視，但卻更強大。它能將我們的生活大幅提升至新的層級。

1・這宇宙很詭異！

什麼是80／20法則（下文簡稱80／20）？

80／20告訴我們，在任何一個群集中，有些事情可能比其他事物重要許多。一個好的基準或假設是：**百分之八十的結果都是來自百分之二十的原因，有時則是來自比例更低的強大因素。**

以日常用語為例，艾薩克．比特曼爵士（Isaac Pitman）發現僅七百個單字及其變體就佔了常用語言的八成，因此他發明了速記法。這七百個單字只佔了辭典內所有字詞的百分之一。這是80／1關係的其中一個例子——百分之八十的時間，都是使用百分之一的素材。

可以肯定的是，在你日常生活中有百分之八十的時間，你會穿的衣服不到你衣櫃裡所有衣服中的百分之二十。日常生活充滿這種關係，有些稀奇古怪但不重要；有些會影響到你的幸福並造成劇烈危機。你接下來將學習的，正是這些80／20的事件、事實和假設。

我們傾向於認為生活是50／50，而非80／20。有時候，百分之五十的人擁有五成的稀缺資源，例如金錢或影響力，但此情況實屬少數。你每一小時做的工作都有相同的價值嗎？還是有些事情能達成很好的結果，其它則不然？

這宇宙很詭異！結果和起因是有偏差的，但可以預見它們遵循著80／20法則。當你發現生活中的不對稱時，可以找到方法，用更少的氣力、壓力、時間或金錢來加乘結果。

你搞懂80／20了嗎？你將學到很多方法來獲得更多渴求的東西，而且幾乎沒有痛苦，也許還能樂在其中。

2・80／20的其他實例

・有一針對十八個月內上映的三百部電影的研究，結果顯示其中四部（佔總製作量的百分之一點三）佔據了八成的票房收入。

- 股票市場中，標準普爾指數排名前十名的股票（佔總數的百分之二）通常佔了全部漲幅的百分之九十二。
- 美國的持股家庭中，其中百分之五的人擁有股票總價值的百分之七十五。
- 若你去聽音樂會，無論是搖滾樂、爵士樂還是古典樂，百分之八十以上的時間都是在演奏某幾首歌曲或音樂——古老的、耳熟能詳的曲目。
- 全世界六千七百種語言中，百分之九十的人使用的是其中一百種（百分之一點五）。
- 美國人佔世界人口不到百分之五，但消耗了超過百分之五十的海洛因及其他一些非常有害的物質。
- 一八四七年至一九一七年間，歐洲的警察特務列出了數千名「職業革命者」。然而，只有列寧一人真正成功地完成了一場革命。歷史上充滿了少數人產生劇烈影響的事件，無論是好事還是壞的。
- 全世界最大的現場投注交易所**Betfair**的報告顯示，九成的賭注資金僅來自其中一成的客戶。
- 數以千計的新發明不斷湧現，但其中一小部分對我們生活的影響，比其他所有發明的總和還要大，例如核能、電腦、網路和現在的人工智慧。

你能想到生活上符合80／20的例子嗎？

3・為什麼80／20能大幅改善生活？

當你發現某個原因會產生巨大影響時，或許能夠藉由往常的努力，運用它獲得卓越的成果。**80／20的本質是識別那些用較少努力、時間、金錢或任何其他稀缺資源，換取高回報的活動。**80／20也意味著從事讓你自己與其他人快樂、沒有壓力的事情。

生活充滿這種80／20的可能性。例如，閱讀這本書時，你將會看到：

- 你所擁有的時間中，其中一小部分會產生大部分有價值的成果。
- 你一生中所做的決定，真正重要的不到十個，而這十個決定的成果大大勝過了其他數千個決定。
- 有四個因素比其他所有因素更能影響你的幸福。
- 只要採用80／20思維，隨時都有大幅改善生活的機會。

直到最近，80／20主要都是被用在商業與經濟學。我的任務是要讓80／20被應用到你生活中的所有領域，並大大提升你內心的平靜、快樂、成就以及讓你對認識的人產生正面影響。

你準備好學習如何變得更快樂、更和善了嗎？你是否同意巨大的努力不見得會有強大的成果？

4・80／20分析法與80／20思維

有兩種不同的方法能使用80／20：

80／20法則	
80／20分析法	80／20思維
精確／關乎數量／需要調查／提供事實／高度價值	模糊／關乎品質／需要思考／提供見解／高度價值

傳統上，80／20分析法是80／20法則的主要工具。我可能不是個好的分析師，所以更常運用80／20思維。

80／20思維代表要擁抱80／20法則背後的基本理念：**生活或是生活的任何層面中，並沒有所謂的重要貢獻**。想到這點，不禁令人感到解脫。

80／20分析法主要是商業工具，但80／20思維可以在生活各層面產生巨大效用。

你喜歡「80／20思維」嗎？繼續讀下去，你將很快成為一位80／20思想家。

5・如何開始你的80／20思維

你需要不斷問自己：我生命中的哪百分之二十導致了百分之八十的結果？什麼事情做得**很棒，應該做更多，或者我應該讓自己沉浸在哪些舒服的暖流之中？**

永遠不要假設自己肯定知道答案。花點時間、帶點創意思考這個問題。和眾多微不足道的因素相比，哪些是少數重要的貢獻或起因？哪些是轉動大門的小鉸鏈？聆聽一下那些被背景噪音蓋過的動人旋律。

有了答案，或至少有了好的假設後，檢視一下吧。它有帶來巨大的變化嗎？你知道的，當80／20思維能加乘效果和良好的感覺時，便是發揮了功效。出自80／20思維的行動應該要**讓你從較少的事物中獲取較多成果**。

採用80／20思維時，不要**假設**結果是好是壞，也不要假設觀察到的強大力量是好的。藥物很有效，但不見得是好的。你日常生活中的任何重要改變也是如此。要**決定**結果對你是否有益，對你的內在自我和外在表現有什麼影響？接著決定你是將少數的強大因素進一步推往正確的方向，還是阻撓它們的運作？

我們喜歡小小的因素和大大的結果。這就是你尋找的東西。這些小小的因子、小小的改變和大大的收穫，就在你的身旁。無論你是否有注意到，外部和內部的機會每天都圍繞著你。注意了，測試結果，看看它們是否良好，如果是的話，加乘這些結果吧。

持續思考80／20思維。這是你人生中最大、最棒的新習慣。

你開始執行80／20思維了嗎？

6・80／20顛覆了傳統智慧

有了80／20，你將會：

- 慶祝非凡的成果，而非提高平均努力程度。
- 尋找高品質捷徑，而非跑完全程。
- 有選擇，而非照單全收。
- 喜歡簡潔勝過冗長。
- 追求並讚揚少數事情的卓越性，而非全面的表現。
- 日常生活中，盡可能將多件事情委託給他人。
- 謹慎選擇職業、僱主和老闆。
- 僱用他人，而不是受僱。
- 採用寬鬆的互惠方式，而非正式的合約。
- 思考一下，所有事情中，哪百分之二十的努力和金錢會換來百分之八十的回報。
- 保持冷靜，瞄準一些非常有價值的目標和機會，並降低工作量。

・充分利用一連串的好運（通常不僅僅是運氣），此時你正處於創意巔峰，上天保證你會成功。

你擁有突破傳統的智慧嗎？

7・80／20思維將極致的野心與輕鬆自信的態度相結合

我們已經習慣這麼想：遠大的抱負需要非常活躍、長時間工作、忙碌、無情殘酷且需要犧牲自我和其他人。我們為這種聯想付出了昂貴的代價。抱負並不需要包含永無止盡的競爭，更有吸引力、同樣實際的組合是**極端的野心＋自信＋幽默＋冷靜＋文明的舉止**。

大多數偉大的成就都源於扎實的應用、深刻的思考和靈光一閃的洞見。想想阿基米德洗澡的時候。或是牛頓逃離倫敦的瘟疫，坐在林肯郡一棵樹下被掉落的蘋果打到的時候（或者，他更有可能是在觀察蘋果）。想想愛因斯坦那有關行經的火車的白日夢。達爾文在科隆群島看著反舌鳥的時候。亨利・龐加萊（Henri Poincaré）準備上公車時和一位朋友聊天的時候。伯特蘭・羅素（Bertrand Russell）在劍橋閒逛，正要去買菸斗用的菸草時。如果他們被困在書桌前，或是瘋狂地指使一群科學家，科學還會是現在這般模樣嗎？

功成名就的人，大多數的突破都是發生在很小一部分的工作時間內。80／20清楚表明了這一點。

如果你有足夠的好奇心和野心，且懂得**思考**，而不是漫無目的地奔波，就能擁有足夠的時間。成功源自於一剎那的洞察和選擇性的行動，來自多樣化的思維、永恆的願景和獨自沉思。雖然有些例外，但世界上大部分的重要著作僅花一兩年就撰寫完成，大多數流傳不絕於耳的音樂，創作時間不到一天。艾爾頓．強（Elton John）說他不到二十分鐘就完成了〈風中之燭〉（*Candle in the Wind*）。發現、發明和認知飛躍僅需要幾秒、幾小時、幾天或幾個月，不需要一輩子。它們就像是熱騰騰的刀子切下奶油，而不是石頭上的血跡。

我們感覺良好且放鬆時，會湧現最棒的想法。平靜、微小的聲音在生活中佔據了比你想像中更重要的地位。把激烈的競爭拋諸腦後，獨自深思一下吧。

你也想這樣做嗎？就從今天開始吧！

第二章　聰明和惰性

這是一個典型的80／20範疇：和許多人的看法相反，聰明和惰性才是上策。聰明—懶惰的人有選擇，能運用80／20去決定該做什麼事，以及更重要的是，「不做」什麼事情。他們知道如何用較少的努力達到卓越的成果，帶來更多快樂，以及增加他們自身的影響力。如果所有人都聰明又懶惰，世界會更加快樂、運作地更好。你可以從今天開始。

8・馮・曼斯坦矩陣

埃里希・馮・曼斯坦元帥（Erich von Manstein）是第二次世界大戰期間德國軍隊的指揮官，十分痛恨希特勒。他將軍官分為四種類型：

- 第一種是懶散又愚笨型。別理他們，那些人沒有殺傷力。
- 第二是勤奮聰明型。他們是優秀的參謀官，確保所有細節都有被適當地考量。

- 第三，愚笨努力型。這些人是一種威脅，必須立刻開除。他們替所有人製造了無關緊要的工作。
- 最後是聰明懶惰型。他們適合擔任最高職位。

你屬於這個矩陣中的哪一區？你是，或者你能夠變成聰明又悠閒的人嗎？

	愚笨	聰明
懶惰	不理他們	***星星勳章***
努力工作	立刻開除	優秀參謀官

9・聰明又悠閒

效率最高的，是聰明又悠閒的人。

想變得高效率，且生活充滿快樂和成就，關鍵就是要有懶散的智慧。

執行有價值的事情和享受充實的生活，達成這些目標的必要條件是足夠的智慧，而不是辛勤勞苦。

但為什麼懶惰很重要呢？

80／20的精髓是「少出力多成果」。若百分之二十的人或力氣完成了百分之八十有價值的產出，那這些人的效率就比其他百分之八十的人高出許多倍。因此，如果那兩成的人願意，就可以用更少的時間、力氣和壓力，或者更少的這幾個元素的組合，來實現他們的產量。

由於壓力超過一定的程度，就會損害身心健康和幸福感，因此，如果高成就者很聰明，且不會沉迷於工作，就應該懶惰一些。即使高成就者確實熱愛工作，對其他活動不感興趣，也可能會讓同事或其他試圖與他們保持密切關係的人感到不快樂。所有聰明且勤奮的人都有可能錯過一些寶貴的人生經歷，包括愛。

惰性聰明是個明智的個人策略，其他人也能受益。

你既聰明又懶散嗎？如果不是，為什麼不這麼做呢？

10・成就地球的懶惰大老闆

我見過兩個人，他們在商業上創造了最高的價值，同時也是最悠閒的人，這絕非偶然。

第一位是布魯斯・杜林・亨德森（Bruce Doolin Henderson），從各個方面來看，他都是個大人物。他不胖，但高大魁梧，令人生畏。他最厲害的就是想法。他堅信創意能製造財富。他將商業策略澈底轉變為一套優雅、相互關聯、言簡意賅的想法。在此之前，市場上充斥著大量一般人難以閱讀的企業策略書籍，只能對失眠的人發揮作用。布魯斯將這些書濃縮成兩張圖表。現在我仍在使用其中一張。

他創立了可以說是全世界最棒、最具影響力的顧問公司。他打造了整個策略諮詢產業，為世界上更多聰明、沒有經驗的年輕人提供更多機會、思考的力量和金錢。

他很努力工作嗎？並沒有。幾乎完全沒有。他一成立公司，就僱用其他人執行所有工作。公司創立兩年後，他便不再提供任何諮詢服務了，只負責招聘員工。他很會挖掘不尋常的人才，並在綠色小冊子裡寫下策略（想法）。

布魯斯在辦公室或家裡寫這些策略。他像黑手黨老大一樣參觀世界各地的辦公室。他主導整個團隊，挑選出優秀的副總裁、撰寫產業聖經、看到了永恆的願景，並看著子弟兵們遍布世界各地。悠閒懶散是有報酬的。

你用多少想法創造出巨大的財富和影響力呢？

11・我認識的第二悠閒，也是最會賺錢的人

無論是好是壞，影響我最多的人是比爾・貝恩（Bill Bain），他是一位除了歷史學位外沒有其他資歷的天才。比爾於二〇一八年過世，我滿懷情感將他牢牢記在心上。他也是我認識的人中第二悠閒的。

比爾非常有創意。他是成長與市佔率矩陣（growth-share matrix，又名 BCG 矩陣）的共同發明人，矩陣內將產品或事業單位分為金牛（cash cows）、明星（stars）、問號（question marks）和老狗（dogs）。然而，他最棒的見解是，銷售和營運策略諮詢的最佳方式，是在首席顧問和客戶的老大（整個團隊的執行長）之間建立密切的個人合作夥伴關係。這確保了數十或數百名顧問執行工作時，高價值的資訊會準確流向客戶的執行長，這是他克服組織內強大「巨頭阻力」的方式之一，從而使公司的價值翻倍。對顧問公司來說，這是營業額和利潤不斷增長的秘訣。

比爾的方程式如此強大，讓他贏得真正的傑出人士，例如密特・羅姆尼的忠誠和辛勞付出。比爾每月召開一次全球合作夥伴會議，藉由這個方式來獲得員工的忠誠。

除了主持每個月的會議和指導子弟兵們之外，比爾什麼也沒做——沒有和客戶開會、沒有案件小組會議、沒有備忘錄，通通都沒有。他過著美妙的生活。他王國內的其他人每週工作六十至七十小時，所有人壓力都很大。比爾將這些壓力輸出；而不是輸入。他的行事曆要

麼一片空白，要麼寫滿從未召開過的會議。一位比爾的夥伴告訴我說：「我永遠無法見到比爾討論客戶的狀況；他的日程表裡滿滿都是無法出現的假理由。」比爾就是喜歡這樣。你可以在電梯裡看到他穿著完美無瑕的網球裝。他會面露微笑或開個玩笑，坦然接受自己的生活如此與眾不同，並對這樣的自己感到十分滿意。

你能用某種方式效法比爾嗎？

12・大衛和雅克：兩位主管的故事

大衛和雅克是一間大型顧問公司的兩位高層，互看不順眼。他們代表不同的派系：大衛是英國人，擁有祖國同胞和美國人的支持；雅克則是有歐洲辦公室、有盈餘且快速擴張的電訊部門的支持。我聽說大衛有一次稱雅克是「世界上最懶的人」。

大衛說得沒錯。你瞧，雅克很有魅力，是個慵懶的法國人。他從由公司支付、能俯瞰公園的豪華公寓出發，只需步行八分鐘，在九點至十點間抵達位於倫敦的辦公室。他打幾通電話到法國、德國和義大利，翹起腳閱讀報紙，親切地和辦公室裡的人聊天。他和一些老朋友悠哉地共進午餐，總有美酒相伴，且也能跟公司報銷。然後他比其他所有人早下班。一有人問他為何那麼早離開，他就會轉頭笑著說：「但你想想我有多晚來！」

然而，悠閒的外袍之下有一顆聰明的腦袋。他知道公司內哪些極少數顧問價值堪比黃金。他挑選、提拔並指導他們，讓他們的效率提高了一百倍。他那一閃而過的本能洞見令人驚嘆不已。這些都不需要花費大把時間；如果他多和董事會同事共事，獲得的成就便會大大減少。且他對客戶也很有一套；客戶們愛他、尊敬他。

大衛早上八點進公司，一直工作到晚上八點，經常趕往參加和工作有關的晚餐聚會。他擔任公司內許多委員會的主席，監督所有源源不斷的緊急狀況。難怪他怨恨他的法國同事，對方的薪水還比他高。

幾個月後，雅克和電訊部門主管辭職一同創業，比原先的公司更加成功。他們從此過著快樂的生活，而大衛和他同事則一直在阻止迫在眉睫的災難。[2]

你如何才能更像雅克？

13・平・克勞斯貝：唱歌的高爾夫球手

80／20和悠閒成就遠遠超出了商業領域。悠閒的成就可能發生於任何行業，包括娛樂、媒體及其他被認為競爭激烈、需要長時間辛勞工作的產業。

平・克勞斯貝（Bing Crosby）是二十世紀最受歡迎、最具影響力的歌手暨演員之一。他

2 參見理查・柯克的《其實工作不必這麼累》，天下雜誌，二〇一四年。

標新立異的個人演唱風格被法蘭克．辛納屈（Frank Sinatra）及「貓王」艾維斯．普里斯萊（Elvis Presley）等大師以各種形式模仿。他在第二次世界大戰期間為同盟國士兵巡迴演出，贏得了「世界上最受尊敬的人」的美譽。

但平．克勞斯貝有另外一面。他是一位狂熱的高爾夫球手。他認為自己的職業排在高爾夫之後，所以他妻子稱他是「唱歌的高爾夫球手」。平．克勞斯貝的經紀人會費盡苦心，試圖讓他同意寫下行程表和安排演出。但高爾夫永遠排在第一。

這麼看來，他異常地懶惰，但也很聰明，對吧？沒錯。為了更常打高爾夫，他想出一個方法：避免被安排上直播的廣播節目。他是第一位效仿電影技術和預錄廣播節目的歌手。這是「良性權衡」的一個例子，**看似不可避免的權衡是可以避開並超越的。**[3]

平．克勞斯貝利用創新消除了工作和追求休閒之間的衝突。你能做到同樣的事情嗎？

14．聰明的懶惰提升成就

聰明的懶惰是最有可能提升你的幸福感的策略，但它還有另一個益處——也能增加你的**成就**。

---

3 理查的協同作者葛雷格洛．克伍德（Greg Lockwood）在他們合著的《簡化》（暫譯，*Simplify*，二〇一六年）中開發了「良性權衡」概念。

大多數高成就者行動前都會深思熟慮。這和大量行動相互牴觸，大量行動會導致辛勞與長時間的工作。行動會把思緒趕走——所以惰性是完美的解毒劑。

我認識的高成就者中，很少人是工作狂。

高成就的特點是原創、深刻的思考——要是你太忙，是不可能做到這些的。

取得卓越的成果還需要「選擇性」和「狹窄的領域」，懶惰也能促進這點。

當然，你也可能是很懶惰且沒什麼在思考的人。這就不建議了！

✓ 你正努力變得聰明且悠閒嗎？

15 • 聰明的懶惰對社會有益

伯特蘭．羅素寫了一篇題為〈讚美懶惰〉（*In Praise of Idleness*）[4]的文章，除了許多發人深省的言論外，他還表示：「想通往幸福和繁榮的道路，方法是有計畫地減少工作。」他的論點是這樣的——先假設一定數量的人每天工作八小時，來生產世界所需的所有別針。現在，假設透過技術的研發，工人們一天只需勞動四小時就能生產相同數量的別針。那為什麼員工們不能只工作四小時賺取相同的報酬，將另外四個小時用於休閒活動呢？

4 這篇文章在網路上廣為流傳，請搜尋：「伯特．蘭羅素＋讚美懶惰」。

羅素是個社會主義者，所以他的論點忽略了資本主義社會的運作方式。或許他是在點名不平等的狀況，即生產力提高的大部分好處都流向了資本家而不是工人。無論如何，拋開政治議題，他的觀點基本上是正確的——尋找方法用更少的工作製造出更好或更便宜的商品，才能實現進步。

如果你需要被另一個例子說服，那就以肆虐全球的新冠肺炎為例吧。大多數的人停止工作，但生活水準並沒有因此下降。部分原因是政府借錢給無法工作的人，未來必須藉由更高的稅收來回收其中一部分，但顯然有價值的產出並沒有隨著工作量的減少而下降。世界大戰期間也是同樣情況。這顯示了大多數工作都具有邊際價值，到了緊要關頭時，不做也可以。這就是80／20的意思。

如果你能花更少力氣，更聰明地工作，就應該享受到更多閒暇時光。何樂而不為？

16•「聰明而懶惰」有多罕見？

超級罕見。

大多數聰明的人，特別是那些志在偉大成就的人，都非常努力工作，他們不只是認真、全神貫注，而且是長時間工作。在矽谷，新教的職業道德對於有信仰或無信仰的人來說都非常普遍，只有花花公子、放浪女孩和信託基金受益者們不會辛苦地長時工作，這些人的目標是花錢而不是賺錢。人們認為真正有雄心壯志的人必定要努力且不斷地工作，且至少要持續一段時間，直到「成功」為止——可能成功後還繼續下去。正如矽谷傳奇企業家山姆・雅特曼所說，努力工作的信仰是必須的，因為只有「極端的人才能獲得極端的結果」。

然而，歷史上也有「聰明且懶散」很普遍的時候。十九世紀英國最成功的兩名首相：迪斯雷利和格萊斯頓，他們全心享受生活並限制工作時間。迪斯雷利是個花花公子，也是位業餘愛好者及小說家。格萊斯頓總是匿名溜到他最愛的義大利，甚至在擔任首相期間與唐寧街斷了聯繫。但隨著二十世紀的到來，這種卓越的懶散越來越不盛行，對於身處高位的人來說甚至不可能。

如今，沒有聰明且悠閒的範本，這樣的人也未獲得敬重。可以這麼說，即使是聰明、懶惰和高成就的人，大多數也只是待在櫃子裡——也就是說，他們隱藏著懶惰的可怕罪惡感，而不是為此感到自豪。我的任務是要改變這點。為了其他人，我個人很努力、也長時間地工作，但並沒有很享受，也沒有獲得偉大的成就。從三十三歲起，我就開始為自己工作。我工作得越少，得到的就越多，也更加享受生活。

你想和我一起引領新（舊）的趨勢嗎？因為與眾不同，因為正確、快樂而心懷喜悅。

17・拉斯金談工作中的快樂以及懶惰

約翰．拉斯金（John Ruskin）是十九世紀最偉大的博學者之一，他是最高等級的作家、哲學家和藝術評論家。若你是個聰明且懶惰的人，請利用一些空閒時間，欣賞他題材廣泛的作品。

他寫道：

「為了讓人們在工作中感到快樂，不能缺少以下三點：他們必須適合這份工作。他們不能做太多。他們必須要有成功的感覺。」[5]

你必須適合這份工作（聰明），不要做太多（懶惰）且要成功。這三件事不一定要同時存在，但若一起發生了，你就能從工作中找到快樂。你知道有誰聰明且懶惰，但不成功也不快樂嗎？

你適合你的工作嗎？你是不是做太多了？你做得快樂嗎？實踐工作中的「三位一體」吧！

5　參見《約翰拉斯金作品集》（暫譯，*The Works of John Ruskin*）第十二卷，二〇一九年。

18・聰明的懶惰和決心

你會期待一個聰明又懶散的男人或女人表現出雄心壯志嗎？矛盾的是，搞不好情況真的是這樣。

若你超級聰明又超級懶惰，那你還需要超級有決心和野心。不是所有聰明的人都心懷抱負或者能把事情做好。絕大多數的懶人也並非如此。聰明的懶人需要天賦的火花，天賦不僅僅是創意，還包括好奇心，甚至可能是貪得無厭的欲望——一種不一定是為了金錢，而是為了名望與成就的渴望，並從嫉妒且小心翼翼守護著它們的眾神手中奪取宇宙的秘密，或者是其中一小部分的機密。

決心找到更好的處事方法，或是找到更好的事情去做，是80／20的純金信念，是事半功倍的福音，是聰明且懶惰的脈動之心。

你達到懶惰、智慧、雄心壯志的三重境界了嗎？

19・聰明、懶惰和選擇性

懶散又聰明的英雄必定有**選擇**。

若你很懶（也很聰明），就必須要有選擇性，且也有能力做篩選。

除非你有選擇性，否則不可能事半功倍——選擇性地運用80／20法則內的人物、方法和見解。因此，選擇和成功是密不可分的。若你知道很少有人、行為和決定會對你的財富、事業和幸福造成不成比例的、不穩定的和扭曲的影響，那你必須做些什麼呢？

你必須找到並捕捉生活中的重大突破。你不會因為不分青紅皂白的緊急行動而胡思亂想。你不會因為大事被小事耽誤而憂心小事。你不會大張旗鼓，因為真正的行動和成長範圍其實很小。你不會表現得像個門外漢，也不會把籌碼散佈在整個輪盤桌上，因為只有一個數字能贏錢，為了戰勝賠率，你必須知道是哪個數字。你不會嘗試所有事情，因為那樣只會帶來普通的回報。你不會多樣化經營，因為你了解80／20法則。

為了成功，甚至是為了抽中人生樂透的頭獎，你需要有選擇。除非你有選擇，否則你就不是個聰明的人，至少不算是80／20法則中的聰明人。

因為你有選擇，所以可以懶惰。

智慧需要選擇性。選擇性允許偷懶。

你有多少選擇呢？

20・聰明的懶惰與創意

聰明又懶惰的人通常都深思熟慮、有原創性、有洞察力且有遠見。有時候他們也可能有缺點，像是傲慢或沾沾自喜。懶惰的聰明人可能沉著冷靜、小心守護時間和專注力、鄙視世俗的義務、意志堅定甚至是專橫。

然而，貫穿懶惰與聰明性格的特點，就跟海邊小鎮用一小塊岩石命名一樣，最重要的是**創意**。懶惰但擁有極高效率，需要的是創造力。

創意本身具有高峰和低谷，但其中一個特點是，它不需要持續很長一段時間，有時甚至只會出現一次。

想想布魯斯・亨德森發明了策略、經驗曲線、BCG 矩陣的概念。這些可能費時費力，但只需要做一次。比爾・貝恩的想法也一樣，在一艘多人策略的船上，與他人以及超大型企業的執行長保持密切的夥伴關係，還有他主持每月合夥人會議的方式。做這些事情一次，或是一個月一次，然後隨時前往網球俱樂部。對聰明的懶人來說，創意是必需品，也是非常適合他們的要素。

最後，創造力對於人類表現、所有藝術、所有科學和全人類都具有巨大的價值。

▶ **若你想擁有迷人、有意義且重要的生活，請按照奧運標準激發自己的創意。**

21・如何學習懶惰

你已經讀到這裡了，我想這代表你很聰明。你應該也發現了聰明但懶惰的好處。

但如果你現在不懶惰怎麼辦？首先，要慶幸自己並非天生懶惰。那樣毫無美德可言。美德在於不懶惰，然後讓自己悠閒。

想讓自己悠閒，只需三個步驟：

- 不要再那麼長時間工作。將每週的工作時間限制在四十小時以內，然後逐漸減少到三十、二十、十五、十小時。但我所說的工作是什麼呢？並不是指那些你不想做的事情。若你不喜歡某件事，就澈底停手吧，找一個或多個學徒，或是用別的方式將工作外包，委託給別人。若你為了最重要的事情和機會工作十個小時，且很享受它，就能獲得比現在更多的價值。你會更有選擇性、更敏銳，也更有創意。
- 將時長減少到十小時後，就可以再次增加時間，但前提是你享受工作的程度要增加，且有價值的產出沒有減少，還要享受工作勝過其他事情。
- 為確保誠實，回去做、或是開始一項你喜歡且耗時的愛好。網球、高爾夫、騎單車、攀岩、寫作、閱讀、旅遊、演講、幫助朋友及其家人、搜集任何稀有或美麗的物品、學習新的語言、在學院或大學讀書、玩音樂……任何時間過得快樂又快速的嗜好，以及能學到、教出新事物的事情。

若你是認真的，請現在開始行動。今天就是關鍵時刻。

第三章　時間

時間。尤其是「不平穩」的時間品質，是80／20的基本主題。微小的時間粒子可以對我們的生活和歷史產生偌大的影響。我們的幸福體驗或許能在相對短的時間內達到高峰。這樣的不平衡代表著，如果我們有創意地建構生活，生命的下個階段便會充滿強烈的幸福感，而這與所花費的時間不成比例。我們並不缺乏時間：理解這點可以改變生活。

22・時間革命

想取得巨大的幸福感和效率並抓住機會，時間革命是最快的方式。想想80／20的假設：

・大多數個體的重要成就（在個人、事業、智慧、藝術或運動方面所提升的價值），都是在一小部分的時間內完成的。簡單來說，百分之八十的成就都是用百分之二十的時間實現的；相反地，百分之八十的時間只能有百分之二十的產量。如果你將最重要的百分之二十活動的時間增加一倍，且掌控自己的時間，就可以每週工作兩天，並取得比現在多百分之六十的成果。

• 大多數的快樂都是發生在相當有限的時間內或是發生在快樂島上，無論這時段是一天、一週、一年或是一輩子。快樂島的點子測試了這個假設，也為這個假設提供了支持，即任何認真對待快樂島這個理念的人，自身的幸福感都能大大提升。

什麼時候是你的百分之二十超高效時間，哪百分之二十的時間內你比往常更加快樂？

23．高價值與低價值產出

相對於我們所做的罕見干預行為，我們所做的大多數工作價值都偏低，而那些干預行為都非常有價值。

想想愛因斯坦吧。一九〇五年，他寫了五篇具有開拓性的學術論文，其中一篇首次提出了物理學的相對論概念。餘生之年，他依舊非常有創意。然而，若他在一九〇六年過世，依舊會從根本震撼科學界。他一生的成就中，很大一部分是在短短一年內取得的，不到他職涯的百分之二。

同樣地，根據觀察，最傑出的數學家們都是在三十歲前完成最優秀的工作，四十歲後他們可能會就此停下腳步，因為他們將擁有影響力。最頂尖的運動員也一樣。

對於真正有創意、想要或多或少改變世界的人來說，他們都會在一小段時間內取得突破。就是當你的工作效率比以往高出數百、數千，或是幾乎無限倍的時候。可能是年輕時，也可能是年老時，但所耗費的時間只會是你工作生活的一小部分。

你做的工作，有些每小時只值十或二十美元。但你做的另一些工作，或是可以做到的事情，可能每小時價值數百或數千美元。通常，當你做出的決定或提出的想法不僅會改變自己的生活，還會改變其他人的生活時，就會有這種情況。

所以說，為何要把時間浪費在瑣事上呢？你可以更加善用擁有的時間。想想該怎麼做。等你有空思考時再回來這個問題。這就是最善用時間的機會之一！

24・你並不會缺乏時間

關於時間革命，最令人暢快的含義便是**你有充足的時間**。如果你只好好利用了百分之二十的時間，那時間就不會不夠用！

這與大家的時間觀背道而馳，但完全合乎邏輯。我們人生中的不同時期，不論是以日、週、月或是年來計算，就幸福感和有用程度而言，擁有截然不同的結果。如此看來，此時間非彼時間。每一段特定時間，差異都非常大。決定你對人生的重視程度的不是時間，而是你對時間的態度，以及如何運用它。

花費在快樂的事物上，並不是浪費時間。但若時間不能帶給你快樂，也無法對你或其他人產生良好的結果，那是真是澈底浪費了。對於大部分人來說，大多數的時間都被用在了微不足道，或是更糟糕的事情上。

深呼吸一口氣吧。你可能非常忙碌又苦惱。但若你排除掉瑣碎的活動（這並不包括你真正享受的事物），就會發現你擁有大把光陰。

你的生活中有哪些可以排除掉的無用活動，以便讓你有更多時間從事喜歡且擅長的事？

25・把時間視爲朋友

逝去的歲月，並非失去的時間。

你人生中做過的好事，你接受及給予過的愛，為自己、親朋好友以及更廣闊世界做過的有用之事，並沒有消失。它們深深融入了生命的洪流，那些已經發生了的良好結果，現在及未來都會繼續發揚下去。

時間是可持續、可再生的資產，永遠會重新來過。這就是一週有七天、一年有十二個月、四季變遷的原因。洞察力和價值來自於將自己放置於一個舒適、放鬆和與時間合作的位置。敵人是你利用時間的方式，而非時間本身。

光陰也很寬宏大量。若你過去浪費了時間，現在依舊如此，那你仍有改變習慣、態度、信念和行動的自由。一旦你意識到，花時間為自己及周遭人的生活增加價值可以產生巨大且永久的有益影響，就不會想虛度光陰了。你所利用的每一小段時光都擁有巨大的價值。數百萬個這樣的時光粒子就在你面前。大方且明智地使用它們，你會很快樂的。

放輕鬆！想想把時間當成朋友是什麼意思。

26・減少行動

行動會驅趕思維。行動之前的思考，永遠比沒有思考的行動更有價值。我們經常觀察到，一個項目中，最具產量的時間是最後的百分之二十，這單純是因為工作必須要在期限內完成。因此，只需要將完成時間減半，生產率就可以翻倍或是更多。當時間有限、事情真的很重要時，我們會思考更多，也會更有創造力。而這並不代表時間不夠用。

多計畫。多思考。更認真思考。更有創意地思考。根據期望的結果來思考。減少行動。做出的行動要有更大的目標且要更有信心。

你要如何減少行動並思考更多？

第四章 快樂

快樂是80／20法則最基本的主題。從古至今，從亞里斯多德到美國開國元勳，快樂一直被認為是相當重要的事：對於你還有這個世界來說，沒有比這更重要的了。神奇的是，對快樂的追求具有感染力，且是無私的。

27・世界的快樂從你開始

快樂有些奇怪的特徵。

它不僅本身有價值，同時也是成功的因和果，甚至是金錢的源頭。和金錢一樣，但沒有那麼明顯，快樂感會急速增長。開心的父母可能會生出、養育出快樂的孩子——再下一代也可能會是快樂的孩童。這對幾代人造成的影響非常可觀。

同樣的現象也會發生在公司、工廠、辦公室、俱樂部、酒吧、商店、社交活動、學校、大學、教堂、管弦樂團以及幾乎所有想得到的團體中。有些人確實快樂欣喜；其他人則不然。幸福感不只是一種個體的特質；更是一種集體的特徵。

快樂和難過具有感染力。因此，快樂是你最重要的責任。若你想提供良好的服務給他人，就應該讓他們感到開心。（職位越高，責任就越重。）

為了造福周圍的人和整個世界，努力變得快樂吧。世界的幸福始於你。決定讓自己變得開心，除了為你好之外，這也是你的責任。你有足夠的天賦，能為他人及這個世界帶來巨大的幸福。

你會選擇這麼做嗎？

28 ・快樂島

找出你的快樂島，也就是為你帶來巨大快樂的少量時間。找一個平靜的地方思考，帶一張空白的紙，在最上方寫下「快樂島」，盡可能多多列出這些事情。

推斷出其中一些，或是所有事情的共通點。

有些將會是愉快時光的「常見嫌疑人」，像是假期、旅遊、和朋友慶祝、運動賽事或是更親暱的事情。

然而，令人開心的事，往往是那些更深刻或更不尋常的事件。可以是鍛鍊一項技能、學習真正喜歡的東西、在美麗的地方遛狗、閱讀、寫作、繪畫、烹飪，或是為有需要的人做一點好事。

找出自己的快樂島後，**將花在上頭的時間加倍**。

為了突破這點，你需要改變生活中那些有結構的事，例如事業、生活方式或人際關係。不要放過任何事情。在理想的情況下，讓這座島嶼成為生活的中心。把小島變成大陸。

哪些是你的快樂島呢？

29・傷心島

要想變得快樂，最棒的開始方法是停止不快樂。

傷心島是那些讓你感到最悲傷、不快樂、擔憂、壓力、缺乏信心和熱情的小段時間。定義出這些時間，以及其中一些，或是所有時間的共通點。

傷心島正在破壞你的生活。無論用什麼方法，消滅它們吧。

什麼是你的傷心島呢？你打算對它們做些什麼？

30‧藉由改變自我形象變得更快樂

心理學家表示，我們的幸福和自我價值感息息相關。一個正向的自我形象是快樂的必備條件。這裡是改變自我形象的三個方法：

‧做正確的事

依照你的直覺走。什麼時候你自我感覺良好？幫助別人的時候？做好工作的時候？因為某個原因為自己感到驕傲時？行走在光亮之中的時候？

‧用最少的努力做最棒的事

做那些不會消耗掉你的良善的事。我們的愛、關懷、注意力、時間、金錢和能力都是有限的。將愛意集中在你最在乎的少數幾個人身上。其餘的人呢，做一些付出的努力能換來深刻影響的小事。微笑！和陌生人打招呼！有禮貌且懂得尊重！體貼細心點！準時！找尋他人的優點！尋找機會！

‧做最擅長的事

有些人會寫幽默好笑的感謝卡。有些人很擅長講簡短的電話。有人天生外向，帶給旁人良好、受重視的感覺。還有人能夠幫助別人擺脫恐懼和憂鬱。

無論你最擅長什麼事，多做點吧。其他事情少做一些。你今天要做什麼讓自己感覺良好的事呢？

31・日常快樂習慣

培養日常快樂習慣。快樂是深刻存在的，且只存在於當下。你可以回憶過去的欣喜，或是展望未來的計劃，但快樂只有「現在」才能體會。

這裡有七個日常快樂習慣。培養全部，每天體驗它們。

- 運動。但要是你真正享受的運動，例如散步或騎單車。
- 智力刺激。閱讀、拼圖、小測驗、和聰明的人談論抽象的東西、寫簡短的日記或是經過構思的電子郵件都是好選擇。看電視、影片、紀錄片不算。
- 精神上的刺激或藝術鑑賞。例如：聽音樂會、去劇院、看電影、去藝廊、博物館、讀一首詩或欣賞任何形式的藝術。
- 提供幫助。
- 和朋友一起享受愉快的休息時間。可以是喝杯咖啡、一起喝酒、散步或單純閒聊。
- 獎勵自己。
- 為今日做過的所有好事、有用的事祝賀自己。

每個習慣都試試看吧！

32・有結構的快樂

幸福在很大程度上，受到你能創建的「結構」的影響。

根據美國數十年來的研究，查爾斯．莫瑞（Charles Murray）做了一項偉大的壯舉，表示我們只需建立四個重要的「結構」，就可以變得非常幸福。[6]

對高度幸福感最偉大的兩個貢獻是：

- 有一段非常快樂的婚姻（或是其他長期關係）
- 有一份非常滿意的工作

第二重要的是：

- 社會信任度高
- 強烈的宗教信仰

高度的社會信任代表社交活動，主要是身為團體或俱樂部的積極成員，從事捐贈或志願服務、非正式的社交互動或參與政治選舉。

若你有這四個因素的其中任何兩項，就有可能非常快樂。前兩個因素加在一起，幾乎保證了高度幸福感。

6 參見查爾斯．莫瑞的《分崩離析：白色美國的狀態》（暫譯，*Coming Apart: The State of White America*），二〇一二年。

長期的關係是一種賭博，但有可能讓你感到非常幸福。

這是否能幫助你決定如何建構生活？

33・心流的財富

「心流」是心理學家米哈里・契克森米哈伊（Mihaly Csikszentmihalyi）提出的概念。當你全神貫注於一項活動且傾注所有心力時，就會產生這樣的狀態：時間是靜止的，你在時間之外運作。極致的努力是毫不費力的。

心流超越了享受。這是創意的極致。你表達出專精事物的核心，融合了自身精神和生理的極限。此時有一種深刻的感覺：你必須表達自我，你是握有掌控權的強大力量。

彈珠台玩家像響尾蛇一樣發出聲響；外科醫生如六翼天使一般縫合傷口；足球員優美地踢球；舞者跳舞；老師春風化雨；作家下筆成章；作曲家譜曲；畫家揮灑顏料；科學家力求突破——但是，是他們肩上的繆思女神主宰著這一切。

停下動作時，你便知道自己進入了那個領域。你散發出權威和自信。若你今天什麼都沒做，那就已經做得夠多了。百分之八十的人可以離開了；百分之二十的人贏得勝利。

心流經常發生在團體之中，但也能單獨產生，如潛水、賞鳥、溜冰、參觀藝廊或在美景中散步。

若你體驗過心流，可能會對此上癮。這種癮頭沒有副作用。心流將你帶往深刻的快樂之中。若你曾經有幸體驗，那就多做那件事吧。如果你能夠以此為業，即便很危險，也能夠快樂地死去。

你將如何產生心流？

第五章　野心、自信以及你的職涯

這三點都是80／20中反覆出現的主題。野心很好，但自信更棒，一切皆有可能！你的職涯很重要，但絕不能讓你不快樂。

34．高瞻遠矚

我最喜歡的其中一本書《大格局大思維》（*The Magic of Thinking Big*）於一九五九年出版。作者大衛．斯瓦茲（David Schwartz）表示，只要抱持信念，就能獲得非凡的成就。

他舉了兩個當時看起來不太可能的例子：我們可以安全地進入外太空、一條隧道可以連接英格蘭和歐洲大陸。若你真的相信能夠做到，就會不顧一切找到辦法。

非常成功的人以及沒那麼成功的人，兩者之間的區別，和能力只有一丁點，甚至沒有半點關係。一切都和抱負的大小以及自信有關。

信念帶來力量和決心，和你的個人技能並不相關。如果你相信某件事有可能，且將會發生，就可以和優秀的人合作，找出方法。

哪些令人震驚的野心是你真心認為可行的？

35・相信自己

在《如何達到不合理的成功》書中，我研究了二十位改變世界的人，包括溫斯頓・邱吉爾、居禮夫人、華特・迪士尼、巴布・狄倫、史蒂夫・賈伯斯、瑪丹娜、納爾遜・曼德拉、J・K・羅琳、赫蓮娜・羅賓斯坦、柴契爾夫人等等。**他們簡潔地詮釋了他們的使命**。

邱吉爾的任務是要阻止希特勒——其他的都不重要。

柴契爾夫人致力於避免英國國家衰退。

迪士尼創造了令人難忘的角色。

羅賓斯坦研發了讓女人變美的化妝品——「沒有醜女人，只有懶女人」。

截至目前為止，他們最重要的特質是自信。要是不完全相信自己做得到、且就是應該這麼做，沒有人有辦法改變世界。

但想要取得偉大的成就，**你不能太過自信**。

你有多少信心呢？將它翻倍吧。

36・增強自信心

我在《如何達到不合理的成功》書中介紹的二十個人中，有一半從一開始就擁有無比的自信心，另一半則是在人生旅途中獲得信心。

他們有個「蛻變的經歷」，通常是一兩年中卓越的個人成長。他們以某個樣貌進入一個時期，接著以完全不同的樣貌破繭而出。有些人加入小型、高度增長的組織，開始用新的方法做事。有些人遇到了擁有獨特知識的人，並且和他們一起工作。蛻變過後，他們有了新的視野和目標。

他們開始做一些不尋常的事情，吸引注意力和正向的反饋。他們在創新方面取得成果：一種新穎的音樂製作方式、一種新的藝術形式或網路技術、一種專門的分析方法、一種絕佳的創業點子等等，任何新奇有用的事物。

這些人非常專業，且開創了可識別、獨特的標誌。接著，他們的行動和成功改變了個人形象。**他們確實完全相信自己**。

你可以追隨他們的腳步。你會這麼做嗎？

37・自我懷疑或許是件好事

自我懷疑和自信心經常並存。若你不會懷疑自己，很好，但若你會，這麼做非常有價值。自我懷疑會帶出問題：「我有走在通往目的地的正確道路上嗎？」

史蒂夫・賈伯斯很清楚自己小時候是被領養的。這讓他特別有野心。他感覺被拋棄了，但被非親生父母選擇，並且被愛著。賈伯斯認為，這樣的組合讓他變得特別。[7]

被拋棄的感覺激起了他完全掌控產品的欲望。他需要提供軟體和硬體給蘋果的裝置，最後成了差異化因素和巨大競爭優勢的來源。

若你懷疑自己，不要壓抑。它可以證明奇蹟。

38・野心是好事

在那本有趣且武斷的書《一個數學家的辯白》（*A Mathematician's Apology*）中，G・H・哈迪（G. H. Hardy）認為，幾乎所有偉大的成就都會提升人們的幸福感。減輕痛苦的醫學發現，所有成本降低、品質提高的一切，都是由野心所驅使。

---

7 華特・艾薩克森（Walter Isaacson）《賈伯斯傳》（*Steve Jobs*），天下文化，二〇二三年。

他表示，對於聲望、地位或金錢的渴望或許不是最令人欽佩的動機，但那又怎樣呢？若一個人的野心能夠帶來眾多人的快樂，誰能否認野心是件好事？如果一個人天賦異稟，他們就應該準備好犧牲任何事物，全心培養才能。

野心是好事。你有野心嗎？這是值得慶祝的事。

你人生的抱負為何？如果還不清楚，或是不確定，請花所有必要的時間思考並釐清它。

第六章　創造力

創造力屬於80／20，因為它對你和這個世界帶來巨大影響，也因為創意是努力工作的反面。你需要做點什麼才能發揮創意呢，這個問題被誤解了：它不是一個人的特性，而是有意識或無意識，經過深思熟慮的策略的結果。

你可以很有創意——如果依循80／20的方法來發揮創意，那怎麼會失敗呢？這很有趣，而且可以為小小的煩憂帶來很棒的結果。

39・你可以很有創意

人類不是分成「有創意」和「沒創意」兩種。並沒有天生的創意型人格。只有創造出新的、有價值的事物的人，還有沒做到這點的人。前者很少，後者很多。然而，日子一天天過去，發揮創意的人比過去多很多，且有創造力的人比例也有所增加。你可以是這群人的一員。

你想要創造出新的東西嗎？例如一部小說、一個有用的理論或想法、一幅畫或雕塑、一首詩或劇本、一個新的社群潮流、一項事業或慈善組織、一個新的調查領域、一種用更高標準或更少心力的做事方法，或是史無前例的事？

80／20法則會告訴你該怎麼做……

40・發揮創意，首先要定義百分之二十的高峰值

每個人都有獨特的百分之二十高峰值。你的百分之二十高峰值是你獨特的強大創造力，這幾個特徵將會成為你的創意商標。

內省是個好的開始。然而，定義你的峰值需要反覆的試驗、錯誤、經驗和人際關係、向才華洋溢的人學習，且幾乎可以肯定的是，還需要某種訓練和實習。

盡可能學習所有事物。上大學或許有幫助。但知識幾乎能從網路上免費取得。最棒的學習來自經驗和練習。如果你想寫作，那就寫吧。想畫畫就畫吧。想當一名公眾演說家，那就開口吧。如果你想製作音樂，那就要演奏並即興創作。想當一位哲學家的話，你需要思考。若你想賺錢，投資吧。若想當個領導者，那就要帶領別人。

與你所在領域中最優秀的個人、公司、網路或團體建立連結。不斷縮小範圍並重新定義對方。要超越以前做過的、思考過的、想像過的事情。接下來，若你創造了完全嶄新的東西，

生活便會邁向更高的境界。

完全定義出你的百分之二十高峰值可能需要很多時間。就今天開始吧！

41・比約恩・因格瓦爾如何找到他的百分之二十高峰值

比約恩・因格瓦爾（Bjorn-Ingvar）是哥特堡大學的教授。他也是路德教會的一員，該教會出版的公禱書面臨虧損，而教會要求他無償負責此事。

他知道公禱書沒救了，便尋找有益的、非宗教的作品作為替補。結果顯示，他對於不太可能暢銷的書有獨到的眼光。

他熱愛這份工作，同意全職進行，放棄了教授的薪水，轉而領取微薄的酬金。

他的書籍總是熱銷。出版商變得比創辦它的教會還要大。比約恩・因格瓦爾的報酬少得可憐，和教會牧師的薪水一樣，但他很享受這一切，一點也不在乎。

「我為了目標和教會工作。若我打造了一個價值數千萬的企業，那有比一個拯救靈魂的牧師的工作有價值嗎？」

比約恩・因格瓦爾的高峰值是他的直覺，知道有專門的讀者會成群購買。他很高興找到鼓舞人心、振奮靈魂的書籍，且銷量出奇地好。**他最大的報酬就是做出了改變**。

你能做出什麼改變，讓自己感覺非常棒？

42・瑞秋如何找到她的百分之二十高峰值

在學校裡，瑞秋覺得很無聊，她唯一喜歡的科目只有數學，所以便盡快離開了。她熱愛服裝，然而她買不起那些，因此乾脆決定要販售它們。她在邁阿密一間大型百貨公司上班，最後進入了設計師部門。「真是天堂，」她告訴我。「賣衣服給有錢的女人真是太棒了！」

擅長數字的她，發現最昂貴服裝的利潤高於其他產品；最漂亮的服飾輕鬆就能售出，經常是不費吹灰之力。她發現利潤相當可觀。

她從一名售貨員開始，憑著自身的努力進入銷售產業。她總是說服客人購買更多，成為了頂尖銷售員。

「你可能覺得我在做白日夢，」她告訴我。「沒有資歷的女孩永遠當不了老闆的。但有趣的是，我知道若奇蹟發生，我成為總經理，一定會是個很棒的老闆。我會委託生產能立即銷售出去的絕佳商品，訓練所有員工專注於最能獲利的產品線。」

「我告訴自己：『仙度瑞拉，妳會去參加舞會。』我註定要帶領一個女裝事業大品牌。最難的部分就是達到這個目標，在那之後就一帆風順了。和待在家裡比起來，工作時我更能感受到『我自己』。」

你在哪裡最能感受到「你自己」？

43・你的領地在哪？

知道自己熱愛的事情。那是你擁有創意的關鍵。

你能夠將80／20高峰值運用在喜愛的事物上嗎？

你最擅長的事情和你喜愛的事物相結合，就是你的領地。

你的領地是專屬於你的勢力範圍。那裡是你流血奮戰並生存下來的戰場，勝利賦予權力。**你的領地在哪？**這可能需要思考一段時間。

找出自己的領地後，一切就一帆風順了。

44・學習你的領地的一切

你找到專屬領地了嗎？確定了之後，學習有關它的一切。不要浪費時間做無用的功課。定義出你的領域中的「偉人」。閱讀、聆聽、觀看他們已經做過的一切。

慢慢來。這可能需要你研究或學習幾個月甚或幾年。這將是一種愛的工作。當你學習完領域中的所有東西，就可以開始創造了。

你要如何學習領地內的一切？

45・亞伯特・愛因斯坦的卑鄙小秘密

「創意的秘密，」愛因斯坦說，「就是隱藏你的資源。」

愛因斯坦是天才的代名詞。但他一開始只是一名普通的學生。他學說話學得很慢，看起來落後很多。他的成績很差。蘇黎世聯邦理工學院並非城市內最好的大學，但愛因斯坦第一次申請時被拒絕了。

隔年，他成功進入理工學院，但畢業時成績幾乎墊底。他的數學慘不忍睹，他女友不得不檢查他所有算術。

然而，他意識到新的、有悖常理的量子力學理論能全面修正物理學。一九〇一年，他欣喜若狂地閱讀了菲利普・萊納德（Philipp Lenard）的論文，該文章表明公認的光理論有疑點。愛因斯坦將萊納德的實驗和馬克思・普朗克（Max Planck）幅射波長的工作相結合，得出了驚奇的觀點，即光不僅可以被描述為「波」，也能夠被稱為「光子粒子」。自此，愛因斯坦已經掌握相對論的關鍵了。

他找到了一個炙手可熱的新科學領域，他的「資源」，再加上不懈的好奇心，使愛因斯坦成為一名天才。

若你的資源嶄新且具革命性，那麼你也能有所突破。

你最近發現最振奮人心、尚未但可以應用到領域之內的事情是什麼？

46・天才走簡單的路

愛因斯坦在相對論這方面的突破，來自於將量子力學中激勵人心的新思想，應用到他的新藍海——相對論之中。

年輕科學家們將尼爾斯・波爾和馬克思・普朗克量子力學的理論應用到其他新的領域時，歷史重演了。這些領域包括天體物理學、生物學、化學和電動力學。因此，約翰・巴丁（John Bardeen）、蘇布拉馬尼安・錢德拉塞卡（Subrahmanyan Chandrasekhar）、曼弗雷德・艾根（Manfred Eigen）和萊納斯・鮑林（Linus Pauling）全都獲得了諾貝爾獎。

他們的發現是一座座里程碑，但過程相當簡單。

他們提出一個超級強大的想法，將其運用到一個新的領域。

因此，要在自己的領域之外廣泛活動，尋找強大且創新的概念來應用。這把通往傑出成果的鑰匙，強調幾次都不為過。

你能轉動這把鑰匙嗎？

第七章 樂觀與機會

樂觀能事半功倍。樂觀讓人類克服重重困難，取得生物學上的成功。即使你不是天生樂觀的人，也能學會這點。機會是一種更強大的樂觀，但和樂觀不一樣。機會是無限的——你只需要留意並把握它。

47• 樂觀的好處

首先，**樂觀和擁有自由意志、可以決定如何過自己的生活這兩個觀點密不可分**。若你是個樂觀的人，生活是一場冒險，未來可以戰勝過去。冒險的本質在於樂觀再加上不確定性。若你能設計自己的人生藍圖，且知道該如何實現，那將會非常無聊。但同樣地，若你不覺得自己能夠左右生活的進展，人生將會毫無意義。

第二，**樂觀促使好事發生**。若你相信自己有影響力，就會更明智地工作，讓好事發生。

你會探索更多選項、更有創意、激勵更多人和你合作並發展出最重要的生活技能——計算可能性的直覺、找到用最少時間、精力和金錢換取最大回報的方式。

第三，**樂觀帶給你韌性：克服挫折的力量**。生活不是一座玫瑰園。樂觀主義者期待挫敗，也因克服萬難感到驕傲。樂觀的人能找到更好的達成目標的方法，或是找到一個能夠成功的更好目標。

第四，**樂觀讓你擁有更健康的身體、更長壽的人生**。

最後，**樂觀是一件有趣的事**。這樣的人無論面對什麼事，都能露出真誠的笑容。悲觀的人總是拉長著臉。樂觀的人更有魅力，擁有更強的個人力量，也贏得更多人生遊戲。

樂觀比你的背景、教育、智慧、辛勞、能力、金錢或其他個人特質更加重要。**所有人都能當個樂觀主義者**。

你是個樂觀的人嗎？

48・正向思考的力量

或許你知道這是諾曼・文森・皮爾（Norman Vincent Peale）於一九五三年所撰寫的書籍的書名。以下是我用當代語言做的總結：

- 我們的思想擁有超級強大的力量。思考分為兩種：正向及負面思考。

- 自信產生正面思考。
- 對心理特質有正向的看法，也會生成正面的思想。
- 負面思考源於自卑、缺乏想像、憂慮與恐懼。
- 我們每天都在進行一場積極與消極思想的戰爭。
- 若你是個樂觀的人，認為自己將會勝利，應該就能如願以償。
- 如果你想著自己的懷疑、挫敗和恐懼，它們就有可能擊垮你。
- 你應該不斷想像自己的成功、渴望和快樂。

總結：相信自己和宇宙。永保積極樂觀。

今天就試試看，並維持幾天。看看是否有效。

49・非負面思考的力量

馬汀・塞利格曼教授（Martin Seligman）撰寫了如何變得更樂觀的最佳書籍，他認為關鍵不是正向思考，而是非負面思考的能力。他表示，真正重要的是當事情變糟時，你會怎麼做。挫折襲來時，關鍵是要避免，並改變可能產生的自我毀滅的想法。他將此形容為**樂觀的核心技巧**。[8]

8 馬汀・塞利格曼《學習樂觀・樂觀學習》（*Learned Optimism: How to Change Your Mind and Your Life*），遠流，二〇〇九年。

如果你發現積極與消極思想之間的戰爭幫不了你，試試看塞利格曼教授的建議。此方法最大的優點是節制，省去瑣碎無益的思想。今天以及接下來幾天，要對挫折保持**紅色警戒**。不要讓它們恐嚇、擊垮或壓制你。提醒自己挫折通常都只是暫時的，是針對特定情況而生，大多時候都不是你的錯。

不要因挫折而退縮！

50・樂觀和西方心理學

樂觀主義主要誕生於西方社會。心理學家理查・尼斯貝特（Richard Nisbett）說：「對亞洲人而言，這個世界是個複雜的地方……更多是受到集體，而非個人所控制。而在西方人眼裡，這世界是個相對簡單的地方……高度受個人所控制。著實是兩個非常不同的世界。」[9]

樂觀主義完全屬於80／20法則。自西元前六世紀以來，世界上大多數的成就都是靠樂觀主義所取得。樂觀積極的時期，進步幅度是最大的。對任何文明或文明中的群體，以及成功的個體而言，樂觀是最棒的資產之一。

9 理查・尼斯貝特《思維的疆域：東方人與西方人的思考方式為何不同？》（*The Geography of Thought: Why Asians and Westerners Think Differently... and Why?*），聯經，二〇〇七年。

反之亦然。當文明轉向悲觀消極，就像二十世紀上半葉一樣，糟糕的事情就會發生——且是非常糟糕的事。

私生活方面，你是個樂觀的人嗎？事業方面你感覺樂觀嗎？你對於你的國家及文明的未來感到樂觀嗎？

51・古希臘與樂觀主義

古希臘哲學家提出了個人自主權的概念：人們可以自我啟動並掌控自身命運，為自己的利益塑造周遭的世界。[10]他們表示，人類是唯一有判斷力的生物。這有極高的價值。個人的思想可以與他人的思想以及神聖的智慧相連結。大自然的其餘部分是被動的。人類可以積極、樂觀、有創意並自我進步。

他們還相信人類有向善和進步的潛力，創意很美好，且不斷進步。亞里斯多德首創了「潛能」的概念：最深刻的現實不在此時此地，而是在未來可能發生的事情。重要的是，世界及其居民充分發揮潛力後，會變成什麼樣子。

你能成為什麼樣的人，比現在的你更重要。這樣的哲學思想非常樂觀，且振奮人心。

---

10 理查・柯克與克里斯・史密斯（Chris Smith）的《西方的自殺》（暫譯，*Suicide of the West*），二〇〇六年。

在哪個最重要的層命中，你可以變得比現在更好？現在應該關注的是哪一層面？你將如何把握眼前進步的機會？

52・樂觀島

樂觀能在三個層面中發揮效用——個人、群體和社會。若你的社會並不樂觀積極，那真是太可惜了，但這並不會阻止你把票投給真正樂觀的領導者；也不會阻止你成為一個正向的個體，或是阻止你在樂觀的網路或組織內工作。

若你積極正面，則更有可能變得更快樂、更有效率。若你提高樂觀程度，就有可能變得更快樂、更有影響力。若你和樂觀的人一起工作，生活會更加美好。你可以生活在「樂觀島」上。當全世界樂觀的人團結起來，除了彼此之間的連結之外，你沒什麼可失去了；你將贏得一個美妙的世界。

你要如何提高樂觀的程度呢？

53・把握機會論

我們已經看到了樂觀的巨大價值，它能幫助我們贏得積極與消極思想這場鬥爭，並克服挫折。藉由提升樂觀的想法，我們能變得更快樂。

但有件事比樂觀更棒——相信生活中充滿美好的機會、有系統地把握住它們，透過這些機會，將現有的生活提升到更高的水準。「機會主義」是個負面的詞，所以我將超越樂觀主義的事情稱作「把握機會論」。

你能想出更好的名稱嗎？

把握機會論的第一個要素，是要意識到在我們現有的眼界之外，存在著難以想像、無法想像的機會。一位朋友曾經告訴過我，只有和大學的隊友搭檔，他才能發現一項先前不知道的新活動。現在他在這個非常專業的領域取得了非凡的成功。

相信「外面」存在著隱藏、未探索的機會，你能夠看見原本不會注意到的事。去尋找比你以往期待或想像厲害十倍的機會。這必須要是你喜歡，且認為自己很擅長的事情，也必須讓至少一位你喜愛的人參與或從中受益。

如同喬登．彼得森（Jordan Peterson）所說：「你的目標決定你的眼目所及之物。」[11]

你可以瞄準哪些難以想像的巨大機會呢？

11 喬登．彼得森《生存的十二條法則》（*12 Rules for Life: An Antidote to Chaos*），大家出版，二〇一九年。

第八章　困境、壓力及情緒

人生很難，但很美好——這樣好過於輕鬆，因為挑戰對你有益。然而，若壓力令你不快樂且感到壓抑，就不是一件好事。你可以、也應該避免負面的壓力。基本的情緒有四種；其中一種是最好的。你可以培養它，變得更快樂也更有影響力。

54・人生很難

「人生很難」是Ｍ・史考特・派克（M. Scott Peck）的偉大著作《心靈地圖Ⅰ》裡著名的開場白。[12]

這句話既簡單又矛盾。若你期待生活很簡單，就會感到失望沮喪。但若你期待人生困難

12 Ｍ・史考特・派克《心靈地圖Ⅰ（新版）：追求愛和成長之路》（*The Road Less Travelled: The New Psychology of Love, Traditional Values and Spiritual Growth*），天下文化，二〇二二年。

重重，就能坦然面對困境，並因為克服它們而自豪。預期人生會很艱難，那就一點都不辛苦了。這個難度已經打了折扣，也不再重要，只是變成了提升自信心的墊腳石。

因此，我們面對困境的態度，本身就已經驅散了難題。這是80／20哲學及其巧妙的概述。生活的困難不重要，因為面對逆境時，重要的是期待並克服它。

困境與壓力的關係顯而易見。壓力超過一定程度後，就會破壞幸福。因此，你需要克服壓力。然而，只有在相信自己可以克服它的情況下，才能戰勝壓力。這個信念的敵人是恐懼。但有了信念，且表明自己能夠敵退恐懼，就能真的克服它。

我們不遺餘力讓生活更加舒適，努力排除萬難。這是好事。我們降低了嬰兒死亡率、擊退了饑荒和一些疾病、延長壽命並增加了喜樂。然而，當你一掉入相信困難和壓力全都能被消除的陷阱，例如藉由金錢和人際關係解決問題，就會陷入派克的困境中。**只有期待困難，不因困境而心煩，你才能快樂。只有享受生活中的不安全感，你才能感到安全。**

❯ 你真的理解並接受「人生很難」是一件好事嗎？

55・我們能否結合「人生很難」和「樂觀」？

80／20是否有矛盾？

我們知道「人生很難」，應該要充分期待這點，幸福需要我們藉由接受困難並克服它們來實現。但我們也看到80／20頌揚樂觀的好處，因為只有樂觀和對機會敏感，才能發揮自己的潛力，讓世界變得更美好。這兩種80／20的觀點是否不協調？

不。「人生很難」和「樂觀主義」（最純粹和最基本的80／20哲學）的共通點是，你的態度某種程度上創造了現實，對你和全世界來說更好的現實。

現實是個難以捉摸的概念。現實「就在那裡」，如造物者所有好的與壞的產物——陽光、大自然的美麗和危險、生命的長河、新生命的奇蹟……癌症、天災和死亡。「那裡的」現實，其中一個重要元素是「其他人」。而「這裡」也有個現實，你的意識、思想、希望、恐懼、生命經驗、行動所組成的現實。

很大程度上，「外頭的現實」並不受「你這裡的現實」所影響。但多多少少有。我們不能掌控外頭的現實，但可以影響並改變它。例如，我們可以建造房屋躲避風吹雨打。你也能藉由對於自己和世界的信念來影響或改變「這裡的現實」，反過來也會對「外頭的現實」產生作用。「人生很難」和樂觀看似矛盾，但從更根本的角度來看，它們是互補的。

你對困境的期待和你的樂觀都能帶來幸福。它們是同一枝幹上的雙生櫻桃，是讓生活變得更加美好的信念。

◗你能結合「人生很難」和「樂觀情緒」嗎？你同意這會增加幸福感、並且幫助你做出更多好事嗎？

56・挑戰與壓力

你認同挑戰是好事，但壓力是壞事嗎？

嚴格說來，壓力不好也不壞。無論你怎麼稱呼壓力，它都可以是件好事。孩童們的壓力太小，因為他們的生活太愜意了，所有事情都能輕鬆搞定，他們長大後可能會覺得即使是微不足道的挫折也令人難以承受且痛苦。駕駛在一條筆直的長路上，像是全長一百九十八公里的北達科塔四十六號高速公路，可能會因為壓力太小而打瞌睡或注意力不集中，導致衝出馬路。這就是工程人員在道路中建造額外彎道的原因。臨床心理學家暨神經科學家伊恩・羅伯森（Ian Robertson）撰寫了一本精彩的書，表示所有人都需要適當程度的壓力和挑戰。[13]

因此，一般常見以及大部分辭典的記載中，「壓力」被定義為負面的情緒，是一種「約束力」（簡明牛津詞典），或者甚至是一種疾病。另一方面，挑戰是我們所有人都歡迎的事情，至少理論上來說是如此。我將用「壓力」來表示我們難以承受，也不應該承受的事物，並使用「挑戰」來代表使我們變得更強大、更敏銳的事物，正如哲學家尼采的格言：「殺不死我的，都讓我變得更強大。」

而以下是簡單的80／20規則：**若壓力令你不開心，那就排除壓力源**。不是「如果可以的

---

13 伊恩・羅伯森的《壓力測試：壓力如何讓你更強壯、更敏銳》（暫譯，*The Stress Test: How Pressure Can Make You Stronger and Sharper*），二〇一六年。

話，排除它」，因為出於某種原因，我們經常讓壓力摧毀生活。不需要那樣。直接移除壓力源，就這麼簡單。你總是有辦法消除這種壓力的。

你有承受過這種「不好的」壓力嗎？你移除它的速度夠快嗎？

57・避免過度的壓力

有些人很容易感到壓力，其他人則能夠應對艱困的挑戰，並在其中茁壯成長。無論你處在壓力序列中的哪一位置，某些情況確實會激起你的壓力情緒。

每當塞車或是地鐵停止不動時，我就會感到有壓力。我很討厭排隊。即使是在氣氛很好的餐廳裡，差勁的服務也會令我備感壓力，即便只是等帳單等太久這種小事也一樣。和律師或是文謅謅、乏味的人講話時我也會有壓力。

這些壓力沒有功效，對任何人都沒幫助。另一方面，因為我知道哪些情況會帶給我壓力，所以我會想辦法迴避它們。我避開經常壅塞的道路，如果看到前面有一大排汽車，就會轉找一條需要較長時間、較暢通的道路。我會避開服務很差的餐廳。我們都知道自己的壓力來源，並制定了專屬的迴避策略，但有時候我們沒有意識到那些壓力有多重要。

秘訣之一是多花些時間。80／20說我們有大把時間，即使我們的蜥蜴腦催促著動作快一點也一樣。感覺到過多的壓力，比培養輕鬆面對時間的態度更能削弱我們的生活。

壓力有兩個主要來源：工作、需要取悅的人。這兩個組合起來就是「老闆」。找一個討人喜歡、善解人意的老闆吧。如果他們同樣要求很高也不錯，這能激發出你最好的一面。也許真正的完美在於掌控自己的時間。但如果你太過有良心，也會帶來太多壓力。

80／20就是堅持做最重要、最有價值的事情。明智地尋求幸福是最要緊的事情。預測、避免和化解壓力是快樂的要素之一。

◗你知道如何移除壓力。要確保自己有做到。

58．十天之後，這些還很重要嗎？

你當下正在經歷的事情可能很重要，但十天以後呢？一年後呢？或是十年後呢？未來你還會記得這一刻嗎？這些「時間錯位」的問題是理察．卡爾森（Richard Carlson）在他的著作《別再為小事抓狂—創造A+好人生》（*Don't Sweat the Small Stuff- and it's All Small Stuff*）中提出的想像。這些問題的答案一般都是否定的，代表我們不必太擔心當前的問題。卡爾森是對的，不要為小事煩惱。但要把握住小機會。它們可以有大大的影響力。

特立獨行的經濟學家約翰．梅納德．凱因斯（John Maynard Keynes）表示，從長遠來看，我們都已經死了。當然了，某種意義上來說，凱因斯和卡爾森都沒有死。他們的追隨者還活著，遺產也還在。

這是一種矛盾嗎？可能是吧，至少每個人生命中都有某些成就，尤其是對他人的影響，若你達成了像這樣的某項成就可不是小事，而當你脫離人世間的種種紛擾時，不僅僅只是死了而已。80／20能化圓為方。你瞧，生活中的瑣事，尤其是我們苦惱的小事，並不重要。但有些事，你生命中一小部分的事情，確實很重要。這就是你活著的原因，相信一切都是小事似乎太過悲觀了，最終會變成失敗主義者。所有生命都很重要。

留下永恆遺產的並不只有作家或藝術家，而是所有將孩子養育地很好，或是很糟的人。你和我以及地球上的所有人每天都會和一些人互動。所有好的、壞的行為都會有倍增的結果，有些結果擁有極大的影響。

由於影響力往往是一輩子的事情，嬰兒、兒童和青少年的好壞行為都會產生強烈的後果。這就是為什麼培育和保護他們是你可以採取的影響最深遠的行動之一。

待人和不和善很重要。當你問道：「未來也會很重要嗎？」把自己想像成一個被賦予神之力量的人，有能力做好事，也有能力做壞事。你每天的行為都很重要；若是無關緊要，那不如死去。

你認為昨天做的事情，或是明天要做的事很重要嗎？今天你會採取什麼樣有力、有用的行動？

59・馬上排除壓力源

有人曾經評論過我所認識最成功的人之一：「鮑伯是個天才，但不會處理壓力。」彷彿這是一個致命的缺陷。我們總認為承受壓力的能力是種優點，緊接而來的往往是這樣的想法：所有無法應對壓力的人都是懦夫。

這說法很蠢。導致我們緊張或難過的壓力是無可忍受的，這是需要被抹滅的東西。持續不斷的壓力和80／20背道而馳。壓力需要你付出極大努力和憂慮才能換來負面的回饋，這可能會損害你的健康，且無疑會減少你生活中的喜樂和愉悅。

運用80／20的聰明人會在這種邪惡開始將你吞噬之前先殺死它。承受壓力並不是心理健康的標示，實則相反。

更廣泛地說，所有減損生活中愉悅的事情，也會降低你事半功倍的能力。

你的生活和工作中，最大的壓力源為何？你要如何移除？

60・改善情緒、改善幸福、改善結果

情緒很重要。它們會受到影響，給你更多信心、能量和積極心態。情緒調節是80／20的秘訣之一。

心理學教授羅伯‧E‧賽耶（Robert E. Thayer）是世界級的情緒專家。他表示，情緒是我們存在的核心。他將情緒分成四個種類，如以下的「四種情緒表」[14]：

	疲憊	活躍
冷靜	放鬆	自信、積極
緊繃	筋疲力盡	追趕最後期限

最佳類型是右上角——冷靜與活躍。身體和心靈緊密相依，想要在沒有副作用的前提下增加冷靜與活躍的情緒，可以運動（短短十分鐘的散步也能提振心情和能量）、聽音樂、大量社交（即便只是打電話給朋友）、曬太陽、吃健康的食物和好好睡一覺。要避免甜食，那會消耗能量且加劇緊繃感。這麼做的好消息是，你可以大大提升冷靜與活躍的情緒。

你會如何增加冷靜與活躍的情緒？

14 羅伯‧E‧賽耶的《每日情緒的來源：管理能量、緊張和壓力》（暫譯，*The Origin of Everyday Moods: Managing Energy, Tension, and Stress*），一九九六年。

61・80／20情緒

每個人都有情緒，心情也有好有壞。但什麼是80／20情緒呢？

如果你能記錄過去一百天的情緒，並將它們從最好的到最差的進行排序，接著選取前二十名和倒數二十名相比，你認為其中的幸福感與生產力存有什麼差異？

80／20假說很明顯。前二十天的樣子很可能是：

- 你完成了最好的工作，且最有創造力。
- 至少其中一項工作擁有出色的結果，高於平均水準。
- 你會是最快樂的狀態。
- 面對任何重大問題，你都能做出正確決定。
- 你會使其他人感到快樂。

而在你心情最差的那幾天，結果則是相反。情緒產生結果，然後情緒就消失了。所以要：

- 總是努力保持好心情。
- 若你心情不好，停下吧。做些能改變情緒的事。不要嘗試任何重要的工作。避免重大的抉擇。
- 在心情好時做重要的計畫、決定，想想可能獲得的機會，放大你對世界的影響力。

回想上一次心情大好的時候。那時有獲得很棒的結果嗎？

62・是什麼喚起你的好心情？

看起來情緒在你的掌控之外。但無論你有沒有意識到，其實你的行為和周遭環境都有可能影響你的心情。

試著想想你的好心情是否與以下情況同時發生，以及好情緒有沒有可能是由以下情況所引起：

- 運動，例如散步、游泳、騎單車或其他體育運動。
- 拜訪美麗的地方或藝廊
- 和朋友一起做事
- 觀看體育賽事或音樂會
- 閱讀一本好書
- 冥想
- 做些發揮創意的事

什麼能喚起你的好心情？讓自己心情愉悅最可靠、最簡單的方法是什麼？多做那件事！

▼什麼事會引發壞情緒？有辦法少做一點嗎？行為可以改變情緒，有沒有覺得這點很棒？

63・壞心情很自私

關於情緒的最後一點。

每當心情不好時，想想以下這句話：**壞心情非常自私**。若你情緒不佳，我保證**你會讓其他人也不開心**。如果只有影響到自己，那你或許有「權利」心情不好。但受到影響的並不會只有你一個人。

如果可以的話，就不要有壞心情，因為這不是體面的人該有的情緒。我很確定你是個體面的人。所以說，把壞心情趕走吧。

你可能會反駁說，壞情緒無法掌控。但這句話並不完全正確。搞不好一點都不正確。以下有兩個原因：

第一，你可以研究什麼事會喚起好心情，然後讓自己更頻繁地走在正面心情的道路上。此外，你也可以研究壞情緒的起因並避開它們。

第二，也是最後一點。每當發現自己心情不好時，就喚醒自己更好的本性。你想傷害朋友和接下來幾分鐘、幾小時內遇到的人嗎？若答案是不，請對自己笑一下，拋下壞心情吧。至少，那是不禮貌的行為。

下次心情不好時，可以幫我做到這點嗎？非常謝謝你！

第九章　潛意識

潛意識之所以如此符合80／20法則，是因為它能做出驚人的事情，而你完全不需要費勁。它是創意的泉源；存在於時間之外；不樣顯意識那樣思考；它感性而非理性。顯意識必須思考並指揮潛意識，就像馴獸師和獅子一樣。

只要知道方法，挖掘潛意識就會簡單又奇妙。接下來我們將探討這點。

64．卓越的80／20資產

80／20最棒的奇蹟就是潛意識（也稱作無意識思維）。潛意識是人類最偉大的資產。除了其他因素，潛意識是你創造性思維和直覺的來源。

我們創造的所有事物，比方說語言、數學、城市、藝術、科學、工程、音樂、大教堂、文明規範、社會平等、民主、疾病療法、交易、探測方法、水壩、運河、管道、單車、汽車、動力船、火車、飛機、太空梭、人工智慧和網路空間等等，都是潛意識的產物。

神經科學家估算，我們大腦中有百分之九十二屬於潛意識，百分之八是有意識的。因此，潛意識才是你生活的主要驅動力。[15]

潛意識之所以如此符合80／20，是因為它一年三百六十五天、一天二十四小時，毫不間斷地運作。有意識的思考很難，需要集中注意力；且一次只能做一件事。相比之下，潛意識可以同時操作數兆件事情，幾乎不費吹灰之力就能產生驚人的結果。

學習如何使用潛意識可以改變你的生活。

你知道如何使用潛意識嗎？

65・科學家如何使用潛意識

科學家和思想家經常遵循共同的模式，即透過潛意識取得突破。他們鑽研同一個問題好幾年，答案遲遲沒有出現。於是他們將工作放到一旁。然後，有一天，當他們正在做一件普

15 例如，雷納．曼羅迪諾（Leonard Mlodinow）的《潛意識正在控制你的行為》（*Subliminal: The New Unconscious and What It Teaches Us*），天下文化，二〇二一年；以及大衛．伊葛門（David Eagleman）的《躲在我腦中的陌生人：誰在幫我們選擇、決策？誰操縱我們愛戀、生氣，甚至抓狂？》（*Incognito: The Secret Lives of the Brain*），漫遊者文化，二〇一三年。

通的事情時，靈感呼之欲出。

法國數學家亨利・龐加萊在巴黎搭公車，和朋友聊天時突然想到某一個問題的解答，他說：「我繼續交談，但很確信問題已經解決了。」哲學家暨數學家伯特蘭・羅素則在買菸斗用的菸草時，突然靈光一閃。

奧古斯特・凱庫勒（August Kekulé）在倫敦的公共馬車上做白日夢時，看見了跳舞的原子和分子，從而完成了他的化學結構理論。四年後，他夢到蛇抓住自己的尾巴，讓他假設出苯中的碳原子會形成一個環。

顯意識很擅長搜集和整理數據，但改變科學理論的最後一步通常來自直覺。

你記不記得潛意識為你解決問題的時候？那時是什麼情況？

66・藝術家、謬思女神與潛意識

南希・安德莉森（Nancy C. Andreasen）那本精彩的書《創意思維》說明了詩人、劇作家和音樂家們如何受到他們的潛意識的啟發。[16]劇作家尼爾・西蒙（Neil Simon）說他並非有意識地寫作，謬思女神就坐在他的肩膀上發號施令，他單純只是把東西寫下來。撒姆爾・

16 南希・安德莉森的《創意思維：天才的科學》（暫譯，*The Creative Brain: The Science of Genius*）二〇〇六年。

泰勒・柯立芝（Samuel Taylor Coleridge）睡醒後，立刻毫不費力寫下兩百多行的史詩〈忽必烈汗〉（*Kubla Khan*）。莫札特說，他的音樂是在令人愉悅、生動的夢境中寫成的。柴可夫斯基出乎大家意料，突然創作了新作品，不費吹灰之力就創造了一種狂喜之感。

我知道這個過程不限於天才。當我坐下撰寫一本書時，同樣的事發生了。開始寫作之前，我大量閱讀和思考，但並沒有做筆記。我才一坐下打字便文思泉湧。如果沒有發生這樣的事，我就會放棄，改去寫另一本書。

如果我辦得到，那你也可以。**充實你的思想，你的作品就會自動生成**。

瞭解如何激發潛意識，是創意的不二法門。

67・潛意識存在於時間之外

潛意識有點奇怪。

它存在在時間之外，位於永恆的當下。潛意識並沒有過去或未來的概念。你的過往、現今和未來對於潛意識來說並沒有差別。讓我打個比方解釋這點。

想像一下你正在看一部電影。電影裡涵蓋了過去、當下和未來，但全被壓縮在九十分鐘內。任何一段時間，你都參與了電影中人物的生活，但對你而言，所有片段都屬於當下。請忽略這部電影佔據了你生活中的九十分鐘，想像你在一瞬間看完了它。潛意識就是這麼運作的。所有時間都是平面的。所有時間都屬於當下。

若你希望未來發生某件事情，就必須將之展現給你的潛意識，假設它已經發生了。舉例來說：

- 「我是一個成功的小說家／科學家／劇作家／作曲家／播音員／音樂家，正在寫下、完成自己的作品。」
- 「我是一個精彩的新社會運動／公司／政黨的領袖，它正在讓世界變得更加美好。」
- 「我是個富有的慈善家。」
- 「我從不懷疑會不會達到目標，即使那目標看起來遙不可及。」
- 「我感覺強壯、大方、喜悅、快樂，與世界融為一體。」

你能將你的願望轉化成「勝利的當下」嗎？你能相信，你已經成為你夢想中的樣子了嗎？

68・潛意識是一台秤重機，而非思考機器

潛意識的另一個特點是不會過濾資訊。它注重字面上的意義，只看表面的內容。它無法區別當前的現實和想像。若你足夠鄭重告訴它自己想要什麼，它就會努力將之化為現實。

潛意識不會分辨對的資訊和錯誤的訊息，也不會區分重要和次要的資料。它會替資訊秤重。它最關注那些帶有情感力量、經常重複且最近出現的訊息。

潛意識最關心、最能處理以下內容。

- 你帶著強烈情感和熱忱表明的信念和願望。
- 你最近表達過的信念和渴望：目前的看法位於潛意識「上方」。
- 你重複、重複、再重複的觀點和心願。這就是廣告商付錢循環播放廣告的原因。你的顯意識可能覺得很無聊，但你的潛意識深感著迷。這就是納粹通訊「天才」戈培爾所說的「謊言講多次了就會成真」的原因。

你將願望轉化成潛意識友善的話語了嗎？

69．步驟一：決定你想要潛意識為你做些什麼

步驟一：顯意識思考。
步驟二：輸入潛意識。
步驟三：從潛意識輸出。

你想要它幫助你有創意、理解個人目標還是增加平靜的感覺？

現在，想得更具體一點。讓你的潛意識知道你交給它的任務。準確寫下你將如何發揮創意、你的目標是什麼，或者能讓你感到安心的想法。

70・步驟二：將你的願望輸入進潛意識中

・放鬆，做白日夢

1. 在一個安靜私密的位置，坐在一張舒服的椅子上，最好的是在戶外。
2. 將所有思緒（除了你即將傳達的念頭）拋到腦後。
3. 將訊息傳達給潛意識——可以的話，大聲說出來。
4. 「不自覺的」運動的過程中，做些白日夢——運動包括你常做的，例如緩緩散步、騎單車，不需額外思考，沒有壓力和緊繃感。
5. 重複這個訊息，最好在運動時，或是運動後馬上大聲說出來。

・睡前

1. 睡前幾分鐘，將訊息唸出來。
2. 期待一夜好眠，做場美夢。
3. 重複這個訊息，作為入睡前所想的最後一件事。

71・步驟三：接收潛意識輸出的內容

潛意識會努力將它的答案傳達給你。你會得到答案的，除非你用精力旺盛的活動、全神貫注於無關的事情或焦躁不安的心神來躲避答案。

為了幫助潛意識有所突破，白天時不時放鬆、神遊一下。答案通常會在晚上湧現，或是早晨起床前，半睡半醒的時刻。有時候它會在半夜出現，將你吵醒。為了在再次睡著以及忘記它之前捕捉住答案，床頭櫃上要放著記事本和筆。

這三個階段都經歷過了嗎？把它變成習慣。學會潛意識的力量後，請幫助家人和朋友做同樣的事情，並以最少的體力換取最棒的回報。

第十章　成長

為了充分利用生活，你必須了解成長的力量。成長讓生活變得輕鬆有趣；你需要在生活中找到成長的機會並茁壯。

然而，如80／20所觀察的，成長是一種小眾的運動。它本身就貪婪地想獲取成長這件事，這使得非成長變得普遍且愚蠢。要尋求成長還是沉溺於平庸，若你了解成長就是一切，那這個選擇並不難。

72・成長就是一切

自遠古時期到幾個世紀前，經濟方面都沒有成長。自然因素導致人口和生活水準下降，尤其是饑荒和疾病。

接著西歐的自由城市開始緩慢發展，形成封建農業汪洋中的商業綠洲，隨後是美洲的殖民化、活版印刷術的發明，然後是蒸汽機以及可以將人類及動物力量倍增千百倍、甚至數百萬倍的機器。

工業和其永續循環的能力，以及持續增長的特性已經改變了歷史、人類經驗，甚至這個星球的地理和人口也達到了三個世紀前難以想像的程度。

自此以後，每個工業化國家都經歷了每年百分之二至百分之三的增長。聽起來可能不多，但百分之三的成長足以讓生活水準每二十三年翻倍一次。

愛因斯坦曾問道：「宇宙中最大的力量是什麼？」接著他馬上回答：「複利。」

複利成長確實是個奇蹟。但其中有個問題。你猜得到是什麼問題嗎？提示：和80／20法則密切相關。

73・複利：問題和機會

複利的問題在於分布不均。但這個問題也是個機會。

假設髮型師亨麗葉塔十八歲，每年存下一千六百美元並且每一年增長百分之十（大概等於股票市場價值隨時間增長的速度），那麼到了六十五歲，她會有多少錢呢？沒有複利的話，是一千六百美元乘以四十七年，即七萬五千兩百美元。但複利計算後，金額高達一百五十萬美元。

但要是亨麗葉塔將錢放在銀行而不是股票市場呢？過去銀行利率沒有規律，但我們合理推算，以年複利計算是每年百分之二。亨麗葉塔六十五歲退休時，她將擁有十二萬兩千九百八十七美元——看來或許是一筆可觀的錢，但遠不及一百五十萬美元。長期儲蓄的人傾向複利。他們存越多、投資越多，且儲蓄的複利時間越長，就會變得越來越富有。

很少儲蓄，或是沒有儲蓄的人，所得到的複利較少。背負卡債並支付過高利率的人則處於複利的地獄之中。

你是在享受複利的快樂，還是承受複利的地獄？

74 • 公司的成長

經濟成長是源於企業或公司的成長。經濟不會因為公共服務和國有企業而增長（本質上這屬於社會消費，不盡然是壞事，但著實限制了增長）。然而，正如所有和複利相關的事情一樣，成長的分布也是不均等的。

那些每年收入成長超過百分之十，甚至可能達到百分之三十的高成長公司（有些公司的成長率為百分之五十至百分之百，並提升了整個產業的成長），可能只佔整個產業的百分之五。然而，它們是80／20法則隨著時間的推移而產生動態變化的完美例證。

如果百分之九十五的低成長經濟每年以百分之三的速度成長，而（最初）微小的高成長領域以百分之三十的速度增長，那麼十年後會是什麼樣的情況？

答案是，百分之五快速成長的公司佔據了十年總成長的百分之八十一——81／5的關係！任何時候，成長的壓倒性優勢都屬於極少數人。

複利是80／20的最佳盟友。絕大多數的公司成長幅度不大，但少數成長幅度較大的企業佔了最多的絕對成長。80／20說明，在極少數高成長領域之外發展工作是沒有意義的。然而，超過九成的人陷在了成長受限的處境裡。

你是其中一人嗎？

75・爲什麼要爲高成長的公司工作？

- 比較有樂趣。
- 更快獲得升遷。
- 學習到更多。
- 身為獲勝團隊的一員，你能獲得滿足感。
- 或許能透過加薪、獎金，或是股票期權賺到更多錢。

你相信了嗎？你打算怎麼做？

第十一章　成功和80／20法則

真正的成功不接受規則；你得制訂自己的規則，然後面對不確定性、試驗和跳槽。你的缺點就是你的命運，是你勝利的來源：要麼大獲全勝，要麼一無所獲。這或許比遵循規則、獲得普通的成功更適合你，因為那個成功並不是你自己的成就，也不令人心滿意足。為了取得超出所有人預期的成功，你必須限制你的注意力，但要達成最大的目標。80／20將會引導你。

76・學校的成功預示了什麼？

我十四歲那年，其中一個比較沒那麼傳統的老師朝我們投放了一顆重磅炸彈。他問，班上哪個人畢業後會成為最成功的那個？我們投票給那些考試成績最好、課堂發言最多、擔任體育隊長或是最受歡迎的人。但杭特先生令我們相當吃驚。「我不知道誰會是人生中最成功的人，」他這麼說。「但我知道誰不會成功。成功的不是你們說的那些同學。取得最大成就的人是默默無聞的人，是你永遠不會猜到的人。學業上的成功並不等於人生的成功。」

坐在同學之中的我，害羞、不引人注目、不起眼，但內心深處渴望成功，這席話深深打動了我。杭特先生說得沒錯。班長和隊長們成為律師和房地產經紀人，結了婚後從此杳無音訊。據我所知，他們可能非常快樂，但從來都稱不上富裕或出名。

現在，美國的研究印證了杭特先生的直覺。高中的成功預示了大學的成功。取得優秀的大學學位是件好事：九成的畢業生繼續走向職涯，其中四成的人從事最高階的工作。高中成功的基準是平均成績三點六（滿分為四點零）。相較之下，一項針對七百名美國百萬富翁的調查顯示，他們的平均得分僅有二點九。[17]研究員得出的結論是，優秀的高中生勤奮、遵守規矩，但位於最高層的人卻是藉由打破規則、做一些創新和不同的事情來實現成功的目標。

不要太努力從眾和服從。這樣沒什麼樂趣，也不若做自己的事情那般賺錢。讀高中和大學時，你在意成績嗎？之後那些成績很重要嗎？如果你有小孩，會告訴他們什麼？

17 艾瑞克·巴克（Eric Barker）的《對著錯誤的樹吠叫：為什麼你所知道的關於成功的一切（大部分）都是錯的，背後令人驚訝的科學》（暫譯，*Barking Up the Wrong Tree: The Surprising Science Behind Why Everything You Know About Success Is (Mostly) Wrong*），二〇一七年。

77‧過濾和沒有過濾的領導者

哈佛商學院教授高塔姆．穆昆達（Gautam Mukunda）有一些關於領導者的有趣觀點。他說，偉大的領導者並不具備和優秀領導者相同的特質。他們並不是同一事物的強化版本。這和「更厲害」沒有關係，他們從根本上就是不同的人。

經過過濾的領導者是那些在滑溜溜的桿子上一路向上爬的人，他們認真繳納會費、遵從規範、老實地遵守團體的路線，從未破壞規矩。

未經過濾的領導者不會一步步爬上來；他們是從窗戶闖進來的。他們不是學校的班長隊長，資歷往往很差，甚至有過失敗的紀錄。他們是做自己的事情、打造自己的權力的企業家。在政治上，他們就像邱吉爾，如果沒有希特勒及其構成的威脅，他永遠不會成為英國首相。他們可能也像美國副總統，並沒有真正成為總統的資格，單純是因為前一任總統去世了才上位。他們做了令人震驚的事情，是因為他們未經過濾。這些人可能會成為一場災難，也可能取得驚人的成功。柴契爾夫人就是未經過濾的領導者，約翰．梅傑則是有經過過濾的例子。幾乎所有偉大的科學家都是未經過濾的人，愛因斯坦就是最好的例子。

你有被過濾過嗎？沒有過濾有趣多了，能讓你更容易登上巔峰。

78・你有增強器嗎？

「增強器」不是指你的音響系統，也不是讓你工作更勤奮的東西。高塔姆．穆昆達用「增強器」來形容極端的品質，這種品質往往是種負擔，但有時卻能發揮神奇的功用。增強器是那些可以變成優勢的缺點。

邱吉爾的增強器是他的愛國精神。這精神如此強烈，以至於他認為希望印度實現適度自治的甘地是魔鬼。柴契爾夫人的增強器是她對工會及其領導人的厭惡。唐納．川普每次一開口，增強器就顯而易見，也就是他對職業政客的仇恨和蔑視。林登．詹森的強化器是來自童年時期對貧困的病態恐懼，這促使他創建了「偉大社會」。愛因斯坦的強化器是他拒絕接受任何老師的建議或學識。

若你最大的弱點也是你最強大的優點，那麼這就是你的增強器。

擁有增強器遠勝於當一個全能者。幾乎所有偉大的領袖、企業家和高成就者，無論是在政商界或是生活的其他層面，都擁有增強器。他們都不是全才。

增強器是未經過濾的。關於增強器的想法或許更能提供幫助，因為它指出了成為偉大之人的方法。

增強器是80／20執行者、展現極端能力的人的工具之一。

你有增強器嗎？

79．大學是致富之路嗎？

上大學或許是獲得適量財富的方法。但不會讓你超級富有。

富比士排行榜最富有的四百個人中，有五十八人從大學輟學或從未上過大學。這些人的平均淨資產為四十八億美元。其他三百四十二人（上過大學並畢業的人）的平均淨資產為十三億美元。輟學者和「從未上過大學」的人的收入是大學畢業生的三點七倍。[18]這是非常確鑿的證據，證明大學讓那些人損失了巨大的價值。時間和金錢的回報是巨大的負值。從純粹的經濟角度來看，上大學是一場災難。

幾乎所有大學都培養出了知識淵博，但無法獨立思考的人。他們的講師或教授告訴他們應該要怎麼思考。對於原創性來說，這點很致命。從根本原則出發，為自己獨立思考的人越來越少。企業家不得不從第一性原理出發進行思考，他們要從頭開始開拓新產品、新客戶或新的營運方式。如果做不到這一點，物競天擇會讓他們走向失敗。

如果你能進入一所教你如何思考的大學，請牢牢把握這個機會。否則，大學可能只不過是一所非常昂貴的精修學校而已。

➤你有上大學嗎？是輟學還是畢業？還是你跳過了這整個階段？你對這一切有什麼看法？

18 理查·柯克根據艾瑞克巴克在《對著錯誤的樹吠叫》中提及的數據所做出的計算。

80・聰明實驗

實驗本身就是一種智慧。

「整個人生就是一場實驗。」拉爾夫・沃爾多・愛默生寫道，「做越多實驗越好。」

但80／20的哲學是，實驗有分為比較聰明和不那麼聰明兩種。

聰明實驗包括了採樣不同世界的學習、工作和其他經驗——實驗越多樣化越好，尤其是在生命的早期。例如：

- 不同的學習方法，例如直接機構指導（學校、大學）、坐在單一老師的腳邊聽講、閱讀、觀看影片、小組或單獨進行私人思考以及在截然不同的組織中工作
- 執行上述一項或多項方法，但要在不同的國家或文化中。
- 廣泛閱讀外語書籍，欣賞不同的思考模式。
- 視覺實驗，例如藝術、幻想、想像中的動物、漫畫角色。
- 聽覺實驗，例如取樣不同流派的音樂。

實驗有三個普遍的功用：

- 擴展你的思緒，如此你能欣賞不同的思考與感受方式。
- 透過不同經歷放大你的想像力與同理心。
- 幫助你確定你想要更深入探索的特定興趣領域——這是最高、最原始的實驗形式，是

「少即是多」的最終目的地。

你是否做太少或是太多實驗了？對你來說，廣泛度與深度之間的權衡是什麼？

81・聰明的跳槽

聰明的跳槽可以加速學習和發展新技能，同時也能加快你的收入軌跡。研究證實，平均看來，跳槽能提高收入和晉升前景。因為跳槽能增加機會，因此它在你職業生涯的早期是最有價值的。

最棒的跳槽是要加入這樣的團體：

- 你喜歡那裡的人，且和他們很相像；
- 這個群體比較了解一些其他團體較不熟悉，或者根本不知道的有價值之事；
- 成長速度高於同行；
- 付給你的薪水比原先的高，並提供更大空間給個人成長及升遷；
- 這個團體能夠改變你，理想情況下，它讓你有所轉變。

你有足夠的跳槽經驗嗎？是足夠聰明的跳槽嗎？

82 • 少目標，高產出

在這個時代，工作和生活中其他層面的風險，在於你貪多嚼不爛。

80／20提供了解決之道。若你只做了最重要的百分之二十的事情，而這些事對於你和周圍的人來說最有價值，那麼和執行所有事情的情境相比，你將會表現地更傑出。說來矛盾，要擁有高產出，就必須限制目標。如果你不執行其他百分之八十的工作，就會擁有更多精力。如果你不執行其他百分之八十的工作，就會擁有更多時間。如果你不執行其他百分之八十的工作，就會擁有更多樂趣。

限制你的目標。無情砍掉那些不必要、不那麼有價值的事物。

今天就試試看。只做最重要的百分之二十的事情。真的有效。你將會更有效率也更快樂。

第十二章　個人壟斷理論

已逝的偉大音樂家傑瑞．加西亞（Jerry Garcia）曾說：「不要把事情做到最好，而是要成為一切的唯一。」

一位六十七歲的前囚犯如何拯救他的國家？方法是藉由成為那個唯一。

做自己、真實、與眾不同的自己。你是獨一無二的。充分運用這一點，並將其變成你的壟斷理論。

83・個人壟斷的80／20理論

獨霸一方很棒。

一間公司的最終目標是要建立非常高的相對市場份額，也就是在利基市場中比第二大競爭對手高出很多很多倍。如果公司無限大就更好了。也就是說，沒有競爭對手生產類似的產品或以類似的價格提供服務。同樣的準則也能應用在個人身上。

傑瑞．加西亞說：「你不僅想被認為是最好的人。你也希望被視為唯一從事某件事情的人。」

對群體和個人來說，壟斷就是涅槃。無論你是音樂家、歌手、作曲家、詩人、畫家、作家、喜劇演員、足球員、網球員、棒球選手、脫口秀主持人、經理、企業家或投資者，獨一無二的商標意味著你已躋身偉人行列。這個世界只有一個莎士比亞，一個馬克安諾，一個梵谷，一個阿嘉莎．克莉絲蒂，一個瑪丹娜，一個賈伯斯，一個布魯斯．史普林斯汀，一個泰德．威廉斯，一個華倫．巴菲特。此外，雖然他不會唱歌，但只有一個巴布．狄倫。

很多方面來說，你的弱點其實就是你的優勢。如果黛安娜王妃更加成熟、不那麼易受影響，那她還會成為「人民的王妃」嗎？完美是遙不可及的。聖人精神已經過時了，天分有時候是可以選擇的。**真實就是一切**。

最後，世界是一個擁擠的地方。為了脫穎而出，你必須專精某個領域或技能。為了應證加西亞的話，**你必須要成為那個領域的唯一**。你就是那個領域，那個領域就是你的代名詞。

你可能不想出名。我就很討厭那樣。但世界上有數百萬個可能供你創建及賦予風格的領域，有些可能很小、一般人無法理解，但無論是多麼小的領域，只要你能做獨一無二的事情，都會換來巨大的成就感。

你的領域會是什麼呢？

84・比爾・蓋茲的個人壟斷（從二十歲開始）

一九六八年，蓋茲還是個青少年，他是世界上第一批接觸電腦並編寫電腦程式的學生之一。十七歲那年，他與同學保羅・艾倫（Paul Allen）成立了一家合資企業，而後蓋茲還不到二十歲時，他們創立了 Micro-Soft 公司，這是一家電腦軟體企業，不到一年公司名稱就去掉了中間的連字符，成為今天你我看到的微軟（Microsoft）。

他們在一九七八年迎來突破，當時 IBM 同意使用他們的軟體作為第一台 IBM 個人電腦的作業系統。在最關鍵的商業決策中，蓋茲拒絕給予 IBM 獨家經營權，他精準地判斷，其他公司會複製 IBM PC 並需要相同的軟體。

自此之後，直到二〇〇七年，蓋茲有效地經營微軟，始終如一做出正確的商業決策，多年來都是世界首富。從一九九〇年代中期開始，經歷了一些最初的懷疑之後，蓋茲成為網路最有影響力的推動者之一，幫助網際網路成為商業和人類生活所有層面中成功的「另類現實」。

一九九四年起，蓋茲成為世界上最重要的慈善家，並取得了許多傑出成就，包括幫助了數百萬兒童的小兒麻痺根除行動。

蓋茲不是聖人，但他去世之後，將會以商業軟體之父（一種個人壟斷），以及繼安德魯・卡內基和約翰・洛克菲勒之後世界上最偉大的慈善家的身分永遠被人們紀念（這是另一個個人壟斷）。我希望，經過多年出色的工作和網球比賽後，他能夠幸福地死去。

你的個人壟斷是什麼？有可能是什麼？

85・納爾遜・曼德拉的個人壟斷（從六十七歲開始）

我在一九八〇年代中期是南非的常客。我非常喜歡那裡——陽光、鄉村的純粹之美、大多數人（無論種族）快樂得令人驚嘆，還有那種生活在歷史時期的「邊緣」感。但有一件事令人很沮喪。沒有人相信有辦法解決這個難以言喻的問題：如何避免內戰。我遇到的人之中，沒人相信有和平解決的方案；他們只是等著世界末日那天。

解決方法來自一個六十七歲的囚犯，從一九六四年到一九八二年間，他一直被監禁在開普敦郊外一座可怕的岩石島上，然後被轉移到開普敦內沒那麼恐怖的監獄。一九八五年，納爾遜・曼德拉是非洲人國民大會（ANC）、反種族隔離解放運動和白人至上主義、頑固而愚昧的民族主義政府之間唯一可能的橋樑。為什麼曼德拉有資格來彌合雙方之間的鴻溝呢？

首先，因為他相信自己有能力，而且應該做到。其次，他在監獄裡的時光只會提高他在準備變革的南非人中的魅力、道德地位和聲譽。第三，非國大領導人中只有他可以擔任談判代表，其他人都躲藏起來或流亡國外了。第四，他準備好妥協了，這是其他非國大領導人沒有想到的。這些因素構成了曼德拉的個人壟斷。

曼德拉向關押他的人提出的協議很簡單，他們必須同意民主：一人一票，結束種族隔離；反過來說，曼德拉提供的條件則是和平與繁榮，沒有社會主義、沒有共產主義、沒有對過去惡行的懲罰，以及自由國家應有的所有自由。他迷惑了他的敵人，對方相信他能夠完成交易。這最終成了令人無法抗拒的條件。

你能夠調解、讓兩個對立的雙方走到一起，找到兩方都能接受的解決方案嗎？

第十三章　80／20法則和老闆

在你「解僱」他或她之前，你老闆之於你的快樂和成功，可能比你效力的公司，甚至比你或你的才能更有影響力。選擇你的理想僱主是80／20的關鍵技巧。這並不難，回報也很棒。你將在本章節學到方法。

86•80／20以及找到完美的老闆

工作中的成功和幸福，其中一個「重要少數」的原因是你的老闆。盡可能多關注這個問題，因為幾乎沒有什麼比這更重要了。

要怎麼替自己找到完美的老闆？首先請朋友們替他們的老闆打分數（滿分十分）。當然了，你必須有為他們的公司工作的渴望，並且有這個機會，但對於你的幸福和成功來說，老闆往往比公司更重要，所以要從他或她開始。如果你能在包括你朋友在內的一群人的聚會中，見到這位神聖的老闆，那就去吧。幾乎什麼都不用說，仔細聆聽就行了。然後看看你是否同意朋友的觀點。

接著，在網上查找有關老闆或公司的資訊。搜尋財務和其他資訊以了解組織是否正在快速發展。小型但成長快速的公司是理想的選擇。如果與老闆共事的團隊發展不快，就把他們從名單上剔除。如果公司符合條件，請嘗試安排另一次非正式會議，包括你的朋友和老闆在內。如果時機合適，請表達可能會產生的興趣。

然後要以非正式的方式了解老闆，如果一切順利，請求進行一場正式的面試。如果雙方都同意了，則要求和他或她的老闆交談。

你已經有個完美的老闆了嗎？或是你還沒遇到他們？

87・面試心理學

心理學很重要。大多數人都是以懇求者的姿態去面試，緊張又急切留下一個好印象。但是這樣做不對。老闆對你很重要，你之於老闆也很重要。你能幫助你的僱主更加成功。**這是一場平等的會面**。你未來的老闆更有經驗，但要成功加入他或她的團隊，必須要是一場互惠互利的面談。在某些重要的方面，你可能比你的老闆更優秀，或者隨著經驗的累積會變得更好。想像一下可能是哪些方面。如果你能看到，那你老闆也看得見。

將老闆視為一個人，這是一個人與另一個人的談話。保持自然，做你自己。你們之間有正能量和連結嗎？若你享受這場面試，那對方應該也是一樣的感受。

你的面試心理是正確的嗎？順帶一提，你喜歡現在的老闆嗎？如果不喜歡，那就有個很好的理由重新去找一個喜歡的，無論那人是在你目前的群體之內還是之外。

88・你未來的老闆和你一樣嗎？

理想情況是你的老闆像你一樣，你們兩個很相似，其他團隊成員也會和你很像。若你喜歡你的僱主，那很可能也會喜歡同事們。這點跟老闆一樣重要，但你不需要事先搞清楚。暫時往好的方面想，如果有辦法自然的安排機會，就和同事們交談看看。

跟老闆一樣代表什麼呢？代表若你們的思維模式相近，就會使用類似的語言、生活中喜歡相同的事物、智慧處於相等的水準，也會對彼此抱有同理心。當然了，多樣性也很重要，但並非所有事情都是如此。除非你們之間有基本的「我很好，你也很好」的感覺，否則多樣性思維或特質永遠不會有真正發揮功用的機會。

問問自己：如果我比老闆年長且更有經驗，能不能想像角色互換的樣子？我能想像自己在對方的位子，他們在我的位置嗎？這對雙方來說是件好事嗎？

還有一個值得問的問題：你和現在的老闆像嗎？

89・你的老闆有前途嗎？

若你未來的老闆正處於快速晉升、承擔更大責任的階段，無論是在目前的公司或是另一間，對你而言都是好消息。如果你和老闆一起取得成就，他或她很可能會帶著你一起前進。該如何評估新老闆是否正處於快速晉升的階段？

- 比較一下老闆的年紀和他們在公司內的層級。他們是年輕、平均年齡還是有點年長了？看看他們完成目前的工作速度有多快。
- 他們在現在的職位多久了？如果他們才剛上位，內部快速晉升的可能性不高。
- 他們曾有過跳槽的經歷嗎？這通常是一條快速道路。以前因為跳槽而受益的人，很有可能再次跳槽。
- 透過與他們的交談，你是否感覺到他們對當前職位的執著，或者他們野心勃勃，且總是在尋找新的機會？
- 要求與他們的老闆交談，「以更廣泛地了解組織的未來規劃」。當然，不要問大老闆對上司的看法，你只需要傾聽，而如果你聽得夠仔細，就能得到微妙的暗示。

若你決定為新任老闆工作，使用80／20看看如何幫助他們取得更好的成就，甚至得到晉升的機會。想一下，若你是上司，會如何使用80／20，並且幫助上司也以這種方式思考。

搞不好你也能為現任僱主這麼做？

90・應該要「開除」老闆嗎？

每年至少考慮一次是否應該「開除」上司，這是一個很好的80／20計劃。

我將「開除」一詞放在引號中，是因為你顯然不能真正將他或她從公司中解聘。但你可以（或許**應該**這麼做）將老闆從你的生活中解僱；也就是說，找到一個更好的上司。

一個更好的上司會有以下特質：

- 理解並使用80／20
- 為成長快速的小型公司工作
- 有野心、有能力、有前途
- 和你相互喜歡
- 和你很像
- 發展並拓寬你的技巧和思維
- 將工作部分委託，給你讓你獨立完成，很少干預
- 擁有泰然自若且自信的儀態，有能力幫助你
- 跳槽到更大的公司或開始創業時，會帶著你一起去

你是否充分想過，自己是為誰工作？

91・你應該要有上司嗎？

你需要有上司嗎，還是應該自己創業或開始新的冒險？以下是一些你應該獨立行動的可能理由：

- 自主權
- 做自己的上司——自主權不一定需要擁有一間公司
- 能夠做自己最擅長的事，拋棄其他一切
- 能和你認識、喜歡的人一起工作，而不是其他人
- 實現你的野心或命運
- 按照自己想要的時長工作
- 賺更多錢

替這些目標排序——前三名是誰？它們有多大的激勵效果？

第十四章 精神導師、失敗、贏家和性

我們要探討，為什麼幻想的導師比真實導師更好，為什麼我們應該讚揚失敗，以及為什麼成功者應該要孕育下一代。

92・選擇一個精神導師

巴布・狄倫在十九歲那年抵達曼哈頓，當時他沒沒無聞，但堅信自己是獨一無二的。他在回憶錄《搖滾記》中寫道：「有很多更棒的歌手和音樂家，但沒有人做出本質上與我相近的事情。民謠是我探索宇宙的方式。」[19]

儘管他有震懾人心的自信，但仍然需要一位導師。他發現醫院裡的伍迪・蓋瑟瑞（Woody

19 巴布・狄倫的《搖滾記：Bob Dylan自傳》（*Chronicles*），大塊文化，二〇〇六年。

Guthrie）患有絕症，於是在他的床邊唱了蓋瑟瑞的歌曲，也唱了〈伍迪之歌〉（*Song to Woody*）。蓋瑟瑞可能不知道到狄倫在場，也不知道他是誰。

狄倫選擇伍迪・蓋瑟瑞作為他的導師，而伍迪本人可能不知情。伍迪是狄倫的榜樣，他敢於創作新的民謠，他也是一位大師、哲學家和抗議歌曲作家。聽起來有點耳熟嗎？狄倫完全繼承了伍迪・蓋瑟瑞的精神、角色和威望。

我的兩位導師是布魯斯・亨德森和比爾・貝恩。

我長期觀察布魯斯，但他應該不知道我是誰。我模仿他從第一性原理出發，思考策略的方法。

我真的很了解比爾，但他應該不完全知道他之於我有多重要，也不知道我以他為榜樣，並取得了很棒的成果。

布魯斯是我的精神導師。比爾則是半真實、半幻想的導師。

找到一位偉大的精神導師比找到一位偉大的「真實」導師更容易，而且回報也更可觀。

你有精神導師嗎？

93・失敗很美好

沒有人樂見失敗，但我們應該要歡迎它才對。

接近三十歲時，我光榮地失敗了。我無法執行公司喜愛的繁重財務分析工作。我應對失敗的方法是加倍努力，每週工作八十小時，越來越努力，為工作犧牲一切。最後換來的結果是兩三年的痛苦。這全是因為我無法忍受失敗。我應該要迎接失敗才對：

- 首先，只要我願意，就能快速結束痛苦。
- 第二，人一失敗，修補的可能性就很低（我的例子是如此）。
- 第三，失敗深具啟發，告訴我們從今往後要避免什麼樣的工作（或者人際關係、消遣娛樂或其他情況）。
- 第四，它提供了如何成功的線索——尋找一間與你的失敗的事情完全沒有關聯的公司、工作類型或關係等等，或者至少在關鍵層面上有所不同。
- 第五，它會教你一些寶貴的美德，這些美德會提升你的幸福，像是謙遜、對自己和他人的同情、尊重那些因任何原因在重要事情上失敗的人、靈活度、想像力和尋找新的不同機會的能力（它們總是存在的），甚至樂觀，因為你不會再面臨相同的失敗，或者即使你失敗了，也知道要迅速減少損失。
- 最後，因為當未來的成功來臨時，它會因為與你過去的失敗形成鮮明對比而變得更加甜蜜。

你有光榮地失敗過嗎？你學到了什麼。

94・贏家和他們的性生活

（請注意：這只是個比喻！）

身為大贏家的組織、網路和領導者，應該要大量孕育下一代。用金錢和任何地方都適用的最佳技能來支持贏家。

太多的贏家都住在修道院和佛寺裡，或選擇接受輸精管結紮手術。他們愉快地度過了自己的日子，以他們首次偶然發現的方式為客戶服務，享受輕鬆的訂單和豐厚的利潤。直到競爭對手發明新的或經過改良的東西。

沒有性生活的贏家會滅絕。擁有正常性生活的優勝者將勢如破竹發揮潛力。勝利者們背負著演化的責任，要擁有豐富的性生活，呈指數級增長並孕育出大量天賦異稟的後代。

這件事是違反直覺的。那些不太成功的人，肯定會更加努力改良他們所擁有的東西吧？這是正常人的推斷。然而，80／20採取的是不同的策略。當某件事情運行得非常順利時，要將它改良並傳播出去，而新一代們也會盡可能地快速改善和傳遞事物。80／20會給最成功的生物體施加巨大的改善和繁衍壓力。80／20也提供了持續獲勝的內建機制給贏家們。好好使用它們吧！

你是否運用了所有可行的方法，使自己有更多最厲害的成就？

95·佛雷的案例

我希望你認識那些在職業生涯中取得巨大成功的人。然而，並非所有人都充分利用了迄今為止的成功賦予他們的特殊地位。舉例來說，我的好朋友……就叫他佛雷吧。四十歲前他就取得了驚人的成功。深思熟慮後，他決定不再將自己的時間和部分資金投入新的事業。相反地，他涉足了政治和慈善領域。他曾在一些著名的企業中擔任外部董事職位；也花了很多時間旅行和會見知名人士。

當然，他對所有活動都產生了正面的影響力。所有事情都是值得的。但他卻沒有再次一鳴驚人了。他不再做自己最擅長的事情。他是世界上最好的技術專家、發明家之一。為什麼他不發明一些新的東西呢？我認為他已經退休到一間相當舒適的修道院裡了。

如果你成功了，一定要休息一下。替你的電池充充電，花更多時間陪伴家人。但是呢，請繼續做你最擅長的事，大規模地執行它。若贏家們無法大量生產，基因庫就會退化。我們會沉溺於大多數人的平庸之中。

至於你，我的朋友，好吧，如果你跟佛雷一樣，就無法享受到盡可能多的樂趣了。對於像你這樣的人來說，工作比樂趣更有趣。

第十五章　更多快樂……更多浪漫

現在我們繞回快樂，最根本的80／20主題。在這裡你將學會如何變得更快樂，如何將浪漫融入其中，也會學到為什麼「快樂基線」理論過於悲觀，以及「高度幸福的七個秘密」。

96・藉由改變你所見到的人來變得更快樂

很大程度上，你的幸福感取決於你最常見到的五個人——也許再之後的五個人也具有不小的影響力。

列出每週和你相處時間最多的十個人。前兩三個對你的幸福感影響最深。如果你不喜歡其中一人（可能包括你的老闆），就很難真正感到快樂。接下來的人對你的幸福也很重要。

你想更常見到哪些人？你想把誰送到西伯利亞？就這麼做吧！

97・快樂、美德和賽馬

賽馬需要每天馳騁和頻繁出賽才能保持良好的狀態。但賽馬的意義是什麼？是要贏得比賽。要怎麼贏呢？每日維持體態並快速奔跑。是什麼原因讓賽馬很快樂？每天保持體形、快速奔馳並贏得比賽。

同樣地，做善事——用非常拘謹的話說，就是要有美德。你需要實踐美德，每天做一些善良或有用的事情。

美德的意義為何？是每天做一些善良或有用的事情。而什麼能令你感到快樂呢？一樣。也就是說，方法和目的是一樣的。

今天你會做什麼好事或行為，實踐美德並享受快樂呢？[20]

98・快樂和浪漫

在一項針對極度幸福的人的調查中，除了一個例外，所有人都處於戀愛關係中。著名心理學家馬汀・塞利格曼表示，「也許最有力的事實是……已婚的人比其他人更加快樂。」（塞

20 非常感謝漢斯・約那斯（Hans Jonas）在《諾斯替宗教：異鄉神的信息與基督教的開端》（*The Gnostic Religion: The Message of the Alien God and the Beginnings of Christianity*，道風書社，二〇〇三年）提供的部分比喻。

利格曼用「婚姻」來稱呼任何形式的長期浪漫關係。）[21]這份調查也有例外，但高度幸福感與長期關係之間有非常高的關聯性。某種程度來說，快樂的人更有可能結婚並取得成功。但當統計學家計算出數據時，發現若人們處於長期關係中，依然有可能會更快樂。這是本書中最重要的80／20假設之一，或許也是最重要的一個。

關於這點有很多原因。一是你一生中見到最多次的人對你的幸福感有著巨大的影響。假設你選擇並留住了你喜歡的人，那麼比其他人更頻繁地見到伴侶一定會為你帶來幸福的絕佳機會。擁有一個可靠的伴侶，一個永遠堅若磐石的伴侶，也能讓你免受生活中無疑會出現的大量麻煩的影響。

還有個更深刻的原因，真愛本質上是無私的。我們已經看到，為他人做好事是獲得快樂的最佳方法之一。我們都需要自己以外的快樂泉源。對伴侶和家庭的愛，提供我們的內心一個機會，透過高尚的行為來讓自己感到加倍幸福。

你正處於長期的關係中嗎？你有充分利用它嗎？

21 馬汀・塞利格曼的《真實的快樂》，遠流，二〇二〇年。

99・一個人快樂地生活

不是所有人都有長期的親密關係，那也不是人生中的必須。你可能因為還太年輕無法擁有，雙向選擇的伴侶將會是一生中最重要的決定之一，所以不能著急。你也可能正在經歷一段關係破裂或伴侶過世的創傷。或者，你可能單純不適合長期的關係。有個好朋友曾經告訴我，「我結過兩次婚，離婚過兩次，但現在我比以往任何時候都更快樂。」

這個例子很有啟發性。她的快樂是基於三個美妙的資產。一是她始終如一的樂觀和樂於助人的天性。接著是她的工作，這份工作很有創意，客戶很受用，且薪資豐厚——她全神貫注於工作且熱愛著一切。最後，她與兄弟姊妹等家人以及她經常見到的六個老朋友關係非常親近。某種意義上說，她有八到九個非常親密的朋友，這些關係具有成功的浪漫關係的三個主要元素：享受陪伴，在逆境中可以依靠的一塊（或一系列）岩石，以及向關心的人們表達真誠愛意的機會。

如果你獨自生活，無論出於什麼原因，都可以像戀愛關係中的人一樣快樂，且出於某些相同的原因，獨居也會增加擁有自己熱愛的工作的機會。

若你有幸擁有一位出色的伴侶，請考慮與你們倆都喜歡的人發展親密的友誼，那人可能還需要多一兩個的朋友。

100 • 性吸引力與80／20

性吸引力是宇宙中最偉大、最令人愉悅的奧秘之一。它顯然以最核心的方式滿足了我們迫切填滿地球的生物學需求。性慾也表現出一種80／20的極端形式──愛的化學反應可以在轉瞬即逝的幾秒鐘內發生，所以你在百分之一的時間內感受到百分之九十九的吸引力，那麼你立刻就能非常確定這個人適合你！

小心！無論是要滿足生理需求，還是強烈的80／20感覺，你都應該保持警惕。危險和被浪費掉的幸福可能就在前方。理論上來講，你可以和很多人建立聯繫；你無法控制的荷爾蒙將確保血液再次湧向頭部或心臟。享受性愛，但不要自動得出很可能是錯誤的結論。

還有一些80／20的考慮因素：

- 你的伴侶本質上快樂嗎？
- 你們倆都接受彼此原本的樣子，包括所有缺點嗎？
- 你們承諾彼此一段長期關係嗎？
- 你們有大致相同的價值觀嗎？
- 你們會成為終生的摯友嗎？
- 你們基本上「平等」，還是欣然接受某些不平等？

選擇人生伴侶的80／20觀點很直率──這可能是你一生中最重要的決定。

101．你的伴侶快樂嗎？

如果你還沒有選擇伴侶，請注意，你的幸福感很大程度上會受到伴侶幸福感的影響。為了你的幸福，為了愛，你會希望他或她幸福。但若你的伴侶有快樂的天性，並且有意識地執行能帶來快樂的日常習慣，這樣會容易許多。

與一個不快樂的人合作，最後你可能會沒有很快樂，或者完全不快樂。無論對彼此的愛有多少，自尊心低和幸福習慣差的人都是生活的惡夢。兩個不快樂的人，即使相愛，也會把對方逼瘋。

若你想快樂，選擇一個快樂的伴侶！

當然，你可能已經有一個不快樂的伴侶了。我們已經學會了一些變得更快樂的方法。讓你的伴侶開心應該是你們兩人的重大任務。

幸福需要努力。任何相愛的人都希望他們的伴侶更快樂，接下來有一些80／20法則的方法，說明如何做到這一點並取得絕佳效果。

102．你能接受伴侶原本的樣子嗎？

包括所有缺點在內。

約翰・戈特曼擁有世界上最大的「愛情實驗室」，致力於找出婚姻破裂和成功的原因。他是一位嚴謹且富有洞察力的研究者。他得出的一個結論特別引起我的共鳴。能夠建立長期合作的關係，極少數原因之一是其中一方、或是兩個人都試圖改變另一個人。

想改變的原因通常都很微不足道。珍可能會抱怨丈夫約翰不做應該要做的家事。但是，她真的期待他做嗎？史都華很生氣，因為菲歐娜把車停得很糟、從來不加油，且「未經許可」就開走。她的駕駛技術也很差，且拒絕晚上開車。但他當初想要娶她，是因為她是模範司機嗎？

花點時間現實地評估你未來伴侶最糟糕的特質（每個人都有），以及你是否有能力接受一切。無論甘苦，至死不渝。若你無法愉快地（甚至是深情地）接受某人的缺點，那就不要發展關係。如果你們的感情失敗，是因為你為了一些雞毛蒜皮的問題批評你的伴侶，那麼錯就在你身上了，老兄。愛情是盲目的。

感情失敗的原因只有幾個。請避開這些因素。應該不難做到。

103・承諾給予承諾

我有過五段認真的感情。三段都是因為同樣的原因而告吹，是我的錯。

剛開始幾年一切都很順利。沒有壞事發生。但過了一段時間，我開始懷疑這段關係是不是沒有機會變得更好了。我連根拔起現有的關係、審視它，從未給它往深處發展的機會。我沒有承諾要給予承諾。這不公平，因為我大多數的伴侶都比我更忠誠。關係中的對稱性很重要。若其中一方忠誠度比較高，也就更容易受到傷害。

檢查一下這點，然後雙向給予承諾。這無需涉及婚姻，但不論有無承諾，雙方所設想的時間必須達成一致。你必須努力讓這段關係延續下去，或許是直到永遠。**愛不是一種情緒，而是一種努力**。不要把最辛勤的努力投放到工作或其他事物上，而是要投入到你的關係中，也就是投放到你的幸福感中。

根據我們的期待，終生的關係會持續很長一段時間。各種困難和障礙都會出現。

你有理想的伴侶嗎？如果有的話，給予對方承諾吧。打消對方的疑慮，暫時不要思考其他選擇，努力讓承諾成真。這不是彩排，而是我們的真實人生。

104・過上美好的生活

我很喜歡費德曼和羅森曼的這句話，「如果你想過上美好的生活，首先必須開始過著美好的日子。」[22]他們所提到的美好的一天，關乎美好的事物和事件。

22 梅爾・費德曼（Meyer Friedman）和雷・H・羅森曼（Ray H. Rosenman）的《A型行為和你的內心》（暫譯，*Type A Behavior and Your Heart*），一九七四年。

在接下來的十分鐘內，寫下二十件想做的事情，有可能是下個月的事情，且不需要花大錢。越傻的事情越好。比方說，和朋友一起大笑、玩桌遊、在陽光下漫步、打桌球、去酒吧吃午餐、為朋友下廚、告訴某人你喜歡他們、游泳、曬黑、和狗狗或小孩子玩、看電影、打給久未聯繫的朋友、野餐、觀看體育賽事……。

選擇一天，安排你想和朋友一起做的任何事情，並將五件你真正喜歡的事情排在同一天內。現在，如果你想獨自度過一天，也可以這麼做。接著選擇另一天，至少做一些你想做但從未做過的事情。確定自己每週都有一天快樂的日子。

這需要一點計劃和想像力，以及一些自我放縱，但若你擁有更多美好的日子，就會擁有更幸福的生活。

現在就設計你下一個美好的日子！

105・快樂與豐盛

快樂與其說是一種**狀態**，不如說是一種**過程**。快樂不是一種愉悅的狀態，而是一種豐盛的過程。愉悅很美好，不應該被低估，但很難過上只有快樂的生活。我們需要個人進步和冒險的感覺。豐盛甚至比快樂更棒，而且可以是貫穿你一生的持續過程。豐盛是一個自我拓展的過程，這個月比上個月更好，今年比去年更棒。

快樂基本上是外在的，像是陽光的效果、一頓佳餚、一次振奮人心的機車之旅或是一次熱水澡。

豐盛是內在的，關乎你自己，而不是外在環境。藉由變得比以前更好，你會蓬勃發展。透過拓展你的思想、同情心、你與他人和世界的一體性、身體及其能力、在體育或任何其他技能上的實力、個性和人性，你便能夠蓬勃發展。

豐盛是隨著時間前進的個人成長。豐盛有多個層面，你永遠不會用盡讓生活變得豐盛的方法。

保持長久快樂的最好方法，就是持續不斷地蓬勃發展。

你今天、下週、明年會如何保持蓬勃發展呢？

106・重新檢視「快樂基線」理論

心理學家表示，我們有一個「快樂基線水平」，發生任何異常正面或負面的事件後，都會回復到這個水平。這背後蘊藏一些意義，甚至帶有一點安慰性質。若你嚴重喪失行為能力，可能會因此能力下降，並因為無法再做相同的事情而備感遺憾。但是，調整好自己的期望後，你遲早會恢復到快樂基線。

心理學家的普遍觀點是，如果你的機遇特別好，可能會因正面事件暫時感到欣喜若狂，但他們認為，雖然速度不快，你很肯定會恢復到「真正的」幸福水平。他們總是以樂透中獎者作為例子，他們認為，中獎的人最終並不會比中獎之前更快樂。這個論點頗有爭議，不僅僅是因為證據混雜，也因為這是一個極端的、非典型的例子。樂透中獎者大多沒有獲得鉅額金錢的經驗，且通常都不會明智地使用獎金。

雖然很多人都會回復到先前的快樂水平，但也並非絕對如此。人們可以，也確實能夠永久感到快樂。我們已經學到一些提升幸福感的方法了，其中最棒的方式就是**增加你的樂觀程度**。樂觀的人通常都比悲觀者擁有更快樂、更充實的生活。而且你的樂觀情緒就跟快樂基線一樣，可以永久地被提升上去。

107 • 總結：歡欣鼓舞的七個秘密

1. 選擇對的情感伴侶：謹慎、緩慢地挑選。性愛很棒，但化學反應、相互欣賞和友情更重要也更恆久。選擇快樂的伴侶，一起將生活視為冒險，做出承諾前，討論潛在的問題或不同的觀點。擁有平等的權力，或是樂於接受不平等。
2. 承諾會對伴侶做出承諾。
3. 熱愛工作。
4. 使用金錢獲得快樂。

5. 培養一些優秀的朋友。

6. 遵循良心，真誠待己。

7. 變得更加樂觀。

這些對你來說會是挑戰嗎？哪些最能提高你的快樂感受？

第十六章　自愛短期課程

真正愛別人或做好事之前，你必須先培養好好欣賞自己，以及自己的正向特質的能力。就從這裡開始吧。

108・自愛

愛，就跟仁慈一樣，始於家裡。在你能夠真正愛別人之前，必須先愛自己。除非你看到自己的善良，否則怎麼行善呢？若沒有看見，行善就是一種利用他人感情的行為和建立虛假聲譽的手法。

每個人都有善惡兩面。你一生的工作就是培養和開拓自己的良善，以及這種善良能為世界帶來的結果。為了實現命運，你必須搞清楚自己的「百分之二十善良高峰」——最好的自己。愛自己最棒的特質，且要知道如何利用它們來幫助你關心的人和整個世界。

放大並巧妙運用好的特質，就能驅趕負面特性。如果你對自己所做的善事感到滿意，就能擴大它的範圍和效果。愛自己成了一個良性循環，成為你一生中最愉快的責任。

太過自愛就就是自戀，但不夠自愛就無法幫助任何人。

你夠愛自己嗎？

109・自我同情

同情自己與自愛一樣重要；搞不好猶有過之。

自我同情代表要寬以待己。在出現差錯或是做錯事時原諒自己，感到精疲力盡或不知所措時不要對自己太苛刻，不要不停驅使自己表現或取得成就，不要覺得總是必須證明自己。自我同情就是溫柔地對待自己，理解身為一個完整的人，會犯錯和感到脆弱並沒有錯。

自我同情會削弱你的優勢，或者降低自己的標準嗎？不會！當你承擔某些失敗時，就會願意承認自己的弱點，承認自己沒有達到高標準。承擔責任等同於舉起手說：「我失敗了。」承擔責任蘊含的意義是，意識到自己在未來需要做得更好，需要糾正錯誤或糟糕的事情。

自我同情能夠提升幸福感並降低焦慮，也讓你對其他人更寬容慈悲。

有時候你對自己太嚴苛了嗎？

110・避開你的蛇窩

肯定有某些情況我沒辦法好好處理。你也是，你也可能有壓力。但我們應該做點什麼，來學習更恰當地應對這些情況呢？還是要盡量避開它們？

我傾向第二種解決方案。我一直搞不懂訓練人們不要害怕蛇有什麼意義，更明智的行動是避開叢林（或寵物店）。我無法忍受毫無意義的官僚、律師、人群、塞車、找藉口的人和缺乏陽光，所以我調整了自己的生活，盡可能避開以上狀況。

寫下你最討厭的事。哪些解決方法可以最大幅度地減少遇到它們的機會？你不應該低估這些事情累積起來對幸福和壓力水平的（負面）影響力。

小小的勝利能有很棒的影響。

你的蛇窩是什麼？要怎麼避開？

第十七章 金錢與快樂

令人驚訝的是，研究表明，一般來說更多財富確實能增加幸福感，但快樂並不會自動增加。金錢可以為你帶來快樂的機會——這取決於你如何使用它。金錢的最佳用途就是購買自由，以及慷慨大方。

111・金錢能買到快樂嗎？

研究顯示財富和幸福之間存有強烈的關聯性。當然了，也有幸福的窮人和悲慘的百萬富翁，但大體來說，人們擁有的錢財越多，就越有可能說自己很幸福或非常快樂。

心理學教授暨快樂研究者艾德・迪納（Ed Diener）認為，「平均來說，富裕的人比貧困的人更幸福。」[23]貝奇．史蒂文森（Betsey Stevenson）及賈斯汀．沃爾弗斯（Justin Wolfers）在進一步的研究之後，明確表示：「許多學者認為，『基本需求』一獲得滿足，更高的收入就和更高的幸福感沒有關聯了，然而，我們發現這種說法沒有證據支持。」[24]

因此，一個粗略但基本上正確的結論是，更多的錢有辦法，而且大多時候確實可以買到更多的幸福。

你提升幸福感的計畫中，有包含變得更富有嗎？

112・取決於你買了什麼

金錢能買到快樂，但快樂不會自動產生。金錢是買到變快樂的機會。雖然有錢人比較開心，但他們的快樂程度存有很大差異。這取決於富人如何運用財富。

金錢的最佳用途是購買自由：擺脫你覺得無聊或令人沮喪的工作或活動的自由，以及做你喜歡、認為有價值的事情的自由。

---

23 艾德．迪納，〈收入與快樂〉（暫譯，*Income and Happiness*），http://www. psychologicalscience.org/observer/income-and-happiness。

24 貝奇．史蒂文森及賈斯汀．沃爾弗斯的〈主觀幸福感與收入：有任何滿足的證據嗎？〉（暫譯，*Subjective Well-Being and Income: Is There Any Evidence of Satiation?*），www.nber.org/papers/w18992。

明智地使用金錢是門藝術。很多人天生不懂這門藝術。這是80／20藝術，利用時間創造幸福的藝術。

你有這門藝術的天分嗎？你知道當你可以隨心所欲運用時間時，它有多麼寶貴嗎？你準備好致富了嗎？

113・最快樂的花錢法

金錢最棒的用途，就是可以捐出去。能做到這一點，即使金額很小，也能帶來大大的滿足感，你會明確知道受款人是誰。相較之下，捐贈給慈善機構帶來的快樂就比較小一些。

如果你成為超級富翁之一，我是說，如果你擁有的錢遠遠超出你理智消費的能力，那麼財務安排就成了你為數不多的重要活動之一。如果你曾經處於這個狀態，何不試試看呢？但是記得，要認真承擔責任。

如果超級有錢，誰會受益？如何受益？

第十八章　朋友

誰是你最好的朋友？你有花費恰當的時間和他們相處嗎？你欣賞他們嗎？

114・你如何看待友誼？

想像一下沒有朋友的生活，或是沒有朋友的可能性。光是思考這點就十分令人難受。但我們對友情經常抱持著隨性的態度。這並不完全是錯的。

有一些最深厚的友誼是偶然產生的。你可能正在和一個陌生人一起學習某些東西，然後這位陌生人成了你最好的朋友之一。有個朋友介紹了他的一位朋友給你，最後那人成為你最好的朋友之一。你在路上偶遇一位老熟人，開始交談後發現了共同興趣。無盡的偶然接觸，讓生活的孕育出各式各樣的可能性。

80／20會問三個關於你的友誼、可能不太方便回答的問題：

- 你最好的五個朋友是誰？
- 你有幾位真的很親近的朋友？
- 相對於其他人，這五個朋友有多重要？

115・你最好的二十個朋友

列出你最要好的二十個朋友。你的愛人／伴侶在名單上排在哪個位置？高於或低於你的父母和孩子？（善意地建議你，一完成這個練習，就銷毀這份清單），然後根據重要性，將總分一百分分配給所有人。

典型的80／20模式是：

- 前四位友人（佔全部的百分之二十）會分到大部分的分數（可能是八十分）。
- 每個數字與下一個數字之間往往存在恆定的關係。例如，第二名的重要性可能是第一名的三分之二或一半；第三名的重要性可能是第二名的三分之二或一半……

如果第二名的重要性是第一名的一半，以此類推，那麼第六名的重要性只相當於第一名的百分之三左右——換句話說，不是很重要。

你主動花多少時間和名單上的每個人相處（看電視或其他被動活動不算）？你有沒有花足夠的時間和少數重要的朋友待在一起？

116．村莊理論

人類學家表明，我們能夠建立、振奮人心的人際關係是有限的。通常我們可能有兩個始於童年的重要朋友、兩個非常親密、成年後認識的朋友，我們會和他們分享一切。此外，還會有兩個醫生或其他顧問。而僅僅兩位性伴侶，就能讓其他伴侶相形失色。最常見的情況是，你只會墜入愛河一兩次，而家庭中你會最喜歡某個成員。

對每個人來說，無論地點、複雜程度、文化或年齡如何，重要人際關係的數量都非常相似。因此人類學家提出了「村莊理論」。在非洲村莊，所有這些關係都發生在幾百公尺之內，而且通常都發生在很短的時間內。

對我們而言，這些關係可能遍布全球，並且延續一輩子。儘管如此，我們腦子裡仍然有座「村莊」。

村莊理論和你的經驗有產生共鳴嗎？它帶來什麼影響？

117．巴拉德的加州康復計劃

J．G．巴拉德（J. G. Ballard）引用了一項加州年輕女子和犯罪男子混雜在一起的康復項目。這些女性都很年輕，不到二十一歲。她們的生活體驗都很悲傷。

她們之中好幾位在十幾歲的時候就結婚了，並在十三、十四歲時生下了第一個孩子。到了二十歲，許多人都結過三次婚了。她們經常有數百個情人，其中一些情人後來被槍殺或監禁。她們在青少年時期就經歷過了人類的全部經歷。

在這個計畫中，中產階級志工向她們介紹了新的社會背景，與她們成為朋友，向她們表達愛和關注，並邀請到家中做客，讓她們了解更好的生活方式。

你喜歡這個計畫嗎？你會想擔任志工嗎？你覺不覺得和一個渴望愛情的年輕人成為朋友是一件很棒的事情，並且可以改變生活？接著讀下去，看看接下來發生了什麼事。

118・巴拉德的康復計劃：結果

該計畫澈底失敗，一個成功的案例都沒有。這些年輕女性無法建立新的友誼。她們都「用盡力氣」了，人際關係的空位已經永遠被填滿了。這個傷心的故事和我們所有人相關。

- 80／20表明，少數的友誼關係通常能帶來很大一部分的情緒價值。
- 或許我們所經歷最初的幾段重要關係，是最深刻且最有意義的。我們一「填滿人際關係空位」，其他關係可能就變得膚淺且不重要了。首先發生的是第一段真正深厚的關係；在那之後，收益遞減現象日益顯現。

緩慢、謹慎地填滿你的友情、愛情關係空位。

119・你的朋友們令人欽佩嗎？

我們已經知道了，如果花更多時間與喜歡的人待在一起，幸福感就會有所提升。但還有個進一步的顧慮。你的朋友們有多令人欽佩？

喜歡一個你覺得有點調皮的朋友完全沒有問題。但若你花很多時間和這位任性朋友待在一起，會發生什麼事情？沒錯，你可能會變得有點像他／她。或許你應該和你欣賞的人成為最好的摯友。

誰是你喜歡見到、最欣賞的朋友？

第十九章　關於更多樂觀和機會

我們將要探索從古至今，樂觀主義和悲觀主義及其對歷史的影響；如何變得更樂觀；如何找到非凡的機會。

我們將看到樂觀和悲觀對個人、群體和社會產生了哪些重要影響，以及樂觀會帶來繁榮和幸福。

120・樂觀、快樂及美德

樂觀情緒和快樂是同一根枝芽上的雙生櫻桃。樂觀就是希望，希望關乎未來。聖保祿認為，希望是「信、望、愛」三大美德之一，能夠積極地創造出更美好的未來。

幸福沒有穩定的狀態。或許滿足感可以是靜態的，但真正的幸福是具有前瞻性的。它不是對當下的衡量，而是對未來的期望。「充滿希望地前行，比抵達目的地更棒。」

我們的客觀環境可能不愉快，但只要抱持希望，有信心期待事情會改善，就可以改變情況，我們仍然可以快樂。

如果我們變得更樂觀，就能變得更快樂。當我們感到更快樂時，也會變得更樂觀。從兩個意義上來說，這是一個良性循環。樂觀和幸福都是美德，它們相輔相成。

你比從前快樂嗎？更樂觀嗎？你同意這兩點並肩前行嗎？

121・樂觀與猶太基督信仰

基督誕生前六個世紀，希伯來先知以西結、何西阿與兩位以賽亞宣揚了個人責任和自我完善的觀點，並融入了社會正義、憐憫和愛的理想。世界可以自我改善。他們看見上帝之手幫助人類變得更好，進而改變歷史的進程。

從古至今，儘管猶太人經歷了一切，卻從未放棄他們的樂觀主義、行動主義和對世界的使命，如此導致了與他們的人數遠遠不成比例的結果。

如果我們必須選出一位猶太先知來宣揚由愛、進步和樂觀均等組成的福音，那麼最好的辦法莫過於研究耶穌基督這個神秘且容易被誤解的人物。在《多馬福音》中，他表示：「神的國度遍布全世界，而世人卻看不到它。」早期基督徒相信，基督改變了整個歷史進程，使每個人，無論做什麼、無論國籍、性別或社會地位，都能從事美好而有效的工作，並享受死後的生命。

很難想像還以比這更樂觀的哲學了。在我看來，一世紀和二世紀的早期基督徒創造了有史以來最有吸引力的哲學或宗教。

樂觀與個人自我完善相互關聯時，最有吸引力且最有效，你同意嗎？

122・文藝復興與樂觀主義

佛羅倫斯和義大利其他地區的文藝復興時期大多為期短短幾年：一四八〇至一五二〇年。在一代人的時間裡，李奧納多、米開朗基羅和拉斐爾澈底改變了藝術、哥倫布航行到美洲，路德發起了宗教改革、哥白尼發起了科學革命。

文藝復興源於在此之前的三個世紀。拜占庭和伊斯蘭文化重新發現了古希臘和羅馬哲學、數學和科學。希臘和羅馬文化的復興引發了新一波關於人類及其未來的樂觀主義浪潮。人文主義哲學家相信，上帝希望人類理解祂的數學和物理定律，藉此來控制世界。與早期基督教一樣，人類被提升到近乎神聖的地位。

中世紀時期，人民生活充滿苦難——無休止的瘟疫、饑荒、戰爭以及社會、種族和宗教壓迫。變得更富有的唯一方法就是剝削他人。上帝不贊成進步。祂已經安排了世界；這不是一座讓人類重新安排的遊樂場。[25]

從文藝復興開始，即使戰爭和壓迫不斷，人類進步的可能性也讓人類財富和福祉有了不可逆轉的提升，最終人們也對一切事物有了更仁慈、更溫和的看法，包括從家庭到人類自由的重要性。

人類的創造力改變了一切。很難說我們比中世紀的人更好，但我們的創造力已經創造了一個更美好的世界，未來也會持續進步。80／20哲學的核心在於進步，而進步的核心在於有效的、以結果為導向的創造力。

人類的進步源於相信會進步。

123・工業革命和樂觀主義

十八世紀末有兩場時間重疊的革命，一次是經濟層面的革命，一次是政治與社會革命。這兩者延續了早期的發展；然而，它們標記了人類經驗的巨大間隔。未來開始來臨了。

第一次革命是一七六〇年左右始於英格蘭和蘇格蘭的工業革命。革命的主要推手是新發明，例如第一台經濟實用的蒸汽機以及使用在磨坊和工廠中的工業機器系統。隨著樂觀的企

25 參見伊凡．亞歷山大（Ivan Alexander）的《文明市場：公司、信念與資本主義的真實商業》（暫譯，*The Civilized Market: Corporations, Conviction and the Real Business of Capitalism*），二〇〇一年。

業家不斷嘗試並致富，新的創意如雨後春筍般湧現。

一開始，工業革命換來了負面的評論，威廉・布萊克（William Blake）宏偉的讚美詩〈耶路撒冷〉（*Jerusalem*）中所寫的「黑暗撒旦磨坊」就是這一點的縮影。早期工業是醜陋的、嚴格的、嚴酷的，而以現代的標準來看，是不人道的。

然而工業革命讓人類首次取得了生物學上的成功。縱觀以往的歷史，人口擴張不可避免地會遇到瘟疫、戰爭、營養不良和饑荒等阻礙。比達爾文早一個世紀的生活，是真正的達爾文式人生，是一場痛苦而徒勞的生存鬥爭。

一七七一年後，情況不再相同。機器時代來臨了。使用水力和蒸汽動力的大型棉紡廠如雨後春筍般湧現——到了一七八七年，英格蘭已有近一百五十間。

工業成長變成自行驅動的形式。經濟空間與城市空間產生的經濟價值遠大於農業空間，隨著城市日益佔據主導地位，每一代人的生活水準都翻倍了。

124・政治革命與樂觀主義

第二次革命是知識革命和政治革命。法國、英格蘭和蘇格蘭的「啟蒙運動」哲學家相信理性而非迷信，其中一些人甚至相信人類可以變得完美。因此，一七七六年的美國革命和一七八九至一七九四年的法國革命宣揚了自由、平等、博愛（儘管這涉及到砍掉貴族、牧師和不夠極端的革命分子的頭）。

雖然法國大革命引發了過激行為，啟蒙運動的政治哲學仍然是極其樂觀的，並且有利於「人民」。十九世紀爆發了小型革命，但隨著生活水準的提高而失敗。到了同一世紀的最後三分之一階段，甚至連德國的俾斯麥和英國的班傑明・迪斯雷利這樣的保守派政治家也決定「信任人民」，並增加能夠參與選舉投票的人數。這種改變的最終目的地便是二十世紀的民主社會。

古希臘及古羅馬的哲學家極具創新精神，但他們的社會卻高度分層，只有極少數人能夠發揮創造力。處於頂層的人很少，而大量的奴隸階級則更像動物而非人類。今日許多文明的榮耀在於個人潛力的民主化。雖然我們的社會在許多方面都存有嚴重缺陷，但大多數人仍都變得富有創造力和自主性，生活也都改善了，尤其是透過樂觀這樣的情緒。

到一九〇〇年，人類已經經歷了七個世紀的經濟、政治和社會的驚人進步。

你覺得能延續下去嗎？

125・一九〇〇至一九四五年：樂觀主義差點消亡

二十世紀上半葉是知識分子和輿論製造者拋棄樂觀主義旗幟的時期。這也是全球災難的時期，兩者並非巧合。這種腐敗始於一九〇〇年佛洛伊德有關潛意識的黑暗幻想，或者是更早期尼采的虛無主義哲學、俄羅斯無政府主義者的炸彈、早期表現主義的藝術以及俄羅斯、奧地利和德國民族主義者的暴力反猶太主義。

一九一四至一九一八年「第一次世界大戰」這起悲劇性錯誤，本身有一部分是因德國極端民族主義所導致，它為一九一七年列寧和一九三三年希特勒的惡毒勝利以及一九三九至一九四五年的世界大戰奠定了基礎。最有影響力的歐洲知識分子變成了共產主義者或法西斯主義者，反對個人主義、自由主義、人類尊嚴和樂觀主義。

共產黨人和納粹分子抱持消極和仇恨哲學；如此是不可能產生任何有創意或對人類有幫助的東西的。從一九一七至一九八九年，甚至連樂觀主義和其他西方價值觀也受到了質疑。

悲觀很危險。它會威脅到自由、幸福和人性尊嚴。

126・戰後嬰兒潮與樂觀主義

「無論你出生於一九四五年、一九五〇年還是一九五五年，在你生命的前十八年歲月裡，情況每年都在變得更好，而**這與你無關**。」彼得．提爾（Peter Thiel）在他的精彩著作《從0到1》中如此寫道。[26]一九三〇和四〇年代的背景，是一九二九年的大股災和隨之而來的

26 彼得．提爾的《從0到1：打開世界運作的未知祕密，在意想不到之處發現價值》（*Zero to One: Notes on Startups, or How to Build the Future*），天下雜誌，二〇一四年。

大蕭條、希特勒、史達林、全面戰爭和歐洲的毀滅。悲觀主義助長了這些現象。

值得注意的是，至少在美國和西歐，一九五〇和六〇年代的年輕人即使面對可能爆發的核戰，也成功擺脫了悲觀情緒。從悲觀到樂觀，這樣的轉變不僅僅是起因於一九五〇年代歐洲經濟奇蹟帶來的繁榮，以及大規模大學教育。音樂也是原因之一，只要研究流行音樂的歌詞，你會發現在每一首像〈毀滅前夕〉（*Eve of Destruction*）這樣的憂鬱歌曲背後，都能找到數百首關於愛、和平與派對的歌曲。

樂觀並非源於繁榮；而是繁榮始於樂觀。新一代自由主義者將謹慎和順從拋諸腦後。經過七個世紀的進步和樂觀，以及半個世紀惡魔般的破壞和悲觀之後，我們又回到了正軌。

如果你能避開新聞媒體，環顧四周，一九四五年以來世界已經變得越來越好。收入更高、房屋和市中心更有吸引力、醫療保健和預期壽命得到改善、人們有更多的選擇、機會、自由遨遊國際。產品更輕、更便宜、色彩更豐富了，且有用又方便，而其中最棒的產品，例如網路和智慧型手機，三十年前還不存在。

樂觀很有效。你個人可以做些什麼來提升周遭的樂觀情緒？

127・樂觀主義與網路空間

卓越的科幻小說有驚人的預測能力。網路起飛前十年，電腦白痴威廉・吉布森（William

Gibson）敲打著一台古老的打字機，發明了「網路空間」：「全球數十億人每天都會經歷共同的幻覺……提取自人類系統中所有電腦內的數據圖形如此顯示。光線排列在非心靈空間、資料簇和星座中。就像城市的燈光，漸漸黯淡……。」[27]

這個勇敢的新世界對經濟和社會的影響，堪比歐洲人發現新大陸，以及由此流入的貴金屬。四個世紀以來，新大陸的發現改變了世界，大大鼓舞了人們的樂觀情緒。網路空間可能會在幾十年內達到同樣的效果。

我們認為網路是理所當然的，但它標誌了人類經驗性質上的改變。80／20在這裡很重要。很多花在網路上的時間都是浪費，或者只換得微不足道的結果。訣竅是要選擇性地、明智地使用網路空間，藉此學習和創造新的體驗。

你能否減半上網時間，但獲得雙倍的價值？

128・改變與樂觀

當你相信事情會變得更好時，這就是樂觀。但此處有一個悖論。大多數的人，搞不好是所有人，都對未知事物有些恐懼，對不熟悉的事物產生猶疑。馬克・吐溫總結：「我全力支

27 威廉・吉布森的《神經喚術士》（*Neuromancer*），獨步文化，二〇二四年。

持進步；我不喜歡的是改變。」

我們都有點這樣的心態。樂觀、希望，對生命、人類同胞和宇宙的信任，這些情緒可以克服我們對改變的恐懼。如果「一朝被蛇咬，十年怕草繩」是真的，那麼反之亦然。一旦我們滿懷希望地進入一個新世界，發現它很友好而非令人生畏（部分原因是我們的積極態度換來這樣的友好），我們就能學會接受甚至享受改變和風險。**改變是進步的代價。學會迎接改變是樂觀的本質**。

進步和變化，這兩者在我們自己、我們的人際關係、我們的群體、我們的社會和世界中是密不可分的。希望是其中的潤滑劑，可以減輕我們對改變的恐懼，並將其轉化為進步。

- **你對改變的真實看法為何？你是否擅長激發希望的感受，以克服恐懼、害羞和進步的紊亂感？你相信改變可以大大增加機會嗎？如何增加？**

129・如何變得更樂觀？

有些測試能夠區分出樂觀和悲觀主義者。但測試的出來如此難以捉摸的特質嗎？這感覺就像試圖固定住一隻蝴蝶，幾乎沒什麼用。但即使測得出來，這些測驗也不是重點。

重點是，你可以擺脫大部分悲觀情緒。你可以學習變得樂觀。還有什麼比這更80／20呢？心理學家塞利格曼在他的著作《學習樂觀．樂觀學習》中說明了具體方法，以下是我的扼要總結：

• 每個人都有明顯的風格，一種跟自己解釋好、壞事件的原因的方式。
• 悲觀的人會把事情「災難化」，樂觀的人對自己則較為慷慨。
• 悲觀者會假設壞事是永恆的，樂觀的人則認為是暫時的。
• 悲觀主義者認為壞事是普遍的存在，樂觀主義者認為壞事是特定事件。
• 悲觀的人覺得壞事都是他們的錯，樂觀的人則歸咎於他人。

你是悲觀還是樂觀的人？你能用樂觀的方式解釋事情嗎？

130• 當壞事發生時

• 悲觀的人認為起因是永久性的。例如，我考試考很差，得出的結論是：我會一直考不好，我放棄了。樂觀者會假定壞事是暫時性的：我今天過得很糟，因為我累了。
• 悲觀者假設起因是普遍存在的。例如，我去到一個新的城市，然後被搶劫了，我會避開那座城市，因為那裡很危險。而樂觀的人認為，我應該選擇城市中治安較好的地區。
• 悲觀主義者將不好的機遇內化，認為原因是個人的：我的人際關係很糟糕，我覺得這都是自己的錯。樂觀者則會將責任往外推，認為：我選錯人了，都是他們的錯。

當壞事發生時：

- 若你覺得壞事是永久性的，問問它們是否可能只是暫時的。因為人生很長，事情很有可能不是永恆的。如果心存懷疑，就作出假設。
- 若你認為壞事是普遍存在的，問問它們是否只是特定的情況。通常很可能是這樣。
- 若你認為都是自己的錯，試問是否有其他人該承擔部分責任，或者根本沒有人應該受到責備，單純是機遇不好或是不幸的情況而已。

當個樂觀主義者吧！

131・當好事發生時

樂觀的人認為：

- 好事的起因是永久性的。我很好運；這很自然，我總是運氣很好。
- 起因是普遍的。我做得很好；因為我很聰明且擅長考試。
- 起因是內在的。我們的團隊發表了最好的簡報，大部分都歸功於我。

這些是對**自己**的解釋。請不要跟朋友和同事大肆宣揚，因為這樣聽起來會很自大，讓你不受歡迎。

樂觀主義者期待並尋找好的結果，且會利用機會。悲觀的人則是尋找壞的結果，並傾向於將好的成果視為僥倖、暫時、個別的，且會歸功於其他人。我們傾向於看見和找到我們期待的事物。期待最棒的結果，並認為是你自己努力的成果——即便純屬偶然也一樣！

你能學會泰然面對壞事，不拘泥於其中嗎？你能學會將美好的事物解釋為迷人生活的一部分，對此心存感激，同時也充滿自信嗎？

132・內部機會與外部機會

外部的機會是只發生在你周圍世界的事情。內部機會是發生在你腦袋內的事。內部的機會必然佔據第一順位。如果沒有適當的內在機會意識，就無法抓住外在機會。

內部機會是了解什麼事情會帶你進入人生下一階段，並在機會出現時準備好把握時機。外部機會是生活所提供；相信它可以提供你想要的；不斷地掃視環境；在當前事件給你一絲機會時猛撲過去。

你可以刻意進入可能提供機會的事件中，藉此改變外部機會的幅度。前往擁有最棒外部機會的地方吧。**藉由所做的準備，以及面對潛在機會的靈敏度，機會可以無限擴張。**

你完全準備好創造以及留意機會了嗎？

133・如何找到隱藏的機會

- 為小型但成長快速的組織工作，這個組織知道不為人知的事情。
- 與一位也正在尋找（可能已經找到）巨大機會、才華洋溢的人合作。
- 去國外生活，與原本經驗的對比，可能讓你看見一些別人看不到的東西。
- 去一個城市或小地區生活，那裡是剛興起的新趨勢或想法的「大本營」。
- 找一個熱門的點子，將其應用到新環境中。
- 想像一下，做一件除了你之外沒人做過的大事。

你將如何找到重大突破？

134・你那被蒙蔽的機會

十九世紀偉大的政治家俾斯麥曾說：「人類無法創造事態的發展，只能隨波逐流並掌舵。」他如此成功地掌控了事態的進展，贏得三場短期戰爭，統一了德國，並在接下來二十年裡避免了歐洲的戰爭。

他從一開始就有明確的目標，但也很沒耐心。然而他強迫自己等待，直到正確的時刻、正確的機會順利到來。這花了他近十年的時間。然後砰！他立即發動攻勢，局面掌握到了他手中。

這就是聆聽、根據被壓抑的機會採取行動的精髓：

- 確認自己想在生活中、或是接下來十到十五年內達成什麼目標。什麼事情會讓你從一個層次提升到另一個更高層次？它可以是一段關係、一份工作或事業、一個明確的目標、理想的生活方式，或是以你喜歡的方式改變世界的機會。
- 每天花點時間反思自己的大目標。將其寫下來（如有必要，請使用密碼）並放在桌子、餐桌或床頭櫃上。睡前對自己說出這個目標。
- 保持耐心。做好需要好幾年、甚或十年的心理準備。
- 等待最微小的暗示，最微小的空檔，這可能為你的目標提供機會。
- 出擊。快速、果斷地行動。

若你想要找出被蒙蔽的機會，現在就開始執行這些步驟。

135 • 你一生的時間

一生中總有那麼一兩次，上天會眷顧你，展示給你一個絕佳的機會。它可能轉瞬即逝。你可能沒有注意到它，或者在你行動之前它就蒸發了。也有可能有人比你先行一步。

你無法藉由意志力創造機會。它是不請自來，以意想不到的形式出現的，通常都是在完全沒有料到的時候出現。機會可能來自與朋友或熟人的談話、來自你讀到的東西、來自在外國觀察到的類似事物，或者來自你潛意識一閃而過的見解。

本質上來說，這些潛在機會，很少會是那些能夠最有效地改變生活、影響整個世界的一兩個機會。此外，最重要的一兩個潛在機會某個時段會從你身邊一閃而過，無論你有沒有注意到。我認為，抓住良好機會的人之間存在差異，這些差異部分在於他們尋找機會的方法，但更重要的是在機會出現時識別它的能力，以及區分絕佳機會和好機會的能力。

老天準備開出大獎時，不要走開！你準備好了嗎？

第二十章 時間的三位一體

新教徒的工作倫理：如何推翻這個倫理，創造你的時間革命！

136 • 時間的三位一體

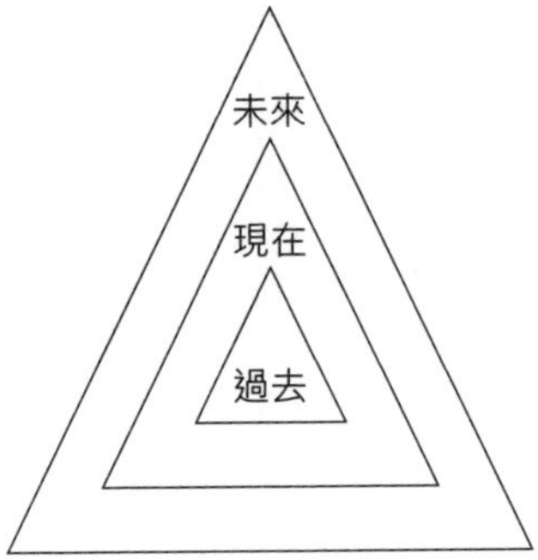

西方人的時間觀念是線性的，從左到右。這種觀點在所有商業時間圖表中都很明顯。上圖顯示了較為東方的時間觀：過去植根於現在，現在根植於未來。

未來是現在和過去的一個維度，讓我們有機會創造更好的東西。

你要如何運用過去和現在的優勢及創意，打造一個更好的未來？

137．時間是過去、現在和未來之間的良性連結

時間是一種同步和循環裝置，就像圓形時鐘那樣。時間不斷流逝，帶來學習的機會、加強有價值的關係、生產更好的產品或成果，並為生活增添更多價值。我們不僅存在於當下，也擁有一個裝載過去的連結和經驗的寶庫。**我們的未來如同過去，已經存在於當下了。**

如果我們充分利用現在已經擁有的最好東西，未來將會更加光明美好。最好的技能、最好的想法、最好的關係和最好的機會，都在我們目前的掌握範圍之內或是僅超出一點點。

以這種方式思考時間，強調了我們一生都必須隨身攜帶已經擁有的最寶貴百分之二十——我們最好的個性、能力、友誼以及精神和物質資產，並確保這些都獲得了培養、發展、延伸和深入探索。

未來永遠可以比過去更好。**你不是浪費時間，而是以時間為地基建立人生。**

你要如何以過去和現在為基礎，創造更美好的未來？

138．時間革命需要激進

微小的行動意義不大，你的目標不是要更有效利用時間。除非你打算做的事情真的很激進，且與你往常做的事情完全不同，否則不太可能成為一場能取得巨大成果的時間革命。

沒有必要將革命想得很盛大，或許這就是答案。但同樣地是，你應該從小處著眼。什麼事情只需要少量時間，卻能產生驚人的結果？不管是什麼，你能在更大的規模中做到這一點嗎？答案很可能是你做出的一個決定，或是一個看似古怪卻可能非常有效的想法。如果是後者，如果它沒有快速產生效用，就趕緊止損，繼續下一個古怪的念頭。

什麼樣革命性的步驟對你特別有效？

139・推翻新教徒的職業倫理

努力工作是種美德，這個信念根深蒂固地存在於每個人、每個信徒與非信徒的心中，因此我們必須有意識地做出努力，將其驅逐出我們的腦海。努力工作是愚人的哲學。它換來低回報。高回報來自於努力思考、洞察力以及做我們最想做的事。

每當我想做太多事情時，就會想到羅納德・雷根和華倫・巴菲特。

「努力工作確實不會殺死人，」雷根若有所思地說，「但我覺得，為什麼要冒險呢？」

巴菲特將他傳奇投資者的成功歸因於他所說的「近乎昏昏欲睡」的方法。他非常認真思考該買哪些股票。他買的很少，持有它們很長時間。如果他更努力一點的話，也許就不會那麼富有了。

善待時間，時間也會善待你。慢慢來。好嗎？

140 • 擺脫內疚感

說起時間，擺脫內疚感等同於放棄認真工作。**要做你喜歡的事**。取得大成就的人必須享受他們所做的事。只有實現自我，才能創造非凡價值。這並不代表要限制你的工作，只是要限制你不喜歡的工作。早在安迪・沃荷之前，畢卡索就是一家單人藝術工廠。畢卡索充分享受生活。他並沒有努力工作。雖然風格強烈，但他的畫並不難。

其他藝術家的工作方式不太一樣。李奧納多・達文西畫得很少，不斷修改、留下許多未完成的作品。這沒有關係。就算他只創作了《最後的晚餐》和《蒙娜麗莎的微笑》這兩幅歷史上最著名的畫作，依然會永遠盛名遠揚。你可以隨心所欲利用時間來工作或玩樂。不論你做什麼，只要樂在其中，就沒有後悔的理由。

你是否擺脫了罪惡感，以及必須不斷生產的感覺？你有花時間變得優秀嗎？還是為了快樂而散播快樂？無論如何，都要跟伊迪絲・琵雅芙（Edith Piaf）一樣，不後悔，不內疚。

141 • 掌控你的時間

當百分之八十的時間只產生區區百分之二十的成果時，這項工作就很有可能是應別人的要求進行的。那百分之二十擁有偉大成就的人，都是為自己工作，或是表現的像是這樣。**如果不控制時間，就很難充分利用時間**。

當然，你永遠對其他人有義務。出於各種原因，這都是好事。你有合作夥伴、員工、依賴你的人、豐富的人脈，如果不給予任何幫助，就不能指望他們什麼。慷慨地付出吧。然而，最終只有你才能設計並執行最好的工作。只有你才能為自己創造最好的生活。

不能妥協。控制你的時間。

你會這麼做嗎？

142 • 顛覆性地運用你的時間

你最有價值的百分之二十的時間，不太可能是想成為一名優秀的士兵、完成他人對你的期望、參加會議，以及做大多數同齡人會做的事情。能不做就不要做這些事。

相反地，要找出最顛覆傳統，同時不會被趕出你的世界的方式，來運用你的時間。

在熟人之中，誰效率高又顛覆傳統？他們如何運用時間？無論他們做了什麼、沒有做什麼，你可能都會想參考。

143．成就島

還記得快樂島嗎？一天、一週或更長時間段內，你最快樂的百分之二十時間。現在我們來到成就島。找出在一天、一週、一個月、一年或一生中，你能達到較高的價值：時間的時候！

在成就島上的時候，你在做什麼類型的工作或其他活動？例如，你是否有了一個想法、寫了一些東西、說服某人、領導團隊或是做其他具有極高價值的事情？盡可能找出多座成就島的共同特徵。可以的話，多做一些這類活動。

另外，列出你的成就荒島——你生產力最低、最貧瘠的時候。這些島嶼有什麼共同點？不要再做這些事了！

144．加乘帶給你百分之八十回報的百分之二十時間

釐清了自己的快樂島和成就島後，你會希望能花更多時間在類似的活動上。

短期目標（通常是可行的）是在一年內將用於高價值活動的百分之二十時間，增加到百分之四十。這個舉動將使你的幸福感和價值提升百分之六十至百分之八十。

理想情況下，將花在高價值事物上的時間從百分之二十增加到百分之百。但可能要改變

職業和／生活方式才能實現這點。但為什麼不這麼做呢？

何不做你應該做的事情：盡可能快樂、幫助他人呢？

145・時間的十大低價值用途

1. 別人期望你做的事
2. 一直用相同方法完成的事
3. 不特別擅長的事
4. 不喜歡的事
5. 總是被打斷的事
6. 不能和至少一位朋友分享的事
7. 花費的時間是預期的兩倍的事
8. 和不可靠、品質低下的人一起執行的事
9. 一遍又一遍重複、可預測的事
10. 視訊通話

你最討厭清單上的哪件事？如何停止那件事？

146・時間的十大高價值用途

1. 促進你的人生整體目標和意義的事
2. 你一直想做，但從沒做過的事
3. 時間與結果的關係已經達到20／80的事
4. 以創新的方法執行的事，這個方法將所需時間縮短、提高結果品質
5. 其他人說辦不到的事
6. 其他人在不同領域成功完成的事
7. 能運用個人創意的事
8. 可以輕鬆委託的高價值事務
9. 與出色的夥伴一起執行的任務，這些人用古怪但有效的方式利用時間
10. 「機不可失、時不再來」的事情

今天就選一種來做！

第二十一章 更有創意以及如何開發新藍海

創意是成功的要素。80／20中有關創意的方法是打造自己的新藍海，其中最簡單、最好的方法，就是採用超級成功的想法，並將其應用於新領域。珍惜孤獨，擁抱悠閒，最偉大的想法就會浮現。

147 • BCG如何研發商業策略

一九六〇年代中期，BCG正尋找新的諮詢方式。創辦人布魯斯．亨德森有些模糊的點子，認為同行競爭的公司之間可能有些待發掘的規則。

他把金融分析和市場分析這兩個受人敬重但完全獨立的學科融合在一起，將合併後的新方法稱為「戰略」。他認為，競爭體系中較大的公司將比小公司更具優勢，因為更大規模、更多經歷的產品能夠降低成本。經過分析，這理論通常沒有錯，這就是財務分析（著眼於公司利潤）和市場分析（通常沒有意識到市佔率的重要性）之間的關聯。

亨德森的理論是高市佔率將換來高資本報酬率。他進一步發現，這種關聯與每家公司在產品或「市場劃分」中的相對規模成正比。

從這個出發點，BCG 發展出一個可以經過實證的優雅理論。BCG 還發明了兩種簡單但非常有用的圖表：經驗曲線以及四象限市佔率矩陣。

BCG 站在商業策略的制高點上，此後這一領域有了巨大進展。商業策略比財務或市場分析更有價值、利潤率高出許多倍，而且也更有趣。

你能否將兩個有價值的不同學科結合起來，創立一個屬於自己的新領域？

148 • 貝恩與公司打造新藍海的方法

一九七三年，比爾．貝恩拋棄了布魯斯．亨德森和他那間非常成功的企業 BCG，成立了貝恩策略顧問公司。聽起來好像有點異想天開，畢竟 BCG「擁有」商業策略這片領地。貝恩策略顧問公司唯一的希望是打造屬於自己的領域。它辦到了，方法是震驚眾人的獨創性。

比爾喜歡 BCG 的概念——事實上，他是這些概念的重要功臣。然而，布魯斯想要改變世界對策略的看法，比爾想要的則是為他的客戶、他的公司和他自己賺大錢。貝恩策略顧問公司將精力集中在新藍海：諮詢的過程，以及增加客戶市場價值的方法。比爾相信，客戶組織和他的顧問公司之間的新型合作關係，是讓雙方價值翻倍的方式。

一九八〇年，我離開BCG加入貝恩策略顧問公司。這兩間公司採用了相同的概念，但其他方面卻截然不同。BCG想要正確的答案；貝恩的公司想要財務業績。藉由這樣的方式，貝恩創造了新的領土，到了今天依然握有所有權。

你可以用完全不同的方式運用哪些應證過的想法？

149・LEK如何偶然發現自己的領地

一九八三年，吉姆・勞倫斯（Jim Lawrence）、伊恩・伊凡斯（Iain Evans）和我離開貝恩策略顧問公司，開創了艾意凱諮詢公司（LEK）。我們一開始只是拙劣地模仿貝恩的公司，而成果並不好。我們承襲了BCG理念的傳統以及貝恩與客戶的合作方式，但花了一段時間才創建自己的產品。

當時我們碰上一起幸運的意外。我們發現很難吸引到商學院的畢業生，但直接聘用頂尖大學的副研究員卻很容易。一年後，我們的員工結構出現了怪異的頭輕腳重的情況：三名合夥人，只有四名擁有工商管理碩士學位的顧問，和三十名副研究員。這些研究員最初對商業或策略一無所知。我們如何運用這些年輕人呢？他們很擅長搜集和分析我們客戶的競爭對手的資訊。

LEK的百分之二十成長得益於密集的資料搜集和定量分析。因此，我們採行了一九五〇年代以來行銷專家口中的錯誤策略：我們生產能生產的產品，而不是市場需求的產品。

但我們還有一張王牌——愛因斯坦的卑鄙小秘密。我們知道必須重新運用從BCG和貝恩那裡吸收的厲害點子，經過反覆試驗和修正錯誤之後，我們研發了「併購策略諮詢」商品。一九八〇年代是業績良好、管理完善的公司進行收購的好時機，尤其是收購自己產業之外的企業。為此，他們需要我們的產品——收購目標的詳細資訊和分析。我們的規模每年都擴大一倍，並且在諮詢領域擁有最高的利潤率。

何不明確界定自己的領地呢？這不是火箭科學。這很有趣，而且你可能因此發財。

150・吸引專業技能熱點

80／20在創意方面的運作方式非常吸引人。某些特定的時間和地點、時間和地理之間的微小比例，會產生令人難以置信的創造力。西元前五世紀的古希臘。十二、十三世紀伊斯蘭統治下的西班牙南部。十四世紀以來阿姆斯特丹和威尼斯的藝術。一四七〇至一五五〇年間的佛羅倫斯和文藝復興運動。一八五二至一八七〇年的巴黎。一九二〇年代、一九五〇至一九七〇年的紐約。一九五〇年代後的矽谷。矽谷－西雅圖和當今其他國家的同業。

特定產業有**熱點**。十八、十九世紀德國和義大利的音樂和歌劇。較近代的利物浦、倫敦、紐約和洛杉磯的音樂。自一九二〇年代以來，洛杉磯一直是卡通和電影的天堂。巴黎和米蘭的時尚。自一九六〇年以來，東京和慕尼黑的電子消費品市場。還有一些只有業內人士知道的**微熱點**，例如自一九六三年以來就開始提供策略諮詢的波士頓。（幸運的波士頓！幸運的策略顧問！）

沒有人真正知道這些創意中心是如何誕生的。然而，一旦達到產生質變需要的量，其他有創意的人的魅力就會變得不可抗拒。當隨處可見有創意的人和他們的作品時，發揮創意就容易多了。

你應該搬去哪裡？儘早過去吧。

151・珍惜孤獨

富有創意的人可以外向，也可以內向，或者在不同的環境中擁有不同的狀態。科學是一項群居性的工作，而創造力需要能夠交換想法，也需要有人為之感到振奮。但有創意的人也很享受孤獨。為了能夠畫畫、雕塑、撰寫創意點子、鑽研數學問題或是在實驗室裡工作，你必須喜歡連續幾個小時孤身一人。

有些人，尤其是年輕人，就是做不到這一點。被留在一個安靜的房間裡，帶著一本書是種折磨。然而，如果你真的對抽像或概念性的事物感到興奮，就會逐漸愛上孤獨。獨自一人行走在山間、住在修道院裡。

鎖上工作室的門。躲在圖書館或花園裡的小棚屋。讓你的孩子去玩樂一下。獨自長途散步（可以帶狗）。把手機藏起來。如果你工作要用到網路，請關閉所有其他軟體、通知和應用程式。

你的下一次有創造力的孤獨，將會是何時何地？

152 • 滋養你的創意力量

我研究過很多非常有創意的人，無論是已故的還是活著的，其中包括了藝術家、作家、詩人、音樂家、科學家和企業家，他們的共通點是都擁有豐富多彩的生活。他們藉由許多方式重新創造自己，例如拜訪一個美麗的地方，像是城市、山巒、河川峽谷或優美的鄉間；將閱讀範圍拓展到自己的領域之外；參加研討會或講座，和其他有創意的人交流；發展專長領域外的興趣；去電影院、劇院或音樂廳；參加跳舞、歌唱或運動等有活力的活動；參訪歷史建築、博物館、藝廊、植物園等地；在晚上工作，這時潛意識會將人喚醒，想到困擾許久的問題的解決方法。

「被鎖在閣樓裡受折磨的天才」已經過時了。今日的創意人士可以是放鬆的、自我放縱的、安靜的、古怪的，也可以轉換地理位置，有時還能因為創造力而致富。

你有沒有提供足夠力量給你的創意工廠？

153・閒下來

大多數有創意的人工時都不長。他們可能經常休息。

莎士比亞在每齣戲劇之間休息很久。查爾斯．達爾文散步很久。他享受悠閒的早餐，午餐前就結束工作。邱吉爾，身為一位偉大的作家和領導人，他喝酒、繪畫、不斷閱讀與交談。閒情逸致對於創造力來說相當重要。它存在於我們的潛意識中。想法得在意識的表層之下醞釀，接著潛意識才能將它們全部聯繫在一起並將它們推到表面。如果我們有所動作，可能會阻塞我們的思緒。如果我們太努力工作，可能會厭倦某個問題並放棄。

閒下來，提供潛意識急需的喘息空間。

你想不想更有創意？那就少工作點。

154・把大部分的想法扔了

創意十足的人擁有許多點子，但他們會高興地把大部分都扔掉。全部扔掉，除了最棒的那個。

80／20法則適用於創意，而**很少創意是頂尖的**。

珍惜這寶貴的少數。醞釀它們，活化它們，培養它們，打磨它們，測試它們。

執行單一個最棒的想法。有信心、賣力地宣揚它。

你最棒的點子是什麼？

第二十二章 自我成長，如何複利自己

隨著時間一天天過去，你人格中所有的積極（以及消極）的層面，都能藉由微小的、不斷的努力而複合增長。因此，一定要定義出某個特定的領域，並專注於讓它產生複利。同樣地，你也能藉由意外升遷至最高職位或是展開自己的事業來跳過這個過程。

155・如何複利自己

你的所有優點，包括智力、知識、特殊技能、人際交往能力、合作能力、財富、慷慨、見解、友誼、愛、對自己與他人的價值等等，這些都可以複利。

我們的一生中，微小的增長加起來，就能累積成巨大的總成長。但你的一切缺點也會複利，要是持續下去，後果會很嚴重。

趁年輕時複利自己，盡早開始是一件相當重要的事。這就是父母親應該執行最重要的教育工作的原因之一。教育小孩這件事，可以做得很好，也可能非常糟。若你的雙親很糟糕，你應該儘早擺脫他們的影響，找些好的朋友，而不是酒肉之友。

如果你每週都能取得小小的進展，即便非常微小也沒關係，持續下去就能產生最大的複合效果。然而，80／20也教導我們，無論我們的生命能量多麼強大，始終是有限的。要真正富有成效及影響力，不只需要長期複利，也要將精力集中在有限的領域與目標上。

你的一生中能做出的最大決定，就是**要在哪裡複利自己**。最好是在獨一無二、毫無競爭對手的領域，也就是在你完全擁有的領域之中。

✓ 你知道是什麼領域嗎？找出領域可能需要很長一段時間，但越早找到，就越早開始複合你的特殊技能。複合的開始與加速，通常是藉由成立或加入一間快速增長、且佔領了獨特領域的公司。

156・赫蓮娜・羅賓斯坦如何複利自己

美妝創辦人赫蓮娜・羅賓斯坦於一八七二年的聖誕節，出生於波蘭克拉科夫的猶太區中。為了支付帳單，她的母親想把她嫁出去並收取豐厚的嫁妝。但赫蓮娜有其他的想法。她很快就離開家裡。二十四歲那年，她獨自移民到澳洲，據說她帶了十二小罐她母親自製的臉部乳霜。

赫蓮娜成為一名家庭幫傭，但她很討厭這份工作，便去到墨爾本，成了一名服務生。漂亮、嬌小又活潑的她和改變她人生的客人們成為了朋友。這四位友人經常在一間時髦的咖啡館碰面。一位是酒商、一位是畫家、一位是叫做約翰・湯普森（John Thompson）的茶葉大進口商。赫蓮娜告訴這些人成立一間美容院的計畫。朋友們嚴肅看待這件事，資助她並提供建議。藝術家替她畫了一個以埃及圖案為靈感的商標，並設計了小手冊，由印刷商負責印製。湯普森教她如何展示、行銷並宣傳商品。

大約一九〇三年，美容院開立後立即引發轟動。赫蓮娜編造了一則有關她中歐血統的傳說，吸引了富有的客人和記者。她出售美容療法，研發新的美妝品，從中賺取了一小筆財富。自此之後，赫蓮娜・羅賓斯坦的世界蒸蒸日上。她上美國的電視節目宣傳品牌，並在巴黎度過了一生中最美好的時光。她在那裡和富裕、美麗或知名的人待在一起，用金色高腳杯喝香檳、用金色餐盤品嚐美食。她贊助並鼓勵了迪奧（Dior）、尚・考克多（Jean Cocteau）、楚門・卡波提（Truman Capote）等許多人。她和賈利・古柏（Gary Cooper）、嘉寶（Gabor）姊妹、戈爾・維達爾（Gore Vidal）、薩爾瓦多・達利（Salvador Dalí）及其他敢於宣傳自己的人成為朋友。她會見了羅斯福總統，也是大衛・本・古里昂（David Ben-Gurion）的座上賓。畢卡索替她繪製素描，格雷厄姆・薩瑟蘭（Graham Sutherland）等著名藝術家替她畫肖像。

她複利了自己，因此名利雙收。

你的夢想生活是什麼樣子？

157・居禮夫人如何複利自己

瑪麗．居禮是她那個時代最聰明的科學家之一，她有關放射線（她創造的術語）的發現，或許比當代其它突破挽救了更多生命。她是第一位贏得諾貝爾獎、也是唯一一位獲獎兩次的女人：一次是物理、一次是化學。

她的複利浪潮接連不斷。一八六七年她生於波蘭，被國內的俄羅斯統治者禁止上大學，單純因為她是個女人。她擔任家庭教師，存夠了錢前往巴黎讀大學，在那裡，她住在一間六層樓房屋的閣樓裡，裡頭沒有暖氣、電燈、水和廚房，她「靠空氣生活」，經常好幾天不吃東西。她很高興能夠埋頭苦讀。

一八九三年，她在物理班以第一名的成績畢業，並在隔年於數學班以第二名畢業。她愛上了一名教授，皮耶．居禮，隨後嫁給了他，兩人一同工作。

瑪麗進一步複利了自己，成為熱門放射線新領域的首席研究員。她也發現了兩個新的化學元素，其中一個是鐳，她對其進行了鑑定、分離並證明其放射性比鈾高出九百倍，而鈾是在此之前已知唯一具有放射性的元素。

第一次世界大戰期間，她管理一支移動X光設備艦隊，拯救了大約一百萬名受傷士兵的性命。她的求知欲和創新實驗代表她比世界上任何人更加了解鐳還有放射線。她在困難的環境中，表現出的堅韌和奉獻精神堪稱典範。她為著迷於學識問題的人上了清晰的一課——展開行動、深入探索一個刺激的新領域，進行有創意的實驗，直到確切了解為止。

你能找出一個你將成為首席研究者的領域嗎？任何領域都行。

158 • 亞伯特・愛因斯坦如何複利自己

他的職涯很容易理解。雖然一開始不是個好學生。他討厭被指導，也有點叛逆，但愛因斯坦是住在「他自己的腦袋裡」。他的一生都圍繞著物理學和量子力學的問題，其中很多都解決了。但總有有趣的新問題、新疑惑冒出，讓亞伯特深感著迷、沮喪、備受挑戰。他的愛情與家庭生活總是遠遠落後其學術生活。他的戀情失敗了，而這顯然沒有造成太多困擾。愛因斯坦不間斷、逐步複利自己，越來越深入了解微觀世界、原子、粒子，以及那些難以理解的東西的奇異活動——甚至連愛因斯坦都不理解，有人懷疑即便是上帝也不會懂。

一九〇五年，亞伯特的生活遙遙領先，此時是他的奇蹟之年。那至高無上的榮耀屬於他的狹義相對論，它顛覆了艾薩克・牛頓以來，物理學家們相信的一切。愛因斯坦一九〇五年發表了五篇理論論文，80／20法則借鑒的就是其中關於相對論的一篇。從三月到六月，短短四個月間，他以「持續不斷」的瘋狂方式撰寫了所有五篇劃時代的重要論文。傾刻之間，古典物理學死亡了。短短一段時間內，透過一個新的思緒，我們對宇宙的理解便有所改變。

愛因斯坦的名聲與日俱增。平庸的高中理科生得到了天才的名號。一九一六年的廣義相對論又是另一個驚異的里程碑。然而，他的思緒並沒有停止。一直到了晚年，愛因斯坦都在思索這個問題——上帝是否在擲骰子？[28]他說沒有，而大多數知識分子夥伴說有。你能想像幾十年來都著迷於這個問題嗎？愛因斯坦就是這樣，且非常開心。

你有愛因斯坦那種迷人的重要謎團嗎？如果有，你將死而無憾。

159・納爾遜・曼德拉複利自己的方法

納爾遜・曼德拉取得萬眾矚目的成就之前，不得不忍受一段地獄般的經歷。曼德拉的地獄是羅本島上的一間小牢房，那是個岩石滿佈、荒涼又醜陋的地方，從那裡他能瞥見遙不可及的開普敦天堂，一九六四年他被判處終身監禁後，便再也回不去了。

然而，納爾遜相信不可能的事情，不是出於自私的理由，而是因為將此視為正確的事。大約一九八〇年左右，他思量了南非的未來。他所屬的非洲人國民大會正導致國家變得難以治理。為了應對這個問題，南非國民黨不斷提高鎮壓強度。曼德拉開始有了兩種積極、但難以實現的想法：和平過渡到民主國家是有可能的；儘管他被禁閉了，但無疑就是領導這一切的人。

28　「上帝不會擲骰子」是愛因斯坦的一句名言。人們把這句名言當作是否定量子力學的證據，因為量子力學把隨機性看成是物理世界的內含性質，但人們其實誤解了他。

許多卓越人士開始去探監，納爾遜向這些人，也就是外界發出訊號，向聯邦、南非民主黨人、國民大會同志，以及尤其是柴契爾夫人的政府和國民黨壓迫者發出訊號：他願意妥協，如此能避免一場血腥的革命。國民大會裡，沒有其他人有這等遠見。他利用自己獨特的魅力加上鋼鐵意志，向種族隔離的巨鱷彼得．威廉．博塔（P. W. Botha）發出挑戰，要求與他合作，避免內戰。他堅持一人一票，給予南非的黑人絕大多數票，並以個人擔保保證不會有血腥大屠殺、共產主義及社會主義，只會有民主制度。

一九八五年，他開始了秘密談判。一九九四年，他成為總統，受到各階層人民的愛戴。近代政治中很少有童話故事，這是最暖心的一則。

即使是在政治領域，有時也有可能實現正確的事情，為數百萬人帶來美滿的結果。在你的生活中，什麼是「做正確的事情」？

160・傑夫・貝佐斯如何複利自己

傑夫．貝佐斯一直都聰明絕頂且野心勃勃。他青少年時期的女友說，他想獲取能「前往外太空」的財富。一九八〇年代，有才華的美國人去哪賺錢？答案是華爾街。然而，貝佐斯厭惡華爾街的拘謹和勞而無功，他討厭那裡的風氣。他的複利始於二十六歲，那時他遇見了電腦科學教授大衛．肖。教授於一九八八年成立了D．E．肖公司（D.E. Shaw &

Company，DESCO），專門從事量化投資管理。貝佐斯和肖成了靈魂伴侶，兩人都聰慧非凡、志向遠大且富有創意。

肖是最早相信網路商業潛力的其中一人，他和貝佐斯致力於創建一個線上「什麼都賣商店」，也就是亞馬遜的藍圖。他們倆人都堅信只要僱用最傑出的人才，且希望將商店打造成世界第一以顧客為中心的公司。他們共同策劃了將客戶評價與反饋放上網路的想法。肖打算在DESCO內開始這項生意。然而，貝佐斯希望獨自執行，並徵求肖的同意。肖非常大方地答應了。一九九四年四月五日，貝佐斯在車庫創立了亞馬遜。

貝佐斯凡事追求高標準，藉此複利了自己——最優惠的價格、客戶服務、物流與創新。他犧牲了短、中期的利潤，以此獲得市場佔有率。身為亞馬遜的員工、供應商或承包商並不容易，但亞馬遜的股價擁有可觀的複利增長。

貝佐斯所做的事情中，哪些可以幫助你複利自己？

161 • J•K•羅琳複利自己的方法

二十四歲時，有一份普通工作的喬安・羅琳搭乘誤點的火車，漫無目標地凝視著窗外。突然間，她看到一個小男孩坐在火車上，前往一間特別的巫師寄宿學校。她「下載」了男孩的樣貌：骨瘦如柴、一頭黑髮、戴著眼鏡且相貌平凡，但不知為何卻被賦予了魔法特質。小男孩的故事令她興奮極了，當天下午便提筆撰寫。

然而，這本有關哈利・波特的書，耗時了七年才完成並出版。在此期間，喬安面臨了困境，最終得面對財務困難與憂鬱症。真正助她度過難關的兩件事，是襁褓中的女兒潔西卡以及她那關於哈利・波特的故事。她苦苦掙扎，但撐了下來，在愛丁堡的咖啡店內花幾個小時一邊書寫、一邊照顧潔西卡、一邊喝著同一杯咖啡，下定決心若《哈利波特：神秘的魔法石》（*Harry Potter and the Philosopher's Stone*）是她筆下最後一部作品，那麼非得完成不可。

當然了，這不是最後一本。這本書於一九九七年出版，激發了全球數百萬兒童的想像力。她又寫了另外六部《哈利波特》系列，銷售超過六億本，並藉由書籍和好萊塢電影版權賺取了約十二億英鎊。

接著她以筆名羅勃・蓋布瑞斯（Robert Galbraith）跨足成人偵探小說，創造了殘疾退伍軍人柯莫藍・史崔克這個角色，作為目前全系列七本扣人心弦的暢銷書的主角。同時，羅琳也成為一名慷慨的慈善家，支持身處險境或其他環境中的女性與孩童。她持續因為這份巨大的機遇而獲益，且每年都在複利自己。

無論你的生活多麼黯淡，都可以在J・K・羅琳的感人故事中找到靈感和希望。我們都被賦予了超乎想像的想像力。

162・你的事業有成功複利嗎？

傑夫・貝佐斯、瑪麗・居禮、亞伯特・愛因斯坦、赫蓮娜・羅賓斯坦、J・K・羅琳以及納爾遜・曼德拉都靠自己複利了事業。貝佐斯藉由大衛・肖取得了開頭的領先優勢，但他的事業真正飛黃騰達是在獨自創立亞馬遜之後。瑪麗・居禮從巴黎的索邦大學取得巨大突破，但她純粹是憑藉自己的成績抵達那裡，沒有任何贊助或外部的資金。她的事業建立在求知欲、創造力實驗與突破科學界線的基礎上。愛因斯坦擁有相同的特質，且不需要學術文憑就能終結存在兩世紀的物理學。羅賓斯坦獲得有錢朋友的幫助，但靠著自己卓越的創業精神與想像力而成功，彷彿是位寓言中的農家公主。羅琳的勝利歸功於她的想像力和角色的塑造，再加上天生的寫作能力。曼德拉用可怕的終生監禁換取了永恆的榮耀。

這一切全都提出了一個發人省思的問題：有可能在無法掌控的公司或機構內複利自己的事業嗎？你可能會爬上金字塔頂端，但你能創造出史無前例的龐大價值嗎？

我不會說不可能，只會說不太可能。我沒有想到什麼偉大的例子，你有嗎？用自己的方式、不受拘束的原創性來豐富這個世界肯定更容易。即使是在戒備森嚴的監獄內也一樣。

在某些組織中，你每年都能讓自己的知識倍增，可以想像蘋果公司就是其中之一，谷歌或太空探索技術公司 Space X 或許也是，但我對此抱持懷疑態度。若是在成功、而非世界一流的企業，或是已經經營十年以上、已經擁有明確的成功模式的公司內，幾乎不可能複利最初的成果。

因此，你需要擁有自己的手段，且要有能力不斷帶入比自己更有創意、更不受拘束的年輕人，並向他們提出荒誕的要求。

不要陷入平庸的泥濘裡。掙脫出來吧！

163．定義並限制你想複利的東西

你想要複利自己，讓事業或生活每年都達到新的高度。根據80／20法則，這要麼不太可能——幾乎不可能，要麼輕而易舉。

若這對你來太有野心了、或者你博而不精，那就會很困難，或是不可能實現。因為你是百分之八十的其中一員，而不是百分之二十的人，所以很困難。你並非天生擅長這件事，也沒有效率。這超出了你的薪資等級。

若你擅長處理任務，或者如果你發現了一些知識、一些秘密捷徑，複利這件事便相對簡單。那麼你就是百分之二十的一員，能輕易達成了百分之八十的成就。因此，要做對你而言相對容易的事情。

通常，造成差異有兩個因素：任務和你的技能、知識及人脈的契合度；還有焦點力。第一個因素很明顯，從事你特別擅長的事情。焦點則較為隱晦，但必不可少。焦點代表要縮小

思考範圍，而不是放大，即**努力思考想要複利的事情**。

沒有人有辦法做太多事。成為很棒的父母、改變世界或照顧一個國家，這兩者很難並存。賈伯斯、曼德拉、伊麗莎白二世、柴契爾夫人、邱吉爾和愛因斯坦等人的例子或許就能說明這點。

你不能既專注於賺錢，又想當德雷莎修女。丈夫與妻子（或是丈夫與丈夫、妻子與妻子）可以聚焦在不同層面的成就，也可以是同一個，但必須明確指出究竟為何。

你正在複利已經很擅長的事情嗎？

164・丘陵與高山

任何在職涯中取得有價值成就的人都知道，翻越一座丘陵或高山是什麼感覺。首先要有個目標——抵達「丘陵」頂端或是更遠、更高的山。目標可能是通過考試後取得認證、加入一個特別有趣的組織、獲得升遷機會、成為自僱者以及賺取某個程度的薪資、賺足夠多錢以隨心所欲運用時間、開創盈利的事業或者成立社會企業或慈善機構，吸引人們和足夠資金為世界盡一份心力。

但是，爬上丘陵之後，然後呢？若你野心勃勃或者充滿好奇心，將會瞥見有一座山在陽光下熠熠生輝，嘲諷著要你攀登它。

當你擔心自己能否爬上丘陵時，就不會意識到山的存在，若你發現了，也會認為它超出了自己的能力範圍。但現在不一樣了。你已經爬上丘陵，接下來要爬山了。

當你抵達丘陵之巔，獲得了一項寶貴的技能，接著你開始思考，藉由創立企業或網路，這項技能的價值要如何高出十倍？一百倍？一千倍？你成為議會或國會的成員，接著思考要成為國務卿。當上國務卿後，你會想，我有可能成為首相或總統嗎？你的事業在某個國家可行且能獲利，那有沒有可能拓展到全球？

為什麼你能看見之前沒有注意到，或是認為無關緊要的高山？因為你不一樣了，你變得更有資格、更有自信、擁有更多稀缺的知識、人脈和關係。因為你加入不同的團隊了。因為你思考的方式不同了。你意識到了機會的出現或消失；你更有創意了；**你知道如何憑空創造自己的機會了**。

你爬上丘陵了嗎？你的高山在哪？

165・註腳理論

針對丘陵和高山，有個很好的比喻。我稱之為「註腳理論」。

企業家山姆・阿特曼曾任 Y Combinator 的總裁，現在是 OpenAI 負責人。他說他一直很希望下一個項目能夠成功，讓他已經取得的成就成為職涯的註腳。

目前為止，他已經成功了。

有什麼新項目，假如成功了，將會使你先前所取得的成就相形見絀？

166・越級打怪的複利替代方案

學生時期，一次集合時間，校長將一位沒有擔任過學院級長的學生提拔為學生代表，這個決定引起一陣轟動。我不知道這是個失誤，還是在藉此責備舍監沒有讓那個男孩當級長。無論如何，這個打破先例的舉動帶給我希望，我也沒有當過級長，所以覺得自己也能擔任學校代表。

我在學生時代從來沒有上升到那些令人飄飄然的位置，因為我太過墨守成規，不是當學生代表的料。但在我看來，人生與學校截然相反，有可能（且機率不小）可以越級打怪創造複利，在沒有按照正常發展的情況下，或者經歷了巨大的失敗之後，意外地登上最高職位。

我的腦海裡浮現了列寧、希特勒和邱吉爾，以及採用迂迴方式的賈伯斯。他是蘋果公司的負責人，他創立了這間公司，但後來因為很好的理由而被踢了出去。經歷了十年的歲月後，他於一九九七年凱旋歸來，董事會認為，他是擺脫破產困境的唯一解法。接下來，他開始將蘋果打造成一家非常成功且有價值的公司，這是他在創立時沒有做的事情。

如果你真的足夠天賦異稟，或是足夠聰明，能夠發現其他人沒有注意到的機會，就能隨時開始執行自己的事。獲得一些資金，或是用自己的錢來創業，比在現有的公司內等待升遷機會更容易、也更快速。

你辦得到嗎？

第二十三章　如何事半功倍

少了「槓桿」，你就無法「既聰明又懶惰」地取得成功——你需要其他人來執行大多數的艱難工作！在這個章節，你會學到七種不同方法獲得高槓桿以及成功，且不必違背意願太過努力工作。

167・運用槓桿，避開費力的工作

我在這本書中熱切地表示，最好的生活方法是既聰明又懶惰，以超高成就為目標，但將工作時數限制在合理範圍內。

什麼叫合理範圍？如果你的工作令人愉悅，且和你的休閒愛好相符合，或者如果你更喜歡工作，而不是從事別的活動，那麼你真是太幸運了。這種情況非常罕見。一旦你不再享受工作，就趕快停止。不論你最後是一週工作二十、三十、五十或五個小時，都取決於你。你

不該成為常規習俗或是其他人的奴隸。

我假定你可以做到這點，因為你是為自己，而非為別人工作。若你很聰明，且還在為其他人工作，那麼你必須且將會找到方法來改變這個現況。也許你依然會正式受僱於他人，但若你掌控自己的時間，且實際上並沒有老闆，那麼就是在為自己工作。當你完成「實習」，找出並精通自己的領域之後，情況就應該如此。為自己工作的話，你永遠不必備感壓力，除非是自己給自己的壓力。人生已經夠累了。承擔別人的壓力並不是聰明且理智的人的職責。

然而，有個「但是」，且是很重要的一點：**想要在懶惰的狀態下取得重大成就，你需要其他人幫你做事。你需要槓桿**。接下來你將會學到不同形式的槓桿。選擇最適合你和你的使命的方法。一定要有槓桿。少了它，便不太可能達成偉大成果。

你知道該如何取得槓桿了嗎？還沒的話，請仔細閱讀下去。

168・門徒

我們接下來將探討提升個人槓桿的六個方法。你可以選擇一個或多個，加乘你的力量和影響力，進而以更少的時間和汗水帶來更多影響。

首先是「門徒」。執行長和領導人都是公司內的「瓶頸」，尤其若他們堅持要非常努力工作，且參與所有重要的決策和倡議。他們做得越多，公司能做的就越少，且執行的時間會更常，因為高層的人是瓶頸。

事半功倍的其中一個好方法，是找到並培訓值得信賴的門徒。這麼做對耶穌有效，對你也會有效果。關於門徒，你要訓練他們執行你會的事情。他們是你個人的延伸。你必須教導他們所知的一切，要確保他們完全理解，並且是良好的溝通者。他們必須活力充沛、信心滿滿、積極進取且野心勃勃。他們一學會你的技能，且青出於藍，那麼你就要將他們送往世界各地。動作快！你已經讓你的能力和影響力翻倍了！更棒的是，你可以停止現在手頭上的事情，只做幾件（只有一件更好）最擅長且最喜歡的事。

門徒應該要很年輕。最好比你年輕幾十歲。這些人更有活力，也更懂得感激並服從你，此外，薪水也比較低。服從和忠誠相當重要。門徒將會傳承你的品牌、訊息和威望，沒有異端悖論和自我美化的空間（這些是你的特權）。

✔ 你有當過門徒嗎？你有門徒嗎？你想不想要這樣的人？

169 • 金字塔

第二個增加個人槓桿的方法叫做「金字塔」。如果你接近金字塔頂端，或是可以開始打造自己的金字塔，那麼可以考慮這個方法。

一座金字塔擁有很多定義，我的定義如下：

- 它明確區分了不同的角色與經驗等級，至少有三個不同等級，但通常不超過五個。它完全不是官僚主義，也不是因為官僚而分層。
- 它僅僅代表高層的人將盡可能多的任務指派給下級；第二階層的人則將任務派給第三層的人，以此類推。
- 和傳統結構相比，它有三個優點：讓高層人員能夠專注於高價值的任務，那些通常都是最有價值也最有趣的；讓低層的人員能夠盡可能多做上層的事情，進而盡可能多加學習，做更多有趣的工作，或許還能證明他們有資格向上爬；這麼做性價比更高，公司藉此能夠降低價格並提高市場佔有率和增加利潤率。

你曾任職於這樣的金字塔公司過嗎？你喜歡這個概念嗎？

170 • 金字塔實際上是怎麼運作的？

這個概念是，如果是成本較低的資源（也就是薪水比你低的人）有辦法執行某件事，那麼你就不應該做那件事。你應該找一個經驗較少、薪資較低、要求也比較少的人來做你不願意、但他們可以做的任務。一開始他們做的當然沒有你好，他們的速度可能沒那麼快。但你做這件事和他們做這件事之間的成本差異非常大，經濟上來看是值得的。毫無疑問，這能訓練他們進步。這是一種極端但聰明的授權方式。顯然，授權的人會受吸引。

這和擁有門徒不一樣，因為徒弟們是負責她／他的時間，是一個模仿導師的獨立個體。金字塔更為持續流動；公司內的上級人員可以減少活動，達到事半功倍的效果。他們有更多時間進行創意思考，這是最有價值的活動。

金字塔頂端是誰、是什麼東西？什麼都沒有，只是空間裡的一個點。執行長是比這個空間稍微低一層級的人，除了思考、激勵他人、發布命令以及決定報酬以外，幾乎不做其他事情。再重複一遍，他／她幾乎不做事，除了思考！行動不能驅除思想，因為若沒有思想就很難行動。這是最純粹的80／20法則。

明白了嗎？你能加入或開始打造一座金字塔嗎？

171．複製自己

複製自己的最佳辦法，就是讓某人跟你學習、模仿你，如此他們便能和你一樣了。當然，只有在他們的成本較低，且沒有你那麼忙碌的時候，才值得這麼做。這樣複製的效果就會事半功倍：成本較低或者花費的時間較少。

這裡有一些例子：

- 一位知名人士撰寫回憶錄或者另一本書。複製人負責打草稿，搞不好他做得比本人還要好，且成本也較低。

• 你的行政助理替你撰寫信件，你只需要在簽名前過目一下就可以了。

我有一個朋友，他向加入他俱樂部的人收取高額管理費，該俱樂部的優點之一是經常發送十六頁的電子報。這份刊物主要是另一個薪水較低的人撰寫的。電子報的品質一直都很優秀，即使認識那兩人，也不可能看得出來誰寫了哪些部分。奇怪的是，這位朋友居然告訴客戶這個機制的存在。據我所知，沒有人抱怨過。

你能讓他人模仿，或是當個複製人嗎？

172 • 提升個人槓桿：80／20

若你能決定80／20被運用在哪裡，那麼除了一點點思考和分析之外，幾乎不用費勁就能取得巨大的成果，你能夠輕鬆地以低成本將工作外包。

舉例來說，我認識一間網路交易公司的執行長，他要求員工計算出所有客戶的真實價值。結果證明，**百分之十七的客戶帶來了百分之一百六十四的實際價值**。有些客戶則帶來損失。有了這項資訊，就能輕鬆針對造成虧損的客人提高價格，並「開除」那些拒絕支付更高費用的人；以及嘗試向百分之十七的客戶銷售更多產品，且吸收更多和他們一樣的顧客。

以菲洛法克斯（**Filofax**，英國記事本品牌）為例，我的公司負責掌管它時，發現僅僅百分之四的商品帶來了百分之九十三的銷售額、百分之一百四十二的利潤和百分之一百九十的現金流量。我們停止生產百分之九十六帶來虧損的產品，增加百分之四有盈利的商品的銷量，七年內企業價值提升了七倍。

若你只花費少量的時間或金錢來調查產品和客戶的盈利能力，結果可能非常驚人！

你有分析過客戶與產品線的盈利能力嗎？

173・自動化

亨利．福特是一個自動化生產汽車的人，他藉由將商品標準化（例如著名的福特T型車，只要是黑色的，都能漆成任何喜歡的顏色），並運用流水作業線將生產工作交給專精不同任務的人。因此，自一九〇八年開始大規模生產到一九二〇年，每年他生產的汽車數量從六千輛增加到一百二十五萬輛，價格下降了百分之三。利潤自然飆漲了兩百多倍。

迪克．麥當勞與麥克．麥當勞兄弟設計了第一條食品生產流水線，雷．克羅克將其推廣到了美國各地。如今，該餐廳在全球擁有超過三萬五千家分店。

英格瓦．坎普拉德自一九七〇年代早期就開始了家具生產和零售的自動化。他設計並零售商品：**IKEA**目前的銷售額超過三百億歐元，價值大約五百億歐元。**IKEA**的規模是首要競爭對手的十倍。家具產業每年僅成長百分之二，但**IKEA**的成長率卻達到百分之十四。

甚至服務公司也能自動化。大約一九八六年我任職於艾意凱諮詢公司，我們研發了三種自動化生產的商品，這些產品帶來了大部分的銷售額，並大幅提高了營業額和利潤。我和兩位同事創立位於倫敦的比利時餐廳 Belgo 之時，成為了第一間高檔自動化餐館。六年後我們賣掉餐廳，賺了比原先多二十多倍的錢。

你能透過自動化生產商品或服務換取財富嗎？

174 • 僱用優秀人才

幾乎所有超級有影響力的人，從執行長到政治領袖；從企業家到幫助世界變得更美好的人，都學會了非常重要的一課，即僱用更優秀的人、和傑出人才合作。這些人，是指比你的團隊成員更優秀的人。**而且，幾乎都比你優秀**。

比爾．貝恩深知這點。他從來都不願意提供諮詢。這不是他的事。為公司制定無可匹敵的策略，那才是他的事。絕對是。指導、激勵、掌管他的副手，也是。賺大錢，也是。他經營著一九八〇年代最成功的諮詢公司，但他實際上有提供諮詢嗎？他比任何人都更了解這點。但他有行動嗎？沒有！

因此，公司成立之初，當一位客戶要求他親自執行這項任務時，他會採取以下辦法。他會替自己、公司最佳五人之一拉爾夫．威拉德以及大型公司負責人新客戶安排一場會面。客戶認識且很喜歡比爾，但並沒有見到拉爾夫。比爾會和負責人寒暄幾句，可能是聊聊天氣，也可能是關於昨晚的體育賽事，接著他會站起來，握著吃驚的客戶的手說：「接下來就交給拉爾夫了。你會喜歡他的，他比我更厲害。」接著比爾就離開，飛回波士頓了。

客戶可能會說：「嗯，拉爾夫，你真的比比爾更優秀嗎？」拉爾夫會這麼回答：「比爾肯定這麼認為，我聽說他很會看人。」接著倆人哈哈大笑起來，產生了化學反應。

只要和比你優秀的人合作，你就可以隨心所欲做想做的事。

你有這樣做過嗎？之後會嗎？

175・你的策略

若你依賴徒弟和其他傑出的人，那麼你的企業就需要一個厲害的策略。除非擁有能讓手下的人成為英雄的專屬策略，否則等於還沒有真正開始。

如此你必須設計一個出色的公式。如果一切努力都付諸流水，十之八九是因為公式錯誤的關係。這通常不是因為你或你的員工有什麼問題，也不是因為行銷欠佳，更不是因為你面對一個聰明絕頂的對手。原因在於，你的策略不夠聰明。

你隨時有機會想出更棒的公式。只要觀察任何一間高成長的專業服務公司，就會發現其人員和利潤不斷增長的背後，都有一個獨特的公式及有系統的制度。任何企業對消費者的公司都是如此——高成長和高利潤，取決於高成長市場或利基市場中引領市場的產品。

不用說，80／20就是你的首選，但還有像是「STAR 原則」的公式，以及以以上一個或兩個原理為基礎的方法，又或是完全不同但有效的經濟原理。不論採用哪一種，要吸引才華洋溢的同事，都得依賴一個持續不斷、穩定的公式。

你找到這條公式了嗎？

第二十四章 80／20思維的藝術

這是一本關於「以80／20方式思考」的書，基礎的概念是要找出少數能以相對少的努力換得優秀結果的事情。你還會發現，80／20思考是能引人反思、是享樂主義、漸進式且非線性的。你的每日目標是要做一些具有高度價值的事，但這些事情不能令人不舒心、有壓力且太耗時。

176・你有思考嗎？

針對「你有思考嗎？」這個重要問題，人們的自然反應都是「當然有啊！你在說什麼啊？」然而，這可能是長久以來，人們問你的最重要的問題。

無論你是否真的有茁壯成長，你的成功和快樂多半取決於你如何仔細、策略性地思考生活中做的事情。

重要的不是**你想什麼**，而是你**如何思考**，大多數時間，也關乎於你**有沒有思考**。思想統治世界。思考是人類在物種生物戰中使用的秘密武器，也是賦予隨機宇宙意義的行為。

不是所有人都有多加思考，也不是每個人都應該這麼做。原創思維是上帝贈與的禮物。行動、完成任務、移動、震撼、領導一支充滿活力的實幹團隊並征服世界的能力也是。只有少數精英能夠思考，同時間還有非常出色的行動。

大多數非凡的精英若非優秀的思想家，就是厲害的實幹者，而非兩者兼具。

你是哪一種？或者你是極少數有潛力兩者兼顧的人？

177・思考很難，但比努力工作更有趣

我有我的偏見。比起做事，我更喜歡思考，喜歡間歇性工作，勝過於長時間付出辛勞。關於努力思考，我的想法是這樣的：思想家們的工作時間可能比實幹者們少很多，但這不僅僅是因為懶惰。成為一名思想家是個艱鉅的任務。比起成為每天努力工作十小時的行動派，思考可能更為困難，也更有價值。

人類如何進步？藉由多思考、少做事。以農業為例，若你回到三百年前，百分之九十八的人都是在土地上辛勤工作。這是一種可怕、疲憊不堪的生活，且他們沒有任何的收割機器。

農民們頂多有頭牛或是騾子。他們非常努力工作，但往往營養不良或者挨餓。現在只有百分之二人口從事農耕，不再是百分之九十八，因為有了更好的技術及機器，這些人的產量大大提升。我們應該要為了在田裡使用收割機而非騾子而心懷內疚嗎？當然不必。社會是透過思考而進步，而不是勞力。

另一方面，也有些人不想認真思考，更樂意一輩子辛勞工作。我曾經參加一場在芝加哥舉辦的研討會，其中一位參加者分享了人們經常對他說的話：「思考者必須做出決定，因而感到恐懼和壓力，這會害我的腦袋爆炸。他們很樂意辛勤工作，但很恐懼、厭惡、鄙視必須思考的事情。」

不是所有人都想當個嬌慣的思想家，也不是所有人都能限制工作時數。有些需具備高技術的有價值職位需要「人在現場」，例如外科醫生和機師。

但對於那些喜歡腦力激盪的人來說，思考能振奮人心，讓人永保健康及青春。毫無疑問，我投思考一票。

你也是嗎？

178 • 如何思考80／20

透過80／20法則能觀察到一個現象，即原因與結果、付出與收穫、努力與獎賞之間存在著固有的不平等。原因、付出和努力分為截然不同的兩個種類：

- 多數人（百分之八十）帶來小小的影響；
- 少數人（百分之二十）造就了重大、佔主導地位的結果。

大量心力換來少量成果。少量努力獲取最大成效。80／20的藝術，是要找出能產生最大結果的微小起因。

綜觀商界，哪些產品、顧客或時間的利用能帶來高客戶滿意度和高利潤？生活中，什麼事情讓你付出少但收穫高？例如，用天生取悅他人的能力，帶來顧客的高滿意度，從而獲得所有人都渴望的、最難以捉摸的東西：成功和幸福？

你可以從任何一個端點採取80／20法則。一個方法是看看哪些商品、時間的利用方法或是活動帶來極高效益。隨後，你進行分析並審視結果——結果不在分析的範圍之內。

另一個方法是猜測，或者比較得體的說法是「假設」，評估哪些是重要的事情，並衡量其影響力。

不論哪種方式，都能找到換取美妙成果的小事。小事永遠存在，因為80／20隨處可見。你只需要找到它們。**這是一個很棒的遊戲，也是思考事情的最好、最有效方式。**

你加入這場遊戲了嗎？

179 • 80／20如何幫助我讀大學

十八歲到二十歲，在牛津大學的三年裡，我度過了人生中最美好的時光之一。但在大學的初期，我面臨了大學生常見的困境。有太多事情要做了：大量的課外活動、運動、和朋友聊生活、喝酒、性愛冒險，還有我很喜歡的，通宵打撲克牌，不僅有趣，也是我學費的重要來源。但我也很有野心，想要獲得最佳成績。如果不整天待在圖書館，該怎麼做到這點？、

博德利圖書館（Bodleian Library）是一座美麗的圓頂建築，外觀比內部漂亮很多。諷刺的是，有一天我待在裡面時，救贖降臨了。博德利有一間版本圖書館[29]，所以可以從地下「書庫」中索取任何書籍。有一天，在朋友的介紹下，我預約了義大利經濟學家維爾佛雷多・帕雷托（Vilfredo Pareto）於一八九六至一八九七年出版的《政治經濟學》（*Cour d'economie politique*）。他描述了所有世紀中的所有國家，收入和財富都遵循著幾乎完全一樣的極度不平等模式。這部分令我深感著迷。帕雷托從未提到「80／20」這個詞，但所闡述的就是這個概念。

接著我靈機一動。可以在期末考時使用這方法嗎？你看，我得寫十一篇報告，回答三、四個問題。於是我整理了近二十年的所有考題。每篇報告上的問題數量和種類都令人眼花繚

29 根據國家法律或其他有關規定負責保管本國出版物樣本的圖書館。

亂，但我想，有一些問題總是以相同的方式被提出。就是它們！總是那些關於法國大革命、第一次世界大戰、俄國革命和希特勒崛起的原因的問題。針對每篇報告，我都會選擇六個最常出現的問題，並將讀書計畫限制在這幾個主題上，打賭它們會再次出現。果然出現了！賭對了！只要專攻關鍵考題，不需要讀太多就能考取頂級成績。

拿到成績時，我決定讓80／20成為我這輩子最好的朋友。你何不也這樣做呢？

180・80／20思維的更多例子

翻閱過去的試卷，尋找出現次數最多的主題時，我是使用80／20分析法還是80／20思維？這是一個介於兩者之間的例子，因為涵蓋了一點分析，但實際上只要仔細檢查考卷就能找到答案，不必逐個計算，熱門考題顯而易見。

我是透過80／20分析法還是80／20思維來判斷最有機會大幅增長的產業呢？答案是80／20思維。我從未進行分析；答案直觀又明顯。我還沒有從事任何分析——我認為不必要。你要麼有概念，要麼沒有。且證明「機會」是一件非常模糊的事情。儘管如此，我確信我的想法是對的。我知道它是對的，因為我透過投資高增長公司賺取了很多倍的財富，即使最初它們的規模很小（Betfair就是一個典型例子）。

我以前的商業夥伴，優秀的伊恩．伊凡斯，是一位出色的分析師，他最深刻的名言之一是：「從統計數據上來看，數字並不可觀，但我確定它很重要。」他的意思是，事實很明顯，分析是多餘的。

若你需要分析某事才能相信它，將無法做很多有用的事，比如戀愛。若你想要更棒的生活，多多進行80／20思維吧！

181．假設即答案

馬歇爾．麥克盧漢有句名言：「媒介即訊息」。他指的是，當時的主流通訊媒體比它所傳遞的訊息更重要。字母改變了人類的生活——文字和其意義促使孩童以某種方式主動思考和行動。視覺和聽覺訊息被降級；印刷文字和書本升等了。古騰堡發明活字印刷術時，這個過程被大幅放大。印刷出來、而非由抄寫員謄寫的書籍，提供了第一個相同、可重複製造的商品，邏輯上來看（雖然不到幾個世紀），它促使了裝配線和大規模生產。同樣地，電力及電子技術降低了書籍和分析的地位，提升了視覺學習和想像力——網路就是最好的例子。可悲的是，我們住在一個一天二十四小時、一週七天、一年三百六十五天都新聞不間斷的地球村裡。[30]

30 馬歇爾．麥克魯漢（Marshall McLuhan），《古騰堡星系：活版印刷人的造成》（*The Gutenberg Galaxy: The Making of Typographic Man*），貓頭鷹出版，二〇〇八年。

「媒介即訊息」聽起來像是花言巧語，但意義深遠。冒著聽起來油嘴滑舌而不是深具意義的風險，我提議，當提到80／20時，**「假設就是答案」**。

很多時候，假設比分析更有價值，且能讓分析變得多餘。猜測答案，若你確信答案是對的，就果斷採取行動，這比大量搜集數據更有效。搜集數據耗時又傷財。不僅如此，除了昂貴且／或浪費金錢之外，這件事也有害。商業中、生活中也經常存在競爭之事。若你不做點什麼，像是收購一間公司、僱用傑出人才、和精英合作、求婚、成為某人的摯友、買房、準時去醫院，其他人便有可能、且經常會做這些事。

在重要的事情上，要養成快速做出正確假設的習慣。

182・成爲一名80／20思想家

關於80／20，我可能是世界上撰寫、思考最多的人，但身處喧囂的生活中，我明白倒退回傳統的思考及行為模式有多容易。例子如下：

- 傾向思考所有事情，顧及全面，不做選擇。
- 很容易就往前邁進、完成當天的任務，沒有思考這些事情對某個人是否特別有用、是否可以不做。
- 輕易就執行別人也會的事情，例如：賣力工作、做些不打不相干的事、浪費時間後才覺得時間少得可憐，這些都能被總結為「沒有思考就行動」。

- 容易認為自己很平庸，但實際上，以最佳狀態從事最擅長的事時，我們是非常傑出的小天使。
- 很容易滿足於某件事情上取得的最好成績，而非把目光投向可以想像、迄今為止還沒完成的事務。
- 儘管80／20就在身邊，準備以各種形式幫助我們，但我們很容易一整天都忽略它。

我不知道你怎麼想，但我發現我最甜蜜的日子就是早晨、中午、晚上都在思考80／20的時候。這些是我一放鬆下來最常露出笑容的時刻。

你也試試看吧！

183・80／20思維是反思性的

80／20思考的目標是，生成不必付出龐大努力就能顯著改善你和他人生活的行動。這樣的行動需要洞察力。洞察力需要反思和內省。有時洞察力需要更多訊息，但並非總是這樣，通常都不是如此。**你的大腦已經擁有比你想像的更多的資訊**。

當今人們大多數的念頭都是倉促、機會主義且漸進式的，大部分也都是線性的。舉例來說，有一件好事或壞事，是什麼原因造成的呢？原因往往難以捉摸，以難解難分或晦澀難懂的方式浮現，並大幅受到你的背景、經驗和精心培養出的眼界所影響。解決問題往往比找出根源更容易，也更快速、更和平。這通常需要反主流文化思想以及容忍歧義和悖論。

傳統思考是理性也是分析性的。80／20思維則是直覺的，出自你的潛意識。由於缺乏耐心以及衝動地越走越快，真正的反思相當罕見。**慢一點**。深思一下。從上到下、從內到外，像孩子一樣審視問題。把其他人說的話顛倒翻轉過來。

身為一位80／20思想家，你的任務是要將行動拋在身後，進行一些寧靜的沉思並獲得寶貴的洞見。然後，只有在這個時候，才謹慎、選擇性地針對少數目標及狹窄的區域展開行動；從實驗性的行動開始，然後越來越篤定、有自信、果斷，令人欽佩地以盡可能少的精力和勞動達成驚異的結果。

我相信你會反思，但你實際上多常進行反思呢？

184・80／20思維是屬於享樂主義

80／20思維尋求愉悅。思考應該是件有趣的事。比起憑直覺做的決定，思考能讓你有更好、更有價值的選擇。80／20思維法也相信應該要享樂生活。它認為，大部分的成就都是興趣、喜悅、對自身技能感到愉快，以及對幸福未來的渴望的附加產品。

大多數的人都會落入以下的圈套。我們花費大把時間和不怎麼喜歡的人在一起。我們坐著毫無熱忱的工作。我們將大部分的「閒暇時間」，這個本質上是反享樂主義的概念，花在沒那麼享受的活動上。

相反地，我們不將大部分時間花在最喜歡的朋友身上。我們不追求最喜歡的事業。大部分的人都不是厲害的樂觀主義者，甚至連樂觀的人也不會仔細地規劃更好的未來。

這一切帶來了其中一方的勝利。內疚戰勝歡樂、基因勝於智力、命運凌駕選擇，最後，死亡壓垮生命。

享樂主義經常被認為是自私或吊兒啷噹的，這是一種誹謗。享樂主義和快樂是真正能幫助到他人、真正能取得成就的必要條件。取得偉大成就後不享受它是一件很困難、也很浪費的行為。若人們享樂更多，世界會更美好也更富裕。

你要更加信奉享樂主義嗎？

185・80／20 思維讚揚進步

過去三千年來，對於歷史是一條崎嶇的上坡道路，還是一段沒什麼希望的路途，人們的看法存在著巨大的分歧。柏拉圖、亞里斯多德、塞內卡、賀拉斯、聖奧古斯丁以及大多數在世哲學家都反對進步思想。而幾乎所有十八世紀的啟蒙思想家以及大多數十九世紀的科學家和思想家，包括馬克思和達爾文，都支持進步論。

進步論的隊長無疑是古怪的歷史學家愛德華・吉本（Edward Gibbon），他邀請我們加入「一個美好的結論，即世界上每個時代都有增強，且依舊繼續成長，人類的真正財富、快樂、知識，或許還有美德都在進步」。

爭論永遠沒有終點。信奉進步論必須是一種信仰、甚或一個義務，因為只有信仰進步，才能創造進步。

80／20思維的本質是樂觀的。這是一件矛盾的事。80／20顯示，世態目前低於應有水準，然而，也表示還有進步的空間和希望。只有百分之二十的人能真正帶來成功，其他都只是在殺時間。所以說，要給予那百分之二十的人更多權力，並讓另外百分之八十達到合理的水準，如此我們便能達到更高的境界。即使到了這個境界，投入和產出仍舊不成比例。如此情況下，人們可以再次進步，抵達更高的等級。人類得要採取愚蠢的行動才會停止進步。愛因斯坦說，天才和白癡之間的差別，在於天才有限度。所以說，投80／20和進步論一票。

商業和科學的進展證明了80／20是正確的。現在，把同樣的規則應用到生活的其他領域。或許我們甚至能證明吉本說的沒錯，真正的財富、快樂、知識，或許還有美德都在進步。

樂觀創造進步。請這樣思考。

186・80／20思維不是線性的

傳統的思維是線性的。線性的意思是，「要麼在線上，要麼不在」，也就是某件事情只存在於一個維度之中。舉例說明，思考某件事的起因時，A導致B，B導致C，Y是X的必然結果。你讓我失望了，所以令我不開心。我的學業成績太差，只能在速食店疊漢堡賺錢。我很成功，因為我很聰明。我的公司無法成長，因為該產業正在衰落。

線性思考很迷人，因為它簡單且已成定局。但這是很糟糕的世界詮釋，更是做出改變之前糟糕的準備方式。科學家和歷史學家很早就放棄了線性思維，那你何必執著於它呢？

80／20思維能提供你一個救生筏：沒有什麼事情是由單一個原因所造成，沒有事情是無可避免的，沒有事情處於平衡不變的狀態。所有不希望發生的事態，都不需要持續下去。你渴望的不會是得不到的。一個微小的行動、一次微小的事故或多個維度同時發生的微小變化，都有辦法大幅改變環境的平衡。只有少數幾個決定是重要的。這些決定非常關鍵。隨時可以做選擇。決定和抉擇不需要是線性的，它們可以包含許多層面和選項。

成長一直都很重要。要對成長的機會感興趣，包括成長的公司、成長的趨勢，個人成長也很重要。成長通常是線性的——緩慢、可以預測的，但最強大、最佳的成長是呈指數型增長。指數型成長會加速，進步得越來越快。（意思是成長以冪、指數做計算。例如，如果成長率達到了冪，則事情的增長以次方做計算，也就是每個時間段，例如每一年，都翻了倍。）

請盡可能在工作和職業生涯中實現個人的指數級成長。

80／20思維是動態的、多層面的，而不是線性的。你是不是正在思索生活中呈現指數級增長的稀有事物呢？

187・你應該非常努力工作嗎？

應該，也不應該。

當你處於職業生涯的早期階段並且仍在摸索時，有必要非常努力地工作，或者至少要思考。如果你是一名學徒，已經找到了一位出色的老師為他效力，他或她可能會要求你極其努力地工作，這是身為他們的員工的代價，尤其是當他們自己也非常賣力工作的時候。

為了要在內部文化相當強烈的公司獲得晉升機會，你可能需要融入裡頭盛行的風氣。提早晉升可以加快學習速度，因此這是值得付出的代價。

即便如此，若你在某種程度上可以選擇老闆，那就試著找出那隻稀有的野獸，一個運行80／20法則的老闆，他會教你如何有效率地思考和工作，並節省精力。

等你一超越受僱於老闆的階段，職業生涯就有可能會起飛得更快，並且更加愉悅。當你成為自僱員工，或是能夠以自僱員工的模式行動時，就能掌控自己的時間。如此你才能享受80／20的生活，用相對較少的壓力與時間換取巨大的成就。

當一個聰明、懶惰、超級成功的人，無論如何，這對你非常重要。

你已經達到這個階段了嗎？如果還沒，如何才能快速抵達？

188 • 每天做些有價值的事

每天晚上，或者每天早上起床第一件事，你可能都只想決定一件代辦事項，這件事能夠為你的工作、個人生活或朋友帶來相當大的價值。例如：

- 某件能產生傑出結果的特定工作。
- 能讓某人高興的協助或驚喜。
- 做些運動，或是轉換為能變得更健康的飲食方式。
- 在例行項目之間休息一下，替自己充個電，提升創意。
- 替自己和朋友安排有趣的活動。
- 至少兩小時不間斷地閱讀一本好書。

使用80／20思考法決定要做什麼。**盡可能享受最大的益處，或至少避開痛苦和壓力。**

你今天、明天、每一天都能做一些有價值的事嗎？

189 • 忽略缺點、突顯優點

全面發展要不是一種幻覺，就是一種威脅。幻覺是因為，現代生活有如此多的層面，所有事情都能做，就代表博而不精。威脅是因為，即使你只是試圖勝任大部分事情，也會降低你執行最擅長的少數幾件事的樂趣和技能。

要意識自己的缺點，但不要憂慮或為此責備自己。一個人的缺點能讓朋友有更多樂趣，世界也會有更多樂事。你的缺點讓你變得更加人性化，並且不那麼令人生畏。笑看自己的缺點，吸引他人關注它們。

在少數幾件事，或是一件事情上表現出色。每天練習這些事。無休止地磨礪它們。至於你的缺點，找個人來消除它們的負面影響。一個支持你的好朋友。理想情況下，愛上這個人！

你有多擅長忽略自身的缺點，突顯自己的優勢呢？

第二十五章 抉擇

抉擇是一場人生大富翁。我們一生做出的決定太多了，而真正重要的不超過十個。我們將學習如何減少做決定的數量。選擇越少越好。

190 • 人類與抉擇

地球上所有其他生物都是依賴本能，牠們的基因決定一切；人類的榮耀與危險則在於我們有能力做選擇。我們可以挑戰基因、傳統和本能。我們不是在軌道上運行，我們能夠翱翔、升空、離開……或是摔落到自己的地獄之中。無論如何，**我們**有責任。是我們做決定，不是其他人，不是上帝、不是命運、不是基因、不是朋友或顧問。我們。我，你，作為獨立個體的人。我們就是神，抉擇是我們的武器。

決定是通往不同道路的槓桿。朝向自由。朝向滅亡。通往專屬於我們的天堂。

決定也是件狡猾的事。兩三個世紀之前，百分之九十九的人沒有做出多少重要的決定。搞不好他們一生中完全沒有任何偉大的時刻。由於貧窮、條件有限或缺乏想像力、先例和榜樣，他們做不到。他們可能決定要殺人、自殺或搞失蹤，但乎沒有其他可行的決定。

現在不一樣了。現在，無論是理論上或是實踐中，我們都可以自由地做決定。身為一個個體，我們有非常多、難以估量的選擇。我們可以自己決定。因此，你可能會想，因為我們擁有歷史上前所未有的決策自由，所做的決定將會經過科學的研究，並且這樣的自由度，在抉擇過程中能提供很大的幫助。

若你這麼認為，那可能會失望。但一如既往，80／20是個很棒的指引。

你上次做出重大決定是什麼時候？你是怎麼選擇的？

191・少即是多

心理學家貝瑞．史瓦茲（Barry Schwartz）做了一個很能反映情況的小實驗：一組學生分到一盒六塊巧克力；另一組則是拿到三十顆巧克力。結果顯示，第一組的學生比較喜歡巧克力。因為**選擇會帶來負面價值**。

史瓦茲表示，我們今天必須做出的選擇數量，已經遠遠超出了做出明智決定的能力。隨者科技日益複雜，我們發現越來越難篩選所有選項。當今生活中需要做的抉擇多過上個世代，如此面臨了三個問題。首先，每個決定都變得更加艱難。第二，我們更有可能出錯。最後，更有可能後悔。[31]

回到一九五〇年代，經濟學家赫伯特・西蒙（Herbert Simon）將人們分成「容易滿足者」和「最大化者」。容易滿足者只想要一個不錯的解決方案。但最大化者會不遺餘力找出最佳方法。西蒙做出結論，考慮到研究選項所需的成本和做出錯誤決定的風險，滿足者幾乎都更加快樂。

史瓦茲提出了這一偉大見解——若我們做出永久的、不可逆轉的決定，並且欣賞自己擁有的生活，可能會更加快樂。如果你不能擁有所愛的，那就去愛你所擁有的。

你是容易滿足者還是最大化者？你有做出正確的選擇嗎？

192・人的一生中，真正重要的決定只有十幾個

在生活中，我們面臨大量的決定，**但真正重要的可能不超過十個**。以下是一些例子：

- 要愛誰？
- 是否要成家？

31 貝瑞・史瓦茲《選擇的弔詭：選錯，沒你想的糟！利用期望與後悔情緒，開展最佳人生版本》（*The Paradox of Choice: Why Less Is More*），一起來出版，二〇二三年。

- 要住哪？
- 志向為何？
- 喜歡哪部作品？
- 要跟哪一兩個人密切合作？
- 支持哪些原則？
- 如何變得最快樂？
- 對你而言，生活的意義為何？

你做了以上哪些選擇？哪些還未決定？

193．少做些決定

所有決定都有成本。即使是相當瑣碎的決定，例如長途旅行該走哪條路、要買哪一台微波爐，都需要時間與心力。情況會越來越糟。隨著不斷增加的選擇數量、越來越激烈的競爭（帶來新的供應商和選擇），甚至是越來越高的期待，需要做的決定會暴增。即使整個趨勢是良性的，爆炸性數量的抉擇充其量只是令人不快的副作用，最壞的情況是一種令人癱瘓的壓力，讓我們產生一種感覺，認為自己一定會犯下終將後悔的錯誤。

然而，80／20會教你一個更痛苦的事實：**瑣碎的抉擇會驅逐重大的，甚至是最關鍵的決**

定。當你的心緒被一大堆無關緊要但持續不斷、顯然很緊急的事情淹沒時，你要如何思考生活中重要的事，還有會影響到幸福感及影響力的長期決定呢？

我們所做的選擇增加了，而且還在不停增加，它們應該要被減少才對。你所能做的有用選擇之一，就是想想如何減少你的抉擇數量。

➤花一兩分鐘想想如何減少，放棄那些不太重要的決定。

194・硬幣分析

「硬幣分析」可以幫助你減少思考中的抉擇數量。這個分析很簡單，快速且零成本，除非錢幣滾到椅子或床底下拿不回來。它還能保證不會讓你感到焦慮，因為做出決定的是銅板，而不是你。

沒錯，你猜對了。下次需要做出相對之下沒那麼重要的決定時，投硬幣吧。

若你接受硬幣正面或反面顯示的結果，就能毫不費力做決定了。你對現代生活的荒謬嗤之以鼻，因為很多人會搞一個電子表格來決定無關緊要之事。要是出了什麼問題，自己就沒有責任了。沒錯，你決定投擲硬幣，但你可以將此作為所有不是很重要的抉擇的預設方式。其中一些決定帶來的效果較好，但誰能確定，平均來說複雜分析後能做出更好的決定呢？**無從得知的事情，不能成為懊悔的根源**。

透過硬幣分析法做出的所有單一決定，都能換來一個最終好處。如果投擲的結果是人頭，你可能會一瞬間感到後悔——你想要數字！接著你可以自由推翻硬幣的分析結果，做你真正想做、直覺認為是正確的決定。無痛又快速的抉擇換來一場小小的勝利，也換來渴望的生活。

面對無關緊要的決定時，你會將硬幣分析法當作是有趣的選擇方式嗎？

195・透過信任，減少決定數量

信任是80／20軍械庫中的必要武器。不論是為了個人生活或是工作，信任是一種很棒的簡化機制，可以減輕壓力、增加愉悅感、消除成本和複雜性。

若你信任某人，相信他會把你的權益放在心上、誠實且有能力，就可以耗費更少時間，減少煩惱並實現更多目標。信任讓事情變得簡單。信任讓你更簡潔地說明自己想要什麼；讓對方更早明白。信任消除了真正相信某人之前需要的步驟：檢查他們是否願意幫助你，就雙方的利益和義務進行「談判」，仔細且繁複「解碼」他們告訴你的內容，解讀所有字裡行間的訊息，花費昂貴成本監督雙方合作的項目，還要了解兩人之間的互惠條款。

以下是建立信任的三個有用原則。一是在建立關係之初就盡可能合理地信任某人；只有信任破滅時才斷開關係。第二，完全誠實且透明，展現出你的脆弱和恐懼，以及你的希望和目標。第三點，隨著關係的進展，表現出越來越多信任。

完全信任某人是個重大決定。你不能，也不應該信任所有人。信任和被信任是一種特權，會帶來極大風險以及絕佳獎賞。信任的對象越少越好，但要謹慎選擇且全心相信，如此他們才會成為你生活和工作中的關鍵人物。隨著時間過去，這段關係會越發鞏固，並成為更大價值及快樂的泉源。

若你全心信任某人，需要做的工作就會變少，自己做的決定也會少很多。

你全心全意相信誰呢？需要信任更多人嗎？

196・運用良知，減少決定的數量

這是一種不錯的老派方法，可以減少你生活和工作中需要做出的抉擇數量。我們經常判斷何為權宜之計，藉此來評估決策，尤其是商業方面——哪個決定能讓你達到最佳職位、能讓你賺最多錢。這裡有另一種值得考慮的思考方式：**什麼是正確的做法**？

跟隨自己的良知有隱藏的益處，能讓你感覺良好。這麼做能夠增加其他人對你的信任，也是減少你每天需要做出的選擇數量的方法。

稍微思考一下就能知道，做決定時，你應該不只考慮自己，還要考量你的伴侶、合作夥伴、同事、公司或其他所屬團體的利益；你的顧客或委託人的權益；地方、國家及全球的經

濟效益；對地球的好處；以及對你聲譽的影響。

怎麼可能權衡所有不同利益和支持者，還有彼此相衝突的利益呢？驚人的是，你腦子裡有一台計算機，它可以立即解決所有這些問題，不需要電子表格，甚至不需要理性的計算。跟著良心就對了。

你能夠根據自己的良知，做出大部分決定嗎？你已經這麼做了嗎？

197・將活動和決定外包

三四十年以來，企業逐漸將越來越多工作外包給外部供應商，以便專注於核心技能（這是可怕的行業術語），也就是他們最擅長的事。這不僅對大公司，對個人而言也是一個有效的策略，且不只適用於活動，也適合用來做決定。

能夠外包的活動包括：秘書和研究工作、購物、房屋管理、維修、油漆和清潔、安排旅行和住宿、室內設計、銀行、現金管理和保險；報稅表、繳費和其他會計項目；駕駛、烹飪和餐飲、娛樂、園藝、學習語言和其他技能、談判、兒童照護與教育、寵物照顧，以及所有需要電腦和技術的附加項目。

為什麼要把所有事情外包？理由跟企業一樣，專注於你最擅長、最享受的事。如果薪資較低的人可以工作，讓你賺的更多或更享受生活，那麼一切就合理了。但請不要外包人類和家庭的需求，尤其是對親人的責任。

外包任何工作時，你會自動將必要的決策也發配出去。舉例來說，若你委託他人購物，就不需要決定該去哪間店。除此之外，你可能會使用標準的每週採購清單，從而減少頻繁額外購買的需要（和誘惑）。**外包能簡化並減少你的活動和決策範圍。**

你外包的事情足夠多嗎（還是太多了）？

198・最關鍵的決定，是沒有考慮的那些

雖然我們做了太多決定，但對生活造成最大損害的，是那些我們**沒有做**的抉擇。大多時候，我們做出的決定五花八門，導致無法做出應當做出的少數抉擇。**瑣碎的抉擇會驅逐重大的決定。**

沒有做的決定分為兩類：錯過機會和錯過逃跑的時機。錯過的機會包括沒有決定做某事，像是一段沒有開始或終止的戀情、原本沒有追求的產品創意點子，之後可能從其他人口中突然出現、未跟上職位的空缺或職涯變化、計劃之中，但從未實現的旅行。而錯過的逃跑時機，有以下這些例子：沒有離開家鄉去尋找更美好的職位、沒有結束一段有毒的戀情或友誼、戒癮失敗、未能變得樂觀，哄騙自己能更加幸福、無法擺脫精神的限制，導致無法相信自己。

以下這些都是警訊，表示你沒有做出決定是個錯誤，甚或可能是場悲劇：

- 無法停止某件讓你備感壓力或不快樂的事
- 沒有發揮擁有的潛力
- 沒有親近更善良、更有遠見的人
- 缺乏勇氣和想像力
- 沒有做出決定，讓自己成為更好、更有用的人
- 任何讓你的生活變得更渺小、更無望的失敗
- 沒有幫助需要的朋友

截至目前為止，你的生活是否有錯失的機會，或是錯過了某個逃脫的機會？目前有沒有迫在眉睫的狀況？

199・逆向決策很棒

你做的決定，應該都要符合80／20的特徵，也就是用小小的方式獲得大大的成果，同時這也是逆向決策，和眾人背道而行。

本書所提出最大的逆向決策，就是你決定要野心勃勃，但拒絕長時間工作。無論如何，你的想法、自信和目標結果都要強烈且極端，但要讓其他人為你做艱苦的工作。我的導師們

的偉大見解是，你可以以改變世界為目標，並且可以如願以償，同時個人的工作量會逐漸減少，只做自己非常喜歡的工作就好。

另一個相反的決定是每天至少運動一小時，但僅限於真正喜歡的運動，無論是散步、騎自行車、游泳、網球或健身房都可以。只要年復一年這樣做，將會獲得極大的健康益處，你也會享受其中，並讓有益的化學物質被釋放到血液中。

為什麼這是逆向決策？不是很多人都去健身房，或至少有加入會員嗎？確實如此，但他們通常都是咬緊牙關運動的。逆向的元素在於，堅持做自己喜歡的運動，並且要每天、年復一年、永遠這樣做。這樣做的人不多，但如此會更快樂、更健康也更長壽。

你做過哪些逆向的80／20抉擇？你有辦法這樣做嗎？

200・眞正的新決定很棒

光天化日之下沒有新的事情，除非事情真的發生了。語言、寫作、車輪、紙張、農業、火藥、眼鏡、印刷、運河、蒸汽機、蒸汽船、鐵路、鋼鐵、單車、汽車、飛機、塑膠、飛行裝置、半導體、核彈與核能、電腦、網路、人工智慧……接下來是什麼？

無論是在商業、藝術、流行文化或是生活中，最有趣的、最有價值的決定都是前所未見的。第一款大瓶裝碳酸飲料。中產階級和工人階級的第一台車。第一間不需要服務員的自動化餐廳。第一本低價、高品質的平裝書。第一家廉價航空公司。第一台容易操作的個人電腦。第一計程車和飯店的優質替代品。第一張表達觀點的畫作和第一部世俗藝術品。第一部歌劇。第一張照片。第一張印象派、抽象派與超現實主義藝術。最早的民謠。第一首爵士樂。第一部動畫片。第一種抗生素。第一部有聲電影。第一首搖滾樂曲。

其中有一些「第一」，沒有人知道革新者是誰，但大多數都為人熟知。其中很多都是有意識的決定，很多都是從事和主流「相反」的行動，或在一個不同的領域中使用新的技術。

你有做過前所未見的事嗎？你想要做個空前的決定嗎？沒有事情能阻止你。

201．勇敢的決定很棒

有時候，孤身一人是對的。一九三〇年代的英國，政治界和文學學術界幾乎一致認為德國不能永遠撤除武力，且希特勒是一個通情達理、務實的政治家，所言可信。歷史學家阿諾．湯恩比（Arnold Toynbee）表示，希特勒很「真誠」。第一次世界大戰期間，英國領袖洛伊德．喬治（Lloyd George）於一九三〇年代會見希特勒，說他是「當代最偉大的德國人」。工黨領袖、和平主義者喬治．蘭斯伯里（George Lansbury）表示，「德國需要和平……沒有人比希特勒先生更了解這一點」，他的政黨支持「有建設性的綏靖政策」。一九三八年十月，英國首相張伯倫於慕尼黑會見希特勒，兩人簽署了《慕尼黑協定》，根據該協定，希特勒承諾不得再入侵任何國家。根據張伯倫所說，希特勒信守諾言，值得信賴。當他搭乘的飛機降落在英國克羅伊登機場時，他告訴歡呼的人群：「這意味著我們時代的和平。」

一九三三年，甚至在希特勒掌權之前，邱吉爾就做出了一個大膽的決定。他前往德國，親眼目睹了年輕納粹分子對猶太人、共產黨員和外國人的仇恨，也聽到了希特勒如何煽動納粹分子的恨意。自此之後，邱吉爾譴責希特勒，稱除非法國和英國站出來反抗他，否則他將為世界帶來「災難和痛苦」。邱吉爾的這番言論讓他付出慘痛的代價。他的保守黨同僚撤除他的公職，並無視他的所有警告。在這片政治荒野中，他幾乎是孤軍奮戰。

一九三九年三月，希特勒入侵捷克斯洛伐克，摧毀了他的和平承諾。一九四〇年五月，當希特勒準備入侵英國時，仍然不相信邱吉爾的國王、保守黨和工黨心知肚明，知道他們必須任命他為首相，因為沒有其他人符合資格。

大膽的決定是場賭注。它們是80／20的決定，因為它們與主流相反，而且很重要。如果你知道自己是對的，就做出勇敢的決定，並且承擔後果。

202 • 關鍵決定：總是有多種選擇

我們在做決定時，犯下的最大錯誤之一就是假設選擇只有兩種：A或B。對於重要的決定來說，事實並非如此，且這樣想會很危險。80／20思維讓我們知道，我們總是有多種不同的選擇。

做出任何重要決定之前，要記得你所擁有的選擇，總是比你考慮得還要更多。不知何故，我們似乎有一種衝動，要把一切簡化為A或B、X或Y。只要有足夠的想像力，你就有比字母表中的字母更多的選擇。

下次必須作出重要決定之時，請增加你的選項、拓展你的視野。列出十幾個或更多可以讓你開心的選項，給自己一個驚喜。

你是否曾經將自己侷限於二元選項？你確定未來會避免這樣做嗎？

203・在三萬英尺高空做出重大抉擇

你不必跳上飛機才能做出重要決定，但這麼做很有幫助。你需要的是在搭乘飛機或爬山時獲得超脫的感覺和俯瞰的視野。從高處眺望，眼中的人群會變得跟昆蟲一樣渺小。底下的人在拓展業務時，沒有你所享有的視野、卓越遠見和客觀性。你對他們身處的情況與個人的情感偏見毫不知情。你能看得比他們更遠，原因很矛盾，因為你知道的比較少。

想像你在飛機上，看見一對情侶走在茂密的森林裡，接近邊緣的地帶。他們繞著樹林兜圈子。你突然明白，他們迷路了！你想要大喊說，「繼續往左邊走，五分鐘內就能走出森林了。」你能看見出口，但他們的視線被樹叢擋住了。

當你試圖決定一些重要的事情，並且情緒受到影響時，就會迷失。幾十年前，我曾考慮過離開在一起多年的伴侶。我們之間越來越多爭吵，雙方都不快樂。但每次一想到分手，美好時光的回憶、對伴侶的強烈感情、對孤獨的恐懼就排山倒海而來。我只好詢問最好的朋友該怎麼突破僵局。她毫不猶豫地說，「理查，你應該離開。」

有心理學證據表明，你可能會做出明顯錯誤的決定，因為情緒掩蓋了你的理性，但如果有人問你在這種情況下會如何建議朋友，你會給出正確的答案。[32]

如果面臨艱難決定時，你需要有旁人客觀的建議，那就詢問朋友。你是否有過類似的經歷，無論是身為猶豫不決的人還是身為朋友？

204・質疑你珍視的假設

我的事業是進行創投。創投人士通常都相信以下幾點：沒有什麼比管理團隊的素質更加重要；管理團隊必須要勢均力敵且經驗豐富；投資之前，有必要做非常詳盡的盡責查證。

我自身的經驗可能並非典型例子，但三十多年來的高回報可以作為證明：我最成功的兩項投資，Belgo 和 Betfair，都是來自經驗最少、最不周全的管理團隊；一兩個企業家的創造

32 奇普・希思（Chip Heath）與丹・希思（Dan Heath）的《零偏見決斷法：如何擊退阻礙工作與生活的四大惡棍，用好決策扭轉人生》（*Decisive: How to Make Better Choices in Life and Work*），大塊文化，二〇二四二版。

力能使團隊成員不需要如此勢均力敵；詳盡的盡責查證通常不是必要，且可能會誤導人；80／20的回報分析表明，高績效的兩個最佳指標是（1）投資的靈感來源和（2）投資前的業務成長率。所有高回報投資都是來自於長久經營的個人網路。所有高成長業務都獲得了高投資回報。

嚴格地質疑在工作或生活中經常做出的假設，通常能換得豐厚的回報。一些出色的企業，是建立在與標準做法相反的基礎上的。

205・如何質疑自己針對重要問題做出的假設

無論是工作還是生活中，質疑自己最瑣碎的假設是一件代價高昂，且往往令人痛苦的過程。只有需要做出改變生活的決定時，才值得這樣做，對於這樣的決定來說，質疑是必不可少的過程。

以下是我使用在生活中的兩個想法，兩者都來自奇普・希思和丹・希思所著的令人欽佩的《零偏見決斷法》一書。

首先，詢問自己、朋友或（公司內的）主管或小團隊，試著證明與最重大的假設**相反**的想法。公開所做的假設，並搜集所有與假設相矛盾、或能做出更好的假設的客觀及主觀證據。想像與假設相反的情況，可能會為自己找到新的生活或新的事業。不要搜集任何能驗證最初的假設的證據或研究。只要考慮相反的情況即可。

第二，羅特曼商學院院長羅傑．馬丁針對所有決定提出了這個問題：這個決定必須滿足什麼條件，才能是正確的選擇？這個問題最好被套用到多個選項上。藉由審視必要的假設，或許可以確定哪個最有可能成為解決方案。

面對每個選項，只有公正地回答「羅傑．馬丁問題」，你才有辦法敞開心胸。

你是否曾經使用過其中一種方法來做出重要決策？下次面臨重大決定時，你想嘗試其中一種或兩種方法嗎？

206・重複決策錯覺

桂格品牌執行長威廉．史密斯博（William Smithburg）於一九八三年做出一個明智的決定，以二點二億美元收購開特力（Gatorade），原因是「他喜歡該產品的味道」。經過大力行銷，該品牌的價值達到大約三十億美元。

目前為止一切都很好。一九九四年，史密斯博決定以十八億美元收購另一個小眾品牌思樂寶（Snapple）。分析師針對此次收購提出質疑，有些人認為十八億這個價格太高了，但史密斯博和所有桂格董事會的成員絲毫沒有退縮，他們認為這是在重現開特力的成功案例。

但卻不然。思樂寶需要的是不同的分銷方式，其真實形象因為被大公司收購而受到影響。一九九七年，桂格將它以三億美金出售，虧損了十五億美元。

若你在一項投資或其他方面取得了巨大的成功，請注意，不要以為下一次的投資會有類似的結果。

第二十六章 網路

我們將要探索：為什麼網路是達到空前成長的最佳方式，為什麼網路能提升80／20的力量及涵蓋範圍，以及為什麼網路越寬廣，就越有價值。

207・網路和80／20規則

過去三十年間，網路的現象獲得越來越多的關注。它們變得如此壯大，變得有力無比，傑出的西班牙社會學家曼威・柯司特（Manuel Castells）表示：「網路社會代表了人類經驗的質變。」網路社會的例子包含社群媒體、足球隊伍與球迷、網際網路、加密貨幣，以及所有奠基於應用程式的公司和平台。

對於那些花時間在網路上的人，以及網路的投資者，網路的顯著經濟效益可以快速成長，而無需自上而下的指導或大量的行銷資金。網路體現了80／20的特質——少即是多。

該如何從網路中獲益？方法或許是在高成長的網路中工作，或是開啟你自己的網路。

你是否多加思考過網路？你能想到已經參與其中的網路的例子嗎？

208・爲什麼80／20變得更加普遍且強大

多年來，80／20變得更加強大，但為什麼呢？也許因為獲得更多宣傳，所以讓它看起來似乎更為重要且普遍——那是一條原本只有經濟學家和商學院學生知道的古老塵封法則，現在正被數百萬人所運用。可能也因為我重新詮釋了在日常生活中使用的原則，藉此不需要卓越的工作就能達到個人成就，也無需受到焦慮的影響。

但現在社會正在發生一些事情，這代表80／20正變得更加強大，而這與我以及出版社絕無半點關係。

「那些事情」是網路的新興力量，它於一九七〇年代左右緩慢增長，自那之後開始起飛。網路代表更容易運作、更容易擴展且利潤更高，而隨著它的激增，等級制度已經式微。所有網路都是遵循80／20的模式，且通常是一種誇張、極度不平衡的模式。更多的網路，更多的80／20現象。更多網路，就有更多80／20現象。

對你來說，這是個很棒的消息，因為有更多網路，你就有更多事半功倍的方法。

你認為你能加入或是創建的網路，在哪裡最充足且成長最快？

209・網路空間、網路和80／20

網路在資訊空間中成長最快，而資訊空間本身也在呈指數級擴張。關於資訊空間，有個似是而非的說法，即開放給所有人，沒有任何限制，但這卻導致了極端的80／20型態——經常是90／10或99／1。資訊空間助長了小眾市場的壟斷。

谷歌母公司Alphabet董事長艾瑞克．施密特（Eric Schmidt）如此解釋：「我想告訴你，網路創造了一個公平的競爭環境，長尾[33]絕對是最好的選擇。可惜的是，事實並非如此。真正發生的事情就像冪律（兩個量之間的函數關係）。少數事情非常集中，其他大多數事情則相對少量。幾乎所有新的網路市場都遵循這個規則……絕大多數的生意集中在前端……網際網路很可能帶來更多精彩可期、更專精的品牌……當你把它們都聚集在一起時，它們仍舊希望有個超級巨星……一個全球的巨星。」[34]

市場佔有率的集中，讓網際網路達到最深的深度與最大的覆蓋範圍。

這對你有什麼影響？矛盾的是，若你想要在網路上開創新的事物，無論是否為了獲利，

---

33 長尾（The Long Tail），或長尾效應，最初由《連線》雜誌總編輯克里斯．安德森（Chris Anderson）發表於自家的雜誌中，用來描述如亞馬遜、Netflix的商業和經濟模式。是指那些原來不受到重視、銷量小但種類多的產品或服務由於總量龐大，累積起來的總收益超過主流產品的現象。在網際網路領域，長尾效應尤為顯著。

34 《麥肯錫季刊》與艾瑞克．施密特的訪談，二〇〇八年九月。

這些都是好事。

- 若你想要創造影響力，就必須在新的利基市場中開啟完全新穎的事物，看看它是否會如野火燎原般擴散。如果沒有，放棄吧，嘗試別的。如果有，請盡快推動它。

210．網路到底是什麼

《連線》（*Wired*）雜誌前編輯凱文．凱利說得很好：「網路是最沒有結構的組織，可以說是沒有任何結構。」

Meta 和 X（原 Twitter）是網路；恐怖分子組織，犯罪集團、政黨、體育隊伍、網際網路、聯合國、一群朋友和世界金融體系也是網路。幾乎所有突然出現且創造巨額財富、基於網路或應用程式的公司，例如蘋果、谷歌的 Alphabet、PayPal、Uber、亞馬遜、Netflix 和 Airbnb 等，要不就是網路本身，要不就是在其生態系統中擁有網路。

網路與傳統自上而下的組織有何不同？其中一個明確的區別在於，所有傳統組織，不論是國家官僚機構、軍隊還是線上空間出現之前的商業及社會組織，都是依賴組織高層的決策。少了高層的複雜規劃，它們就無法成長。過去的組織需要很長的時間、大量人力、協調和資金才能發展到完整的規模。

網路不同——它們的成長不是來自組織內部（如果有組織的話），而是來自網路內部。

網路的發展是網路成員主動行動的結果，通常不需要任何費用。如果網路歸企業所有，那麼網路的「成員」同時也是「客戶」或潛在客戶。網路在其內在動力中成長；成員數量越多越好，如此便符合網路成員的利益。因此，以資訊空間為基礎的網路，同時也是能夠壯大、在短期內變得很有價值的企業。

這是否鼓舞了你，讓你考慮建立網路？

211・網路成長：以 Betfair 為例

我在二〇〇一年投資 Betfair，在該公司甫成立幾個月之後。Betfair 是一頭新的野獸，一間「投注交易所」，一個用來投注的電子市場，不需要受到投注者的宿敵，賭注經紀人的干涉，可以從每個投注動作中獲取百分之十到二十的利潤。當時 Betfair 的估值為一千五百萬英鎊，我認為遠低於其實際價值。當然了，這麼做有風險。它規模很小，幾乎所有產業觀察家都認為永遠不會成功。英國並沒有關於電子投注交易所的法規，因為這是一種新現象，博彩經紀人長期努力遊說，希望將其定為非法。然而，Betfair 吸引我的是它那驚人的成長率——每個月百分之十、百分之二十、百分之三十，有時甚至來到百分之五十。

這樣的成長從何而來？並不是來自 Betfair 的銷售員和行銷上的努力，他們幾乎沒有做這些。成長來自於網路本身，Betfair 的客戶們非常喜歡它，並推薦朋友們加入。客戶希望網路能變得更大，這樣他們就可以下更大的賭注，並讓交易另一方的人替賭注做配對。

所有網路都是如此。網路本身的成員希望其擴展得更大，因為這代表著網路更有用，且價值會隨著客戶數量呈指數型增長。

對於網路所有者來說，這是一件好事。這解釋了為什麼它們的價值能夠飛速提升，而所有者只需支出少量的現金。對於擁有網路的公司員工來說，這點也有好處。公司的發展大大增加了機會，員工們有可能獲得更高的薪資以及有價值的股票期權。

你在網路內部工作嗎？你想嗎？你可以投資一個相對新穎、發展快速的網路嗎？

212・為什麼網路變得更大就更有價值

網路公司和傳統組織有兩點不同——網路規模的增長大多產生自網路本身，因為規模越大越好，不只對公司本身、也對客戶有利。如果亨氏（Heinz）和吉列（Gillette）等傳統公司擴大一倍，並不會對它們的顧客有更好的影響。罐頭湯品的味道不會變得比較好。刮鬍刀不會變得更鋒利。**但若網路擴大一倍，價值也會跟著翻倍**。這帶給客戶非常棒的價值，而且是呈級數而非線性增長。

想像一下你所在的國家／地區有個約會平台，裡頭有一千名會員，所有人都可能有興趣和你約會。你會加入嗎？不會，人數太少了。但若翻倍至兩千人呢？嗯，網路的價值提升了大約四倍。網路成員可能的排列組合數量從四十九萬九千五百增加到了一百九十九萬九千。你可能還是覺得太少了，但潛在約會機會的增加，可能會令你改變想法。

網路也在蓬勃發展且激增，因為成長的推動力是資訊。隨著資訊科技擴大其影響範圍和能力，網路倍增、變得更加密集，對其成員也更加有用。舉例來說，如果少了智慧型手機，以應用程式為基礎的巨頭公司，包括 Uber 和 Airbnb，就不可能存在。無論什麼組織於智慧型手機之後出現，都將幾乎無法估量地拓展網路的力量和覆蓋範圍。

資訊科技是經濟中最接近80／20的一塊，但顯然它更像是99／1。彼得．提爾在《從0到1》中指出，近年來，除了資訊科技之外，科技並沒有取得多少進展。即便提爾說得沒錯，這點可能也不太重要。科技在最有價值的區塊中進步最快，這點很合理。

你改信新的網路「宗教」了嗎？

213．一生中最奇特的創新發展，需要審核個人的80／20

「網路空間」一詞是科幻小說家威廉．吉布森恰好在一九八四年所發明。他說：「我在嘗試描繪一個難以想像的現在。科幻小說的最佳用途是探索當代現實。」他表示，網路空間「是一個所有國家數十億人每天都在經歷的一種共同幻覺……複雜程度難以想像。光線分佈在非心靈空間和一系列資料簇中」。

無論吉布森是否有幫忙發明網際網路，網路的奇異之處都值得我們思索。現在我們視之為理所當然，但它非常奇怪——我們可以連結到一個不同的國家、不同的星球，並體驗到如古騰堡發明印刷書籍這種革命性、改變習慣的東西。它改變了我們的生活。你以前從未見過某個年齡以下的人虔誠地彎腰看手機，就好像它們是祈禱書一樣，上面寫有聯繫上帝的熱線。就像幾個世紀以來古騰堡立即逐步改變世界一樣，我懷疑我們也會在網際網路及其發展的過程中看見同樣的情況。

網際網路絕對是我們人生中最重要的80／20創新項目。媒介即訊息。然而，一如往常，網路上存在著許多80／20的層面。保有自己的觀點相當重要。有些網路應用技術可以大幅改善生活，有些會帶來極大傷害，例如，傷害了你的視力、性格外向特質還有社交生活。

要非常謹慎地使用網路——認真地使用其中一些程式平台，比如以獲取知識為主的軟體。請勿使用那些微不足道、毀滅自我的東西。網路上雞毛蒜皮的數量和範圍，甚至超越了電視。

哪個應用程式對你而言很重要？哪些微不足道或者更糟？

214・網路空間和流行酒吧

網路空間中最受歡迎的地點，和現實世界中的最流行的酒吧非常像。時髦的酒吧之所以受歡迎，單純是因為人們喜歡。你去那裡，因為你知道可以遇到很多人——很多和你同類的人。這類型的人，大家都想待在其他人所在的地方。

市場的流動性和深度吸引更多成員，流動性越大，深度就越深。網路的吸引力，和其成員的數量呈正比（超正比關係）。至少在某個季節裡，同類型中規模最大的酒吧老闆有幸成為全面通吃的贏家。

這真是一門好生意。真實世界的酒吧老闆不會成為億萬富翁，然而，他在網路空間的同行可能有辦法，可能賺得數百、數千億。天空是極限，而這片天會越來越高。

網路空間具有自然的壟斷性。隨著時間，這些空間和其主人（如果有的話）會變得富有到誇張的地步。

這聽起來不太實際，但若你無法打敗其他人，那就加入行列，開創一個全新的網路空間並主宰它。

這個點子有吸引到你嗎？你計畫這麼做嗎？

215・城市的非凡成長

並非所有的新興網路都在線上，其中一個典型的例子是城市。自從一萬年前，人類決定定居取代游牧以來，城市已經成為非常重要的網路，其規模和重要性穩步增加，提升了財富和知識、文化、發明、創新的交流，以及商品和服務，政府的基礎設施也隨之增加。

自稱「全球策略家」的帕拉格．科納（Parag Khanna）表示，「城市是人類最持久、最穩定的社會組織模式，比所有帝國和國家都更長久。」[35]

一五〇〇年，世界上只有百分之一的人居住在城市中。到了一八〇〇年，比例上升到了百分之三。一九〇〇年，比例佔了人口的七分之一。如今，居住在城市內的人較多。

自一四五〇年開始，歐洲的財富穩步增長，隨後世界其他地區也是如此，並使人類在生物學上取得成功，這都取決於城市數量的增加和影響力。它們是思想、貿易和商業的中心，由少數但充滿活力的新中產階級市民所經營，而非農民或貴族。城市正在成為財富的孵化器，這些小小的80／20島嶼湧現在廣闊且零增長的封建鄉村莊園中。

這就是80／20。當今世界上最富有的二十個城市吸引著才華、知識與金錢的湧入。全球百分之七十五的大公司總部位於這二十個城市，遠低於城市總數量百分之一的一半——精確到整數，也就是75／0的關係。

你住在城市中嗎？你想嗎？你認為城市已經過時了，還是未來的趨勢？

---

35 帕拉格．科納《連結力：全球網路革命》（暫譯，*Connectography: Mapping the Global Network Revolution*），二〇一六年。

216・城市與它們的網路效應

隨著網路（城市）變得越來越大、越來越密集，居住在城市的優勢也會倍增（一些劣勢也會倍增）。結識其他具有互補知識和技能的人的機會呈指數級增長。大城市繼續擴張，對大多數人來說利大於弊。

但是呢，80／20依然存在。不是所有城市都會增長。美國和其他已開發國家中有許多人正苦苦掙扎。紐奧良和底特律的低廉租金和房價是衰退的徵兆，網路時代並沒有使這些城市具有吸引力。

一如往常，網路效應顯示出了80／20，或者更接近99／1的選擇性。儘管生活成本不斷提高，但擁有良好網路的活力城市會變得更大、更有朝氣。其他城市則進一步衰退，有些甚至無法挽回。

城市是座大熔爐。它們吸引了來自全球較落後的城市和國家中野心勃勃、才華橫溢且外向的人們。

正如撰寫城市及其多樣性價值的偉大作家珍．雅各所說的那樣，人與人之間的多樣性和差異程度會增加，從而帶來更快、更多樣化的創新，以及如雨後春筍般湧現的機會。

自一九七〇年代起，許多未來主義者宣稱資訊科技和網路將促使更多人到郊外居住，中等城市將比大城市發展得更快。然而，情況並非如此。更準確的預測是，到了這十年的尾聲，世界上超過百分之七十的人口將居住在城市，其中大多數距離大海不超過八十公里。此外，越來越多大城市的居民人口會是外來移民。

你認為這些趨勢如何？你是否足夠重視推動大城市發展的網路效應？

217・語言和他們的網路效應

語言的發明是人類的轉捩點。若所有人都能講同一種語言（任何一種），且周遭的人都能理解，那麼人類就會以一種全新的方式相互連結。隨著溝通方式的進步和世界的縮小，已經相當盛行的語言會自然而然地發展，而很少有人會說的語言則有衰落的跡象。

最精準的數字是，一萬年前有一萬五千種語言；現在只剩六千種。「語言死亡」專家麥可・克勞斯預測，一百年後將會只剩六百種。

更重要的是過去三百年來主流語言的發展。一七八九年的法國大革命之前，法國人講方言多過法語。今日，大約八點八五億人口母語為中文，六億人母語為印度語，三點七五億人母語為英語，三點五億人母語為西班牙語。然而，在溝通方面，大約有十五億人的英語足夠進行對話，而世界上沒有第二種語言的使用數量能接近十億人。

人口成長或許能推動西班牙語超過英語，成為第三大母語，而身為「超級連結」的英文，其領先地位很可能會進一步前進。更重要的是，世界上能夠用母語以外的語言進行交流的人數肯定會不斷增加（除非發生大災難），從而促進思想的流動和更快速的創新，以及創造更多的財富，且還可以想像到更和平、更豐饒的景況。

當一個人能夠說多種語言時，他們的機會明顯增加了，隨著時間前進，這種網路效應將變得更加重要。

你足夠重視學習外語嗎？哪個外語最有可能增加你的機會和幸福感？

218・交通網路效應

已經有足夠的證據，說明自一四九二年以來，交通運輸的網路將更多人聯繫起來了。哥倫布連接歐洲和美洲之後的一百年裡，其他探險家環繞地球航行，將世界縮小為一個地區。十八世紀，道路及運河網路急速擴張。十九世紀出現了鐵路、郵政、電報、輪船、汽車以及橫跨大陸的大規模移民。

接下來是飛機、電話、高速鐵路、新橋樑及隧道、海上過境航道、廣播、電視、石油及天然氣管道、廉價國際旅行、相通的電腦系統、運輸貨櫃、手機、視訊會議、光纖電纜、網際網路及智慧型手機。所有這些網路現象使世界變得更小，經濟體變得更大且更加相互聯繫；這些都以越來越多的方式、更高的品質標準和更低的成本將更多人聯繫起來。

簡單來說，貿易、工業化、旅行、通訊、數位化以及事物與人際的網路已經增加，且還在增加，也應該進一步增加。雖然面臨一些小問題和危機，但幾乎可以肯定它們會以多樣化的方式繼續增加。

當然，世界的縮小也帶來了弊端，其中最嚴重的應該是生態問題，以及隨著地球日益變得均值化，神秘的事物跟著消失了。話雖如此，幾乎可以確定的是，這些網路大大促進了人類的福祉。網路和創新是在良性、不斷擴大、聯繫越加緊密的循環中運作的。

你是否有為這些進步做出貢獻，或者在個人生活中充分善用它們？

219・更有結構的社會也有更緊密的連結嗎？

你認為哪個社會的連結更密切，結構鬆散的社會，還是較健全的社會？一個結構較鬆散的社會連結應該較少，在缺乏連結的情況下，個人自主是有代價的。若每個人都自掃門前雪，不就忘記要建立連結了嗎？

網路社會的驚人之處在於，無論是在理論上或是實際情況中，社會或世界的結構越鬆散，其連結就越緊密。當獲得自由或地方機構消失時，機構與機構之間、機構與個人之間的自主連結的複雜網路也會跟著消失。

你想想，結構等於等級制度，而等級制度減少了橫向的連結。歷史證明了這點。更森嚴的等級制度導致更多孤立情形、觀點和實踐方式的多樣性較低。否則為什麼極權國家要利用宣傳口號在公民之間製造一種共有的認同感，而不鼓勵、不允許公民自己創造自願的、個人的認同感和連結感？[36]

網路社會的美妙之處在於，它提供更大的自主權給人民，製造人與人之間更緊密的連結。自由和自願的連結往往比權威規定的連結更令人滿意且有效。

---

36 理查・柯克與葛雷格・洛克伍德的《人脈變現：建立共好網絡，讓別人看見你，也讓機會找上你》（*Superconnect: How the Best Connections in Business and Life Are the Ones You Least Expect*），八旗文化，二〇一九年。

第二十七章　領土、階級制度，以及如何在美麗新世界中蓬勃發展

接下來，我們將探討領土和階級制度的差異、蘋果最終如何成功，以及三個不可避免的趨勢。

220・領土和階級制度的差異

作家史蒂芬・普萊斯菲爾德（Steven Pressfield）強調了我們定義自己的方式的差異。在他有趣的短篇作品《藝術的戰爭》中，他說我們的定義可以是「階級制度」或「領土」。[37] 我們被訓練要階級式地思考，大多數人都無法擺脫這一點。我們知道自己身在一個階

37 史蒂芬・普萊斯菲爾德《藝術的戰爭：突破障礙，贏得內心的創意之戰》（暫譯，*The War of Art: Break Through the Blocks and Win Your Inner Creative Battles*），二〇一二年。

級制度內，也知道自己處於其中哪個位置。我們透過領土來定義自己屬於心理層面，這是**我們的領土**，這是我們擅長的事，也是我們感到賓至如歸的地方。史提夫・汪達（Stevie Wonder）擁有自己的鋼琴；阿諾・史瓦辛格有自己的健身房；比爾・蓋茲有微軟；普萊斯菲爾德有專屬的書桌。

若我們處在一個等級制度中，就會擔憂其他人的想法和渴求。若我們有領土的意識，就會擔心自己想要的，以及在自己眼中，工作的品質如何。藝術家是後者，他們發揮創意，是因為他們想這麼做，而不是為了金錢、名聲或專業的認可。

這麼做很棒。這是我們個人的工作取向，以及自身的社會觀。在一個網路社會中，我們挖鑿出自己的領地。在等級制度中，我們明白自己的位置，這位置由掌權者所定義。在我看來，很明顯哪個比較討喜。然而，如普萊斯菲爾德所說，等級制度的取向已融於我們的基因中，經過億萬年的時間得到認可。

每當一個人拒絕自己在等級秩序中的地位，並停止透過金錢或外部意見來定義自身價值時，階級社會就會倒退一個檔次，網路社會則前進一個檔次。藝術家、發明家、創新者、企業家、自雇者、聰明又懶的人，都屬於網路社會。他們定義並喜愛自己的領土。**然而，做出個人決定時，他們也能讓其他人受益**。

你是以階級還是領土定義自己？

221・爲什麼逃離階級制度這麼困難？

世界起始之初，我們就生活在階級中了。夏娃是亞當的下屬。每個部落都有自己的長老和統領人物。每個人都知道自己的位置。

所有種姓制度都是階層制度。歷史上唯一擺脫等級制度的人，是不同領域的藝術家。達文西可能不得不對米蘭公爵拍點馬屁，米開朗基羅無疑順從了教皇，但本質上他們是自由自主的。隨後，自十七世紀開始，歐洲頂尖科學家和音樂家越來越享有同樣的獨立性和地位，就跟其他各領域的專業人士一樣：詩人、發明家、工程師、企業家、建築師、說書人、演員、舞者、歌手、作曲人、電影製造商、廣告業者，以及深諳行銷的暗黑藝術的專家；甚至包括卓別林等頂級喜劇演員在內。這些人原本是一小群獨立個體，如今，不同流派的藝術家已在社會中佔據了相當大的位置。

根據定義，藝術家必須開闢自己的領地。倘若他們處於一個階級制度，藝術才華就會受到致命的傷害。但對於我們其他人來說，直到最近，除非我們經濟獨立，否則很難逃離等級制度。

網路社會提供了跳脫等級制度的機會。每個人都可以使用蘋果公司、YouTube、Airbnb等許多公司提供給獨立製作人或擁有者的平台。

若你有自己的領地，就可以擺脫階級，享受自主。這吸引你嗎？

222 • 手機市場翻天覆地的變化

二〇〇七年，手機市場平靜、可預測、平淡無奇，是80／20世界的典型特徵。手機製造商數量眾多，但諾基亞、三星、摩托羅拉、索尼愛立信和LG這五間公司攫取了全球約百分之九十的利潤。它們也是生活在一個由等級制度定義的世界。

現在完全不一樣了。市場和其利潤池大了許多。二〇〇七至二〇一五年間，一家新公司進入市場，市佔率從零成長到佔了利潤池的百分之九十二，留下其他業者爭搶麵包屑。不用多說，這個贏家就是蘋果和它的iPhone。

簡短的說明是，80／20變成了90／10。但這麼說低估了事情的革命性質。在如此龐大且高利潤的全球市場中，從未有一個新來者能夠如此迅速地大幅改變市場佔有率和利潤。這情況讓市場不再由等級制度所定義，而是由領地所定義。該領土屬於蘋果公司，它以創造一個

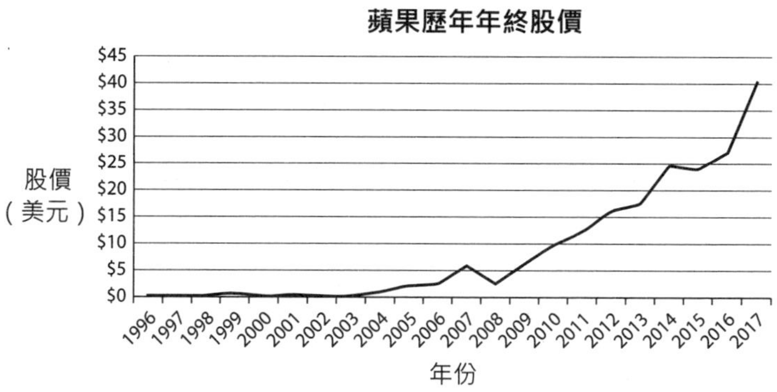

新的網路為基準。

這段期間內，你有購入蘋果的股票嗎？你想這麼做嗎？

223 • 蘋果的 iPhone 是一則網路故事

手機市場早於網路。網路出現時，手機製造商欣喜若狂：市場爆炸了！更多手機！銷量更高！尤其是更多利潤！有什麼不好呢？

諾基亞和其他製造商沒有看到的是前方的危險。危險在於，「前網路市場」變成了網路市場。史蒂夫．賈伯斯不只想要像諾基亞和其競爭對手那樣賣手機給顧客。他想要將應用程式開發人員和使用者聯繫起來。應用程式開發員不需要知道顧客是誰，也不需要招募他們，因為蘋果已經找到了所有潛在的應用程式客戶——也就是 iPhone 用戶。

賈伯斯想要創造一個新的網路。是為了誰的利益呢？嗯，顯然是為了手機用戶及程式開發員。啊，也為了蘋果公司的利益。

你想要創造一個新的網路嗎？思考一下目前不存在的。你能創造出來嗎？

224・網路與平台

若你想要打造全新的網路市場和事業，那你需要一個「平台」。蘋果有平台。即手機本身以及所有相關的知識產權。

一座平台可以為平台所有者帶來巨大成長、利潤和股票市值。平台擁有者還可以為新的網路事業制定規範。蘋果決定誰（也就是哪個程式開發員）可以進入該平台，以及開發人員和使用者互動的方式。如果少了 **iPhone** 的科技奇蹟，蘋果的平台就不可能被創造出來。

但很多其他新的網路，例如 **Betfair**、**Uber**，尤其是 **Airbnb**，則需要更適度的技術創新，透過內部或外包方式相對容易取得技術。

你想得到不需要是科技天才，也能創造出的新網路和平台嗎？它們確實存在。創造它們攸關想像力，而不是個人的專業知識。

225・蘋果股票的故事：漲、再漲、飆漲！

從一九九七至二〇二三年，可以透過蘋果的股價明顯看出創建新網路事業的回報。一九九七年年底——史蒂夫．賈伯斯「二次到來」，擔任蘋果執行長的那年——股價是十美分。到了二〇〇三年年底，價格已升至三十美分。再到二〇〇六年末，達到了二點五八美元，是一九九七年的二十六倍。

然後是二〇〇七至二〇一五年，蘋果推出了iPhone，在全球手機市場佔據主導地位。二〇一五年，股價小幅下跌至二十四點零二美元，但自二〇〇六年以來仍成長了九點三倍。撰寫本書時，蘋果股價為一百八十六點六八美元，自二〇一五年以來又上漲了七點八倍，是一九九七年底的一千八百六十七倍。如果你在一九九七年年底投資蘋果一萬美元，那麼現在（在我撰寫這篇文章的同時）將擁有超過一千八百六十萬美元。後見之明是一件很妙的事。當你讀到這篇文章時，我不知道將來蘋果的股價會是怎樣，但我可以肯定地說，由iPhone和「二〇〇〇至二〇〇九年」的其他蘋果裝置打造而出的蘋果平台，會獲得相當不錯的回報。

蘋果並不是唯一一家利用平台取得巨大成果的公司——比方說，選擇某個時間段來看，微軟的表現幾乎和蘋果一樣傑出。當然了，微軟也有自己的強大平台。打造網路事業的平台可以獲得可觀的回報。比較歷史的案例，網路公司創造的財富比以往任何時候都來得更快。這讓我們有了一九九九年網路「泡沫化」的概念。現在蘋果股價比一九九九年年底上漲了兩百三十九倍，這在當時無疑是個顆泡沫。

你已經制定好你的網路事業了嗎？

226 • 電子商務等於網路商業嗎？

電子商務是網路商業嗎？不是。了解網路的龐大機會非常重要，因此首先要了解什麼是、或不是網路商業。電子商務和網路商務之間的區別往往模糊不清。明確來說，網路和線上世界不是同一件事。

關於網路並非線上世界，有很多重要的例子，比如城市、語言和交通網路。早於網際網路出現的兩個網路例子還有：

- 報紙和雜誌上配對買家和賣家的分類廣告——網路效應是指，當網路擴大時，廣告變得更有價值。雜誌和報紙是「平台」。最棒的例子就是買賣二手車的 **Auto Trader**。
- 類似的例子，購物中心是非常成功的網路。購物中心屬於平台。

同樣，也有一些不是網路的線上商業。線上賭場是個很棒的業務，但沒有任何網路效應。線上賭場並非多人遊戲，沒有群體，且顧客沒有提供數據。假若它的大小增加一倍，對顧客並沒有任何好處。另一方面，真實世界的賭場，如蒙地卡羅，確實有一些網路效應——晚上賭場很熱鬧時，它的忙碌會吸引其他賭客和觀看者，這些人可能會稍微賭一把（而且會輸，因為他們不知道自己在幹什麼）。

或許獲得高利潤的最佳組合是具有強大的網路效應的線上業務，例如 Betfair、Google Search、Facebook、Instagram、X、eBay、iTunes 和 iPhone App Store，還有更多……。

你開創或工作的網路可以是線上，也可以是線下的。你比較想從哪一個開始？

227・病毒效應屬於網路效應嗎？

如果一個商品、服務或迷因「病毒式地傳播」，顯然對相關的公司或事業來說是件好事。由於使用者數量激增，你可能會以為這是網路效應。

然而，嚴格說來，這樣想並不對。病毒效應可能會使企業發展得極快，但它並不能改善產品或服務本身。有點難懂的是，網路可能會成長，但不存在「網路效應」，它帶來收益只是因為（事實上）網路更大了。產品帶來的整體樂趣可能會倍增，因為有更多人正在體驗它，但對於任何一個用戶來說，加入更大的群體並沒有任何好處。

另一方面，病毒效應可以幫助市場從80／20的集中度轉變為強度更高的90／10或99／1集中度。如果有多個供應商提供病毒式傳播的產品，那麼最大的供應商可能會從病毒傳播效應中受益最多。這些將帶來更大的規模經濟，進而提高領先企業的競爭優勢。正如馬太福音所說，已經是最大的那些人，還會再變得更大。

總而言之，讓公司集中度更高的關鍵變化不是網際網路或病毒效應，而是網路，尤其是少數利潤豐厚且快速擴張的網路企業，它們主導其市場或利基市場的趨勢。

你要如何從這些超級強大的趨勢中受益？

228 • 三個無可避免的趨勢

新的網路世界90／10的比例高於80／20，其中有三個相互關聯且複利的趨勢，讓商業活動，尤其是盈利超高的活動更加集中，並且掌握在越來越少的人手中。

首先是，與傳統組織相比，網路內的活動（尤其是高報酬活動）比例較高的趨勢。

第二，網路市場的趨勢從80／20到90／10，甚至是更不平衡的集中度，往往接近於壟斷狀態。

第三，在任何特定的網路或以網路為基礎的公司內，交易條件都會呈現有利於網路壟斷者或近乎壟斷者的趨勢。傳統企業和網路之外的每個人，其重要性都會降低或完全消失，除非他們有辦法征服自己的、有防禦能力的利基市場。

隨著時間過去，網路企業的顧客和商業客戶可能會花費更多金錢在網路公司上，並且隨著網路的擴展，網路中央的蜘蛛將會變得更大、更強。

舉例來說，Uber 對傳統計程車與小型出租汽車服務業造成了影響。除非受到城市法令及其限制的保護，否則這些傳統服務或許會變得更像 Uber，又或許會逐漸消失。面對 Airbnb 的挑戰，飯店必須找到一個特定的利基市場，例如旅遊業或商業，否則就會面臨衰落。這些網路，以及它們所驅動的新網路將會擴張；傳統商業將會萎縮。

身為顧客、員工或企業家，你將會越來越受到新網路傳播的影響。你將會越來越難遠離

它們。加入越多網路，成功的機會就越高。你計畫怎麼做呢？

229・在新網路世界中蓬勃發展的實用建議

那些在網路企業茁壯之前就發現它們的人，都擁有一個潛在的大優勢。若這些企業成長快速，並且是利基市場中的領導者，那麼無論現在的規模如何，將來都有可能變得非常可觀。如果有機會，請你為它們工作、擔任供應商或承包商，進入底層與它們一同成長。快速成長的網路比其他任何地方擁有更多機會。

在低成長的經濟體中，人才通常多於職缺。而在高速成長的個體或經濟體中，情況恰恰相反。微軟、亞馬遜、谷歌，以及 Uber 和 Airbnb 總部的前二十個人幾乎都是千萬富翁，或者更富有。你覺得這是因為他們恰好是世界上最有才華的一百人之一，還是因為非凡的才華在同樣的時間點抵達了同一個地方？或許，只是或許，他們只是非常幸運。

所以說：

- **要尋找剛剛創立的新網路和平台**。讓每週固定投入其中一兩個小時成為習慣。
- **一旦被新的網路企業聘用，就要站在擁有者的角度思考**。把握所有可行的股票選擇，試著投資企業。公司的一小部分就能讓你變得更富有。做一些能加速公司成長的事情。成為公司內的贏家、受人聆聽並尊重的對象。

- **若你是投資客，集中心力在新興的網路企業。**在平台的價值顯現之前儘早加入。你可能會虧錢幾次，但若運氣好的話，某一次你就會像個土匪一樣大撈一筆。

✔ 也要考慮以下這點：你只會在小型、快速成長的網路公司工作。

230 • 你在網路未來中的位置

只要理解正確，你在網路未來中就有個很棒的位置。如果你不明白正在發生的事，網路的未來就會顯得困惑難懂。對大說數人來說，網路的未來並不是熟悉的舒適圈。新的90／10或99／1網路世界可能有點嚇人。

你不能再依賴過去「命令與掌控」的大公司了。他們無法提供你安全感，無法確保你一定會獲勝。你必須在辛勞工作的森林和庸庸無為的泥沼中開闢專屬自己的道路。為了成功與成就，你必須成為有創意的人，有能力為目標明確的市場提供獨一無二的滿意度；或是成為一個新網路早期階段的一分子，尋找在未知領域獲勝的機會。

以下是我總結五個在未來找到自己的位置的方法：

1. 只在網路企業工作。
2. 選擇一個你能認同、非常小且高度成長的群體。
3. 只為在新世界中蓬勃發展的80／20老闆工作。

4. 找到你自己的80／20與網路點子。
5. 變得快樂，成為有用的個體。

這並不是，或許永遠不會是，人們走得最多的路。但這是通往成功和快樂的最佳道路。

你想要走哪一條路？

第二十八章　你人生中的意義來源

這個章節有人生意義的不同觀點。你將學到如何在過去與未來中找到意義，以及如何制定一個比你更遠大、比你的人生更長久的目標。

231・集中營裡的生命意義

維克多・弗蘭克（Viktor Frankl）是一名醫學及哲學博士，後來成為維也納大學神經病學和精神病學教授。他曾被送往奧斯威辛、達豪和其他集中營。到了奧斯威辛集中營後，他的所有財產都被拿走，包括一件外套，裡面藏有他的代表作——一份科學手稿。

弗蘭克已經開始思考生命的意義，並在營區裡以兩種方式找到了答案。首先，他想像自己必須努力活下去，才能和被送到另一間集中營的心愛妻子團聚，她一直存在於他的心緒中。有一次，當他正全神貫注思念她時，一隻鳥在他面前的地上跳來跳去，在他眼裡，那隻鳥就是妻子的化身。想到未來重聚的喜悅，他有了人生的目標。一九四五年四月底，他被釋放了，但直到八月他才回到維也納，並得知了有關妻子、父母和兄弟的悲慘消息。只有他的妹妹倖存下來。

第二個活下去的理由是重建他的手稿。他將自己記憶中的內容寫在藏匿起來的紙片上。他意識到，為了生存，他必須考慮未來。他想像自己站在維也納一所成人教育學院的講台上，講述題為「集中營的心理學」的課程，表達出自己的想法。這個方法奏效了。一九四六年三月及四月，他在維也納工人階級郊區奧塔克林的一所成人教育學院發表了上述演講和另外兩場演講。這一行動讓弗蘭克擺脫了家人去世的沉痛。

你能想像弗蘭克在集中營裡的模樣嗎？他的生存可能性如此渺小，卻能抱持堅強的意志度過難關。無論處在哪種情況，你能為自己想像什麼樣的更好未來？讓它化為現實吧。

232．維克多．弗蘭克實現人生意義的三種方式

弗蘭克的著作《活出意義來：從集中營說到存在主義》於一九四六年首度以德文出版，銷售了一千六百萬冊。[38]他表示，人類可以用三種方式賦予自身的存在意義：

38　維克多．弗蘭克爾的《活出意義來：從集中營說到存在主義》（*Man's Search for Meaning*），光啟文化，二〇〇八年。

- 首先，透過有創意的工作——做某件事，藉由行動來完成某種作品。
- 第二，體驗美麗、藝術、自然或去關愛他人。
- 第三，如果很不幸以上兩種方式都不可行，那就接受命運和苦難，保持勇敢、尊嚴和無私，直至死亡。

弗蘭克認為，無論生活多麼艱難，我們總能賦予它崇高的意義。我們總能找到一種建設性的、充滿愛意的方式來賦予我們的生活意義。

你如何，或將會如何，找到人生的意義？

233 • 弗蘭克：責任代表向人生說 Yes

弗蘭克最有特色、最歡快的主題之一是責任，特別是「對生活說 Yes」的責任。每分每秒，你都要對下一刻的行動負責。每一刻都包含著上千種可能性——你只能選擇實現其中一種。布痕瓦爾德集中營的囚犯們唱了一首歌曲，歌詞包含「我們仍然想對生活說 Yes」。弗蘭克對此表示，透過唱這首歌並認真地表述它，其中許多人都實現了這一點。**任何情況下，對生命說「Yes」都是有可能且有意義的。**

每個人都有隨時做出改變的自由。個體不可預測。我們有能力改善世界和自己。每個人的獨特性都賦予他們存在的意義。意識到這種奇異性質時，你的責任範圍就變得顯而易見，沒有人有辦法做你能做的事情。相反地，認識另一個人的獨特性會突顯出一個人對另一個人的責任。人們意識到對於深情等待他們的人，自己負有的責任、愛的責任，進而喚起了生命的意義。

愛是最終的責任，是理解一個人的核心深處的唯一途徑。愛也是發揮自己個性潛能的途徑。弗蘭克認為，快樂地承擔責任是個人自由的精髓，也是個人意義的要素。

你認同自己能讓自己及世界變得更好嗎？該怎麼做？

234・外在與內在成功？

精神病學家弗蘭克表示，如果你考慮的是外在的成功，那麼在某種程度上，我們終其一生都不會成功。世界上所有生物學或社會學的成就，都不能保證能比我們存活地更久，無法保證能永垂不朽。

弗蘭克將內在的成功定義為生命意義的實現，這由每個人自己決定。一旦一個人決定自己的生活有了意義，那就是澈底實現了。就算這種意義死亡前不久才出現，也涵蓋並滲透到了死亡之前的一切時刻。因此，內在的成功只需獲得你自己真誠良心的認可，一旦你覺得已經取得了自己所定義的成功，那麼這個想法就永遠有效。

內在的經驗世界勝過外在的成就世界。若你找到了生命的意義，這就是個至高無上的成就，沒有人能說你錯了。

你追尋的是外在成功還是內在成功？哪一個比較重要？哪一種比較容易達成？80／20的人生觀屬於哪一種？

235・展望未來，尋找意義

弗蘭克所傳達的訊息中，有一點被忽視但卻相當重要，那就是關於尋找未來的意義。弗蘭克批評佛洛伊德和阿德勒的治療太過著重追溯過往和內省。他建議與其審視自己的內在和過往，不如放眼未來。

關於未來有兩個關鍵資訊。一個是毫無顧忌的樂觀心態。某種意義上來看，這句話毋需證明。但同時間，這也是一種限制：**未來應該要更好**。為什麼呢？因為人類的自由。你有做出任何喜歡的決定的自由，這將會為你自己和其他人打造一個更棒的未來。你應該做出什麼抉擇呢？承擔責任，「對生活說 Yes」的決定，能夠實現機會的決策，因為**生活中的所有事情都是機會**。

弗蘭克的第二個關鍵訊息是，心理健康取決於你已經達成的成就，以及應該要完成的事情之間健康的緊張關係，也就是你現在的樣子，和你應該成為的樣貌之間的差異。這可以追溯到亞里斯多德所提出的有關潛能的突破性概念。根據此概念，不應該根據人類是什麼樣貌來做評判，而應該根據他們的潛能做判斷。弗蘭克表示，要讓未來優於現在，你必須提升自己。這件事一直都有可能發生，也總是令人嚮往，這麼做的附加價值就是你會變得更快樂。**一個人不該追尋平衡。而是應該努力實現一個有價值的目標，一個你自由選擇的任務。**

如此情況下，不僅個人的未來能夠比現在更好，未來也一定會更好。每個人的決定純粹都是內在的，因此外在環境無法干擾你自我完善的過程。

你要如何提升自己，讓未來更加美好？

236・挖掘過往，探詢意義

矛盾的是，弗蘭克督促我們藉由提昇自我找尋未來的意義時，也邀請我們在往事中探尋意義。

我們過去做的所有善事都不會消失，壞事也不會。每件事都被不可逆地保存與珍藏了下來。弗蘭克提到了「過去的糧倉，人們將一生的收穫收藏在這裡」，毫無怨言地承擔著一切行為、愛和苦難。未來不再握有機會的老人，甚至擁有更具價值的東西：他們發揮的潛能、體現與成就的意義、為之奮戰並實現的價值。任何人事物都無法奪走他們的這些資產。事情不可重來，也不可消除。在一篇充滿洞見的文章中，他寫道：「應該這麼說，存在就是最確切的存在。」

以下不是弗蘭克說的，而是我的想法：今天你可能會在過馬路時被殺死，但這並不會抹滅你人生的價值和重要性。你存在過，那就夠了。就像死亡不可避免一樣，曾經生活過並經歷過的事情已是確定了，且更為重要。

所有人都「存在過」——這點不可否認。你活過，這點值得慶祝，因為阻止你降生世界的機率非常高。試著計算你的所有祖先，父母、祖父母以及更久遠的一代，計算他們出生、存活足夠久的時間直到生下你，這樣的綜合機率是多少。很快你的計算機螢幕空間就不夠了。比例肯定超過一萬億比一。若有一位摯友明天將死亡，那非常悲慘。然而，死者有幸存活過，我們也幸運地認識他們了。

你曾經做過什麼事情，因此覺得榮幸？

237・「曾經存在過」的絕妙之處

我剛讀完一本非常棒的小說，書中主角討喜又有才華，且（我會原諒他）辛勤工作。他在蘇格蘭長大，但擁有一項特別的技能，能幫助到法國、俄羅斯和所有歐洲國家的世界級音樂家。這些傑出的音樂家有些很良善，有些因為過強的控制欲而令人不快。他愛上了一位很有魅力的女人。她也愛他，但由於某些充分的理由，選擇離開了他。這位主角爭取和她一起生活的機會，但卻在三十六歲那年死在遙遠的國度。他死後不久，那位一生的摯愛出現了，並且在尋找他。

真是一則悲傷又心酸的故事，對吧？嗯，沒錯，但這就是小說家威廉・博伊德（William Boyd）[39]的技巧，讓你意識到其他主角大多都過著美好的生活。這本書沒有傳統的快樂結局，但你能感覺到（至少我感覺到了）主角的一生完全是值得的。用維克多・弗蘭克的話來說：「這名男子生存過，而且活得非常棒。」（在所有好電影中，你都能感受到這點。）

如果每天一醒來就對自己這麼說：「今天能做什麼，能讓明天的自己為『存在過』感到自豪呢？」這樣想不是很棒嗎？即便是小事，你也能做出對其他人有用、有趣的事情嗎？倘若沒有更重大的事情，你會如何善待或幫助周遭的人呢？

你能增強今天或這週的「存在感」嗎？那種若你今天或這週就死去了，能讓你的人生顯得更充實的「存在感」。

238・存在的選擇：有意義或毫無意義

一九四六年，被納粹集中營釋放後，維克多・弗蘭克在維也納向工人階級發表了三次演說。第二場的結論非凡無比，他提出了兩種重要的選擇，每一種都無法證明是對的，但也不

39 威廉・博伊德《愛是盲目的》（暫譯，*Love Is Blind*），二〇一八年。

能被證明是錯的。

一種是斷言**人生毫無意義可言**。宇宙是個意外，人性也是。我們的世界只不過是宇宙中的一個小黑點，本身既渺小又不重要。我們可能會想像自己某種意義上來說很重要，但這只是錯覺。

另一種選擇是，**一切事物不僅有意義，且意義重大，以至於我們無從理解整體的意義**。就算人類是場意外，我們也能透過充滿愛和智慧的行動來賦予生命意義。我們自己就是意義，除了人類文明和我們選擇賦予生命的意義之外，不需要任何其他東西來證明和體會我們的存在。

要在這兩種觀點之間做選擇並不合邏輯。但若我們從不同的前提出發，兩者就都合乎邏輯了。這兩個觀點都沒有基礎，但我們卻徘徊在虛無的深淵上，站在最終意義的地平線上。若你選擇把票投給人類有意義，那你就確實明白一件事——如果你相信了，這就是信念，和所有信念一樣，這將產生有創造性的結果。信念能帶來被人們相信的事物。

既然結果不能確定，那何不相信能夠創造美好和愛的事物，而非那些痛苦且毫無生氣的事情呢？這個決定的吸引力是情感上的，而非基於事實的。

你贊成哪一種觀點？

239 • 論生命的意義：查爾斯・比爾德

一九三〇年，歷史暨哲學家威爾・杜蘭（Will Durant）寫信給一百位世界頂尖思想家，詢問他們：「生命的意義是什麼？」一系列的答案和杜蘭自身的看法於一九三二年被發表，並於二〇〇五年再次出版。[40]我總結了書中提到歷史學家查爾斯・比爾德（Charles Beard）的觀點：

> 歷史揭露了表面的混亂、悲劇和連續不斷的災難，但我能察覺潛在的法律與計畫證據，以及人類精神的偉大成就。世界不僅僅是一個衝突的泥沼。重要的事情正在發生，針對智慧的極大挑戰使人類各式各樣的遺產達到最高尚、最傑出的境界。
>
> 人類不斷進步。我們內心可能存在某種生物力量，一種為了謀生的極度自私，和我們超越卑鄙動機的興奮時刻混合在了一起。歷史學家只能觀察和推斷，然而有個高尚的遺產值得被珍視且發揚。
>
> 宇宙之初可能沒有宏偉的設計，但能清楚看見一小部分其生成的目的，人類可以完成這幅圖畫。
>
> 美好的生活本身就是一個目的，熱愛、享受這個生活。聰明的勞動可以、也應該被引導

40 威爾・杜蘭《生命的意義》（暫譯，*On the Meaning of Life*），一九三二年。

來創造美好的生活。這是我的小小哲學，讓我不斷努力下去。

比爾德的哲學，有哪一點吸引你嗎？如果沒有，你會如何回答威爾．杜蘭的問題？

240．關於生命的意義：安德烈．莫洛亞

安德烈．莫洛亞（André Maurois）是一位傑出、富有想像力的法國文人，與英國有著密切的關聯。他的作品包括長篇小說、傳記、歷史、戰爭回憶錄、童書和科幻小說。他認識整個法國政治圈，並且在第二次世界大戰時與自由法軍並肩作戰。

他為威爾．杜蘭《生命的意義》貢獻了一篇文章，內容是關於一群英國男女登陸月球，由於通訊及回程航班的問題，他們不得不放棄回地球，便在月球定居了下來。十年後，他們的言行舉止依舊像是英國淑女紳士，晚餐時間盛裝打扮，並在國王生日那天忠誠地敬酒。

在月球生活兩百年，和地球完全沒有聯繫。年輕的激進分子拋棄了英國傳統，進行沒有滿足感的自由性愛，整個人變得無趣、叛逆且不快樂。文學真是太棒了。

此時一位哲學家站出來譴責叛亂者。他問，為什麼要在生活之外尋找生命的意義？

他表示，傳說中的國王可能存在，也可能不存在，但「我不會懷疑生活、當下的美麗或是展開行動的快樂」。

他接著說，除了勝利和生活之外，什麼都不存在。我們應該以不朽的姿態過生活，不去

憂慮地球是否空虛。他總結：「你不是活在地球上，你活在你自己之內。」

在生命之中尋找生命的意義，這想法是否能引起你的共鳴？你會強調生活的哪個面向，並賦予它意義？

241．生命的意義．威爾．杜蘭

威爾．杜蘭用來總結他的著作《生命的意義》的文章是塊瑰寶，純粹基於80／20的理由，我懇求你閱讀它。這可能會花掉你人生中三十分鐘的時間。非常值得。它將讓你精神煥發，激發你的靈感，放鬆狂熱的心靈；閱讀帶來的樂趣，將確保你度過美好的一天，當然，也可能是美好的一生。

文章的開頭，杜蘭就不太熱中地為科學和進步辯護：前者的物理成就（輪船、飛機和公共衛生設施），以及後者的現實性（因為進步的終結而懷疑其現實性，就跟太陽會下山，而把太陽稱為幻覺一樣）。

接著，他承認，生命在地球之外可能沒有任何意義，人類無法永生，文明皆會凋亡。杜蘭不相信有個像人類的上帝，即使他記憶中擁有信念。然而，他優美又極具信服力地闡述了生命的意義，其中最簡單的便是快樂，體驗生命本身、完好的身體、單純地滿足於肌肉的知覺以及五感。生命的意義還有美妙的時刻與大自然的千嬌百態。然後還有人類的愛意

（當然是浪漫的愛），以及經歷過地獄、煉獄和微小天堂的伴侶或朋友。除此之外，意義還包括了有人對你感興趣、依靠你、誇讚你的美德、等待你的感覺。

他為期最久的觀察是，若想要賦予生命意義，就需要有一個比自我更大、比生命更持久的目標。

人類最大的滿足感來自於和一個群體合作，因此要加入一個群體，付出身心為之努力，因為雖然身為獨立個體的我們去世了，但群體會因為我們所做的事、因為我們的存在而永遠流傳。

你認為這裡所說的哪個觀點最令你滿意？

242．你所判斷的生命意義

關於生命的意義，我們已經展開了不少討論。

80／20是關於你生活中最重要的事。當你相信生命有意義時，人生才真正有意義，你必須判斷對自己而言，生命的意義為何。一旦找出了意義，你就會更快樂、更滿足。

如果你還沒找到，今天就行動吧，理想情況是現在馬上開始。

若你已經定義出了人生的意義，或許就在不久前，那麼現在開始常常提醒自己。這份意義必須要是具體的，然而最重要的是，必須有限制地描述它。

80／20的好處和限制之一，它始終體現節儉的原則——重要的事很少，但它們非常重要。沒有什麼事情比決定生命的意義更重要了。

在理想的情況下，將生命的意義簡化成一個詞或一句話。你能做到嗎？你的快樂、你對在乎的人的影響力，可能基於你人生的意義。

第二十九章 進化論課程

為什麼變化是能量和成長關鍵；如果思想源於掙扎，那它們就會更強大；為什麼進化論總是失敗。我們將檢視差異化辯證法的概念。

243 • 演化與有利的變化

達爾文的物競天擇理論和有利的差異是當代演化論的基石，而後者也能好好運用在你的生活和職涯中。

首先，在達爾文的理論中，所有的有機體都會高速繁殖，所有生物某種程度上都是獨一無二的，所有的差異都會遺傳，手足之間的競爭決定了只有少數人能生存。在這場生存鬥爭中，「所有生物，如果牠產生了稍微有利的變化，都更有可能生存下去，從而被自然選擇。」自然選擇取決於變化。當「生活條件」有了變化，如氣候改變時，「顯然有利於自然選擇，因為它提供了更好的機會能發生有益的變異。」[41]

透過競爭進行選擇同樣適用於創意、技術、市場、公司、團隊和產品。選擇驅動了所有實體的進步。然而，選擇和有益的差異也會推動個人進步。

當我們談到「有利的差異」時，如果把重點放在「差異」，意味著：你要如何在學校、大學同學、同事、朋友、老闆和其他重要的熟人中脫穎而出？如果工作或私人生活中你有任何想法，會如何以不同的方式發揮它們？若你有野心，要怎麼異於他人？差異可能很微小，但能帶來大大的不同。

如果我們把重點放在「有利」，意味著僅僅為了差異本身努力是徒勞的，差異也有可能是負面的。

有利的差異性增加了生存、成功和快樂的機會。哪些改變生活的方式，即使可能只是很小的改變、或是表面上微妙的進步，卻能帶來正向的差異，讓你感覺良好？

度過一天時，請不斷思考「有利的差異」。事情怎樣才能有所不同、變得更好？

244・差異是能量和成長的關鍵

41 理查・柯克的《80／20法則與其他九十二條強大的自然法則》（暫譯，*The 80/20 Principle and 92 Other Powerful Laws of Nature*），二〇一三年。

達爾文觀察到，有利的差異性能夠更容易適應環境，因此促進成長。有利的差異在生物體內不斷發生，但當個體生物發展出新特徵時，偶爾也會導致突變。若差異是有幫助的，突變體就會繁殖，並留下大量的後代，這些後代也會繁衍生息。因此，隨著時間過去，大多數物種都會有正向的進化。

近一百年來，科學家研究了美國西南部的一塊沙漠，拍攝了氣候對它造成的變化。他們已經證實，更大的差異性會帶來更大的成長。

生態學家托尼·伯吉斯（Tony Burgess）解釋道：「如果環境條件發生變化，物種的混合體會增加二十至三十倍。若是恆定的形式，美麗的沙漠生態幾乎都會崩解成更簡單的樣貌。」

針對明尼蘇達州大草原一百四十七個地塊的研究顯示，地塊中的物種數量越多，產生的生物量和氮就越多。物種較少的狀況下，氮氣會滲出土壤而後浪費掉。

同樣的模式也存在於城市中、企業與生活中。珍·雅各（Jane Jacobs）在《偉大城市的誕生與衰亡》中指出，當街道長度、建築形狀和大小以及建築年代更加多樣化時，城市會更加美麗、充滿活力且富裕。[42]

搬移到不同地區、體驗過更多元文化的人，通常都會在差異中茁壯成長。對於跳槽到不

42 珍·雅各（Jane Jacobs）在《偉大城市的誕生與衰亡：美國都市街道生活的啟發》（*The Death and Life of Great American Cities*），聯經出版，二〇一九年新版。

同公司、不同地方的人也是如此。生活環境的改變可能不太舒服，但通常能帶來成效。差異性帶來更偉大的實驗和挑戰，並刺激創新——其中有一些絕對是有利的差異。

你的生活中有足夠的差異嗎？

245・從整體化到差異化

達爾文和其他十九世紀的「進化論者」認為，第一個進化趨勢是從整體化轉變為差異化。一個原始物種帶來了其他物種。新的物種是由原有的物種所形成。**這似乎是個普遍的原則。**

從知識上來講，一個分支可能產生其他許多分支，這些新的分支是原始分支的子集。舉例來說，歷史最初是知識的一個分支，然後產生了考古學、傳記、回憶錄和許多子集的歷史，例如科學史、藝術史、醫學史、公民權利、個別國家或地區、婦女研究和 LGBTQ 研究。

經濟圈中，當一個行業產生更專業的分支，或者當一個公司有了分拆公司，每個分拆公司都發展出自己獨特的差異性時，就會發生同樣的事情。

這替你帶來了兩個特殊的機會。一是利用整體性，發展出自己的差異和分支；另一個是與其他先鋒成員一起開展一個新興的分支。

若第一個機會成功的話，可能會令人欣慰；第二個機會只有共享的榮耀，但若你熱愛那個領域，且初創分支的成長率很高，那麼帶來的成果也可能很可觀。

❥你能想到一個你熱愛的領域，開創新的分支嗎，或者成為一個新的子分支的先鋒成員？

246・隨著時間演進的整體化／差異化辯證法

十九世紀的進化論者（包括達爾文）在整體化到差異化的演變趨勢中，發現了另一個趨勢。這個新的趨勢是，整體性走向差異性，差異性形成的新物種又會形成新的整體性，進而帶來更多的差異。

聽起來很複雜，但其實不然。新物種的分支，或者說在現代世界中，新的知識、經濟或技術類別永遠會一直出現。如果歷史產生了新的分支，例如傳記，那麼傳記本身可能會再分成其他分支，例如科學家或政治家的傳記、以虛構人物為特色的歷史小說，或是以歷史上真實人物為藍本的虛構故事。這些類別都有可能反過來衍生出更多分支，例如根據所有流行的分支而衍生的電視、影片或播客。

珍・雅各表示，「一個簡單的過程，一再重複、重複、重複後，就會產生驚人的多樣性。」演化的過程中，這可能需要很長一段時間，但在現代經濟和生態中，發生的速度可能會非常快。如果經濟或新的生態得到足夠的需求並且獲得資助，如果人類的想像力建立在現有的分支上並促使分支數量不斷增加，多樣性就會呈指數級增長。

❥持續關注你想參與其中的新潮流及分支。知識的分支以及網路與智慧型手機等新的促進

機制，會不斷自動帶來新的機會。

247・生存鬥爭

達爾文的一項重要發現，同時也是他不斷強調的自然選擇理論的關鍵要素，是單一植物或動物的生存率非常高。因此，要為了生存而鬥爭。在自然界中，這是正確的，但也適用於人類生活、想法、組織和經濟層面嗎？

答案是肯定的。怎麼會不適用呢？我們人類完全生存於自然界中。我們是自然秩序的重要組成部分。人類存在於自然界之外是一種奇怪且大錯特錯的觀念。此外，人類越來越常避開一些生存的鬥爭。十九世紀以來，由於醫學科學迅速發展，嬰兒的生存率和平均壽命大大提高。隨著我們壟斷越來越多地球資源，世界人口的爆炸性增長會為生態帶來負面的影響。如果我們沒有大規模增加自然資源，且沒有採取避孕措施，世界可能已經滅亡了。

儘管我們稍微躲開了自然界中的死神，人類的想法、公司、文化和組織生活的方式著實面臨著生存鬥爭。最適者才能生存。這就是80／20法則以及它應有的樣子，若此法則有知覺，也會希望自己被以這種方式執行。

這對你有何影響？若你希望擁有有影響力的想法，那就努力產生大量的點子，然後只推行最棒的那個。如果你想成立一間很棒的公司，那就先創辦幾間，因為早期的幾間可能

會倒閉。若你想賺大錢，那就大量做出機會很小的賭注，若大部分都賠掉了，請不要失望。如果你想創作一本暢銷書，那就多寫幾本。

248・生活的條件決定生存

偉大的法國自然主義者讓・拉馬克（Jean Lamarck）聲稱物種是為了生存而進化，以適應環境的要求。達爾文微妙地改變了這個論點，他的改動卻相當關鍵。達爾文表示，物種是自然進化的，而環境決定了牠們能否生存。達爾文的世界比拉馬克的更加艱難。若你同意的話，拉馬克是樂觀主義者，達爾文則是悲觀主義者。

但事實很重要。達爾文是對的。重大證據顯示，物種，甚至更大程度上來說，人類個體無法掌控命運。所有物種都是如此，除了在某些情況下，智人握有掌控權。

人類某種程度上可以適應環境規則，甚至能夠付出極大努力和成本來改變規則。舉例來說，我們可以修築堤防，阻止海水淹向陸地。我們甚至能夠修復因海洋而失去的土地。我們有辦法將沙漠打造成花園。如果土地不足，我們可以建造摩天大樓。我們可以透過醫學解決嬰兒的低生存率。做到這些之前，我們經歷了一大段歷史進程。但最終還是做到了。

同樣地，職業上遭遇失敗的人有時可以改變行為，去適應組織的要求。這幾乎可能要了他們的命，但依舊可以辦到。不過呢，要是你的職涯失敗了，最有可能的是改變環境。那就是辭職、尋找一間更適合你技能與態度的公司。

達爾文說的或許沒錯。不要設法適應；若你無法融入，那就打敗他們。

249・若好的想法出自於為生活而奮鬥的過程，它們就會更加強大

如果好的想法是從激烈的競爭中脫穎而出，那就更有可能生存並複製下去。因此，決定推出新產品或系統之前，組織應該要考慮進行大量測試。甚至有案例是公司推出了大量新產品的變體。索尼推出隨身聽時，在市場上發行了大量型號，讓市場決定哪些能夠生存下去。

早在一九三〇年代，寶僑（P&G）就成為第一間允許旗下品牌相互競爭的大型家用品公司。這帶來了市場上其他領域不常見的挑戰。這是浪費嗎？如果你相信達爾文的競爭理論，那就不是浪費。這對寶僑來說非常有效，但對手卻花了將近三十年才效仿這個政策。因為管理階層討厭競爭。

這和你有什麼關聯呢？無論是哪種競爭，大多數人都會盡力避免。我們自然而然會傾向於自己最有經驗、知識最豐富的領域。一名大學教授不太可能推薦領域與自己密切重疊、與自己同樣聰明，甚至更聰明的人晉升為助理教授或副教授。很多執行者極度不願意任命很快將升等為最高階層的下屬，儘管他們應該這麼做。挑戰和競爭能磨礪我們的鋸子，讓團隊更加強大。如果我們能從底層奮鬥到頂端或是接近頂端，就能身經百戰、更加有自信。

如同人們所說，人才能抵達其他人無法達到的目標。天才能擊中別人看不見的標靶。但沒有人永遠都是天才。就算是天才，也需要透過競爭來淘汰不好的主意。

你會自然而然地用相同的力量和信念完善所有觀點，還是只專注於少數的天才見解？

250・無論你是否採用，新的變異遲早會出現

自然選擇並不在乎生物體變異不變異、存活或死亡。經濟選擇不會管誰擁有新的和改良過的產品或想法，只希望它能夠出現。市場並不關心供應淡啤酒、進口啤酒或微釀啤酒的是大型啤酒廠還是新的專家，但它確實希望看到新的產品變體問世。

擔任大公司的顧問時，我們總會警告公司，如果不讓自家產品相互競爭，其他公司就會來蠶食鯨吞。圍繞在會議室桌子周圍的人通常會明智地點點頭，然後就澈底拋諸腦後了。只有最優秀的領導者會記住這點。只有他們真正關心顧客想要什麼，真正在乎要擊敗而非躲避競爭對手，以及關心長遠的發展。

若我們想要平靜的生活，就應該要記得生活是艱難的，也確實應該要艱難才對。人生是場鬥爭，若不總是為了生存，也是為了出類拔萃，平靜的生活不會是最富裕的人生。

蠶食自己，否則就會被別人鯨吞。比其他人更早培養新技能、面臨風險的態度和稀有知識。頂端總有空間。

251 • 在你的核心周圍開展新的分支

提醒自己經濟選擇（或是經濟本身）並不在乎是誰擁有一個理想的產品或服務。所有核心產品占據領導地位的公司都應該知道，這不代表這個產品在相關市場可以保持領先，除非它早於其他人滿足市場的需求。

以可樂為例。可口可樂是一八八〇年代第一間推出可樂的公司，一直到一九三〇年代，它僅憑單一產品吃下在美國與歐洲地區的市場，銷售額和利潤每十年都會增長，因此享有了領導地位。

你可以在藥局裡買到可樂，也能在一般商店買到經典的六盎司半窄瓶身的瓶裝可樂。可樂之後的第一個創新飲料是橘子氣泡果汁芬達，起源於一九四〇年代的納粹德國，於可樂問世大約六十年後。

一九三一年百事可樂第二次宣布破產。它一直都是可口可樂的追隨者。然而，百事可樂其實有一條能帶來豐厚利潤的途徑，只要把握機會的話，甚至可能超越可口可樂。

到了一九八五年，人們可以買到可口可樂、無咖啡因可樂、經典可口可樂、健怡可樂、無咖啡因健怡可樂、櫻桃可樂、雪碧、健怡雪碧、Tab 可樂、無咖啡因 Tab 可樂、Mello Yello 碳酸飲料、芬達、Fresca 汽水、Mr Phibb 汽水等等，這些飲料有各種容量、有罐裝或瓶裝，在自動販賣機、商店、餐廳或快餐店都有販售。[43]

可口可樂很幸運，百事可樂在核心產品周圍分散新品項的速度更慢，因此填補了潛在的產品空間，使新進入者無法首先進入這些利基市場。

與你、你的職業、你的成就直接相關的利基空缺是什麼？立刻填滿它們。

252・選擇的學問

市場透過選擇而進步。這勢必需要取消選擇，或是排除掉大部分測試過的東西。取消選擇不僅適用於產品面，也適用於公司——它們可能會破產或者被接管。

自然界中，失敗或面臨失敗的有機體會成為更成功（或是活體）生物的食物。經濟體中也是同樣的情況。當一間公司倒閉或者被接管時，它的資源就會被釋放出來，讓某人、某事更有效地利用。這對社會有好處。

擁有多種產品的公司可能會出問題。失敗的企業可以被容忍，尤其是受保護免受內部或外部競爭的情況下。如果動物園的獅子逃到野外，沒辦法存活太久，因為牠不知道如何競爭搶奪食物。如果大公司內的部門受到保護，就會變成動物園的獅子。無論是資本主義企業補

43 理查・泰德勒（Richard S. Tedlow）的《新的和改進的：美國大眾行銷的故事》（暫譯，*New and Improved: The Story of Mass Marketing in America*），一九九六年。

貼較弱公司的津貼，或者是來自國家的補助，都會抑制進化並浪費資源。

不過呢，你知道的，同樣的事情也會發生在你身上，尤其如果你是成功人士的話。你的業餘專案未能通過市場測試時，你可以提供一些補貼。你可以借錢、給錢給朋友或是心愛的人，用於無法從客觀來源獲得資金的事業。你可以保護你的孩子免受自己的愚蠢或失敗的影響。如果你做了任何這些表面上看起來是好事的事情，那就違背了進化論和社會公益的原則。你有權利自由運用自己的金錢，但這麼作弊大於利，尤其是對你試圖幫助的人而言。

進化需要失敗，人類也需要。他人的補助不會讓你學到東西，失敗乃學習之母。

253・進化論熱愛失敗

進化源於大屠殺。進化需要有滅絕的風險，這是現實。藉由排除掉系統中不成功的部分，進化才得以進行。簡單來說，進化論熱愛失敗。商人不喜歡失敗，但死氣沉沉的公司卻是商業成長的養分。

在商業和人類生活的其他領域中，你可以做一些在更嚴格、古老的進化規則下不可能完成的事。能夠失敗並生存下來。對你來說是個明顯的優點，但對於整體系統來說有好有壞。

如果一個經濟體中存在太多生存與寬恕，資源就被浪費在餵養失敗上了。考量到政府和經濟中無收益的失敗，以及即便是有生產力的經濟也會容忍失敗，只有80／20法則有辦法解釋為什麼整體上來看我們依舊可以繼續前進。但如果你失敗並且存活下來，這對你來說有多少好處呢？看情況。如果是痛苦的失敗，最好盡快克服它。

然而，失敗帶來的價值不應該被痛苦蒙蔽。如果沒有慘烈的失敗，就不能期待偉大的成功。失敗的主要價值在於學習。你從失敗中學到什麼？這當然取決於你，但可能是以下的事情：一是你學到更好的方式去執行原本的目標，二是你決定嘗試一些完全不同的事情並取得成功。

了解這兩者之間的區別很重要。只要找到替代道路，就能找出你最滿意的那條，以及找出最有可能成功的那個。那條路將會給你答案。

你有過正向的失敗嗎？你學到了什麼？

第三十章 從基因角度觀看如何賺更多錢、獲得更多樂趣

達爾文的進化論是關於世界如何運作，最豐富、也最殘酷的指引。在這個章節，我們將探討會影響到你以及你同事的行動。兩個最關鍵的想法是：辨別出一個在某個領域表現出色的點子（經濟基因），並將其應用到另一個領域；並且要考慮開始讓非常成功的成果衍生出副產品。

254・機會是生活的核心嗎？

有些事達爾文無法解釋。如果特徵是會遺傳的，那是什麼樣的過程？他承認：「有關遺傳的法則還是未知數。」

格雷戈爾・孟德爾（Gregor Mendel）是奧匈帝國的一名僧侶，他的畢生志業是試驗豌豆和其他植物雜交。他驚訝地發現豌豆的性狀不會融合進新的植物中，一株高大的植物和一株

矮小的植物被雜交培育出了一株高大的，而不是中等大小的植物。若他培育這些高大的新植物，它們後代的其中四分之一會是矮小的。孟德爾得出的結論是，性狀是會遺傳的，「顯性」特徵決定外表，「隱性」特徵則顯現在下一代。二十世紀初期，人們意識到染色體會夾帶遺傳資訊。孟德爾說的沒錯——遺傳特徵不會相融合，後代顯現的結果完全是隨機的。

基因影響我們的健康和行動，但不能決定我們的命運。你可以藉由搞清楚想要從人生中獲得什麼，並運用80／20以更少的努力、時間、金錢換取更多成果，從而勝過你的天生才能。

儘管如此，你的基因中所隱藏的隨機遺傳因素不可忽視。我們生活在一個機會是主宰生活運作機制關鍵要素的世界。無論你的意願為何，無論你能否理解，都必須在做決定時下賭注。因此，值得一問的問題是，成功的賭徒會怎麼做？他們會做出賠率和真實機率不吻合的決定。比賽時很難這麼做，但在真實生活中容易很多。

你認為機會在生活中佔了重要的位置嗎？這對你來說有什麼影響？

255・不對稱投注

幾十年來，我決定是否要投資（小型、年輕的）公司投資的方式，一直都是比較失敗時帶來的負面影響（通常是創投失敗時損失的資金數量）與成功時的正面影響。很難知道帶來的好處，但可以估算出一系列成功的結果。在我看來，投資的好處必須比壞處多出很多倍，而且必須是合理的，儘管我不知道它的成功機率如何。

投資客稱此為「不對稱投注」。白話一點的說法，就是好處必須大大多於壞處。這種方法最終可以追溯到十七世紀的神學論證「帕斯卡的賭注」。在做出影響你幸福感的決定之前，做出不對稱賭注更重要。

生活中的每個80／20決定，那些少數的重要決定，都可以運用這個方式。所有重要的決定都能被視為對幸福的賭注。如果我做了這個決定，成果還不錯，那我會更快樂嗎？如果事情沒有如我所願，我會不會比較不開心？哪種結果比較有可能發生？

舉例來說，如果你正在談戀愛且考慮結婚，如果順利的話，你會感到多快樂？如果失敗了，會多不快樂？事實是，婚姻通常是個正向賭注，已婚人士往往更幸福。但如果婚姻觸礁……所以如果你真的結婚了，就好好經營吧。如果你去國外工作，會有什麼好處和壞處？大多數的案例中，好處多很多。畢竟要是不成功，隨時能回家。你所做的每一個實驗，通常也是類似的結果。**行動往往比待在原地更好。**

這方法吸引你嗎？能帶來什麼不同？

256・讀懂人生中的機率

80／20不會讓你在賽馬場上發大財。哎，我花了大把時間試著找出那樣的公式，但失敗了。老實說，我並不指望能成功。為什麼呢？因為賭博業者和其他人也都在嘗試同樣的事——找出不對稱賭注，即實際賠率與現實不符。賽馬的市場並不完美，但算是很好了。

我已經能在賽馬場上以外的地方找出不對稱賭注。這個地方就是風險投資，我相信能找到風險很高，但是潛在回報高於成本的投資。但那又是另一故事了。[44]

這裡的重點是「人生賭注」：你能採取的行動，且能大幅提高實現理想的機會，其中成本只佔收益的一小部分，或者有些非常快樂的例子，成本是負數。

這裡有個很好的不對稱生活賭注的例子：

如果你和你的戀愛對象真誠喜愛彼此，也承諾要做終生的伴侶，幸福的回報可能遠高過做承諾的成本。

你是否做過類似或截然不同的人生賭注，其收益遠遠超過成本？

257 • 更多不對稱的人生賭注

不對稱的人生賭注，是指成本遠遠低於收益的賭注：

- 如果你每天食用五份蔬果，可能會更健康且活更久。

44 如果有興趣，請參閱理查・柯克《星級法則：如何致富》（暫譯，*The Star Principle: How It Can Make You Rich*），二〇一〇年。

．如果你避開嚴重影響你情緒和幸福感的壓力源，結果也有可能和上一個例子一樣。
．如果你生活中最常見到的五個人同時也是你的朋友，那你會更加快樂。
．如果你熱愛工作，結果和上一點一樣。
．若你信奉積極正面的宗教或生活哲學，結果也會一樣。
．若你有個非常活躍的社交生活……
．如果你相信人生具有真正的意義……
．如果你非常慷慨……
．如果你聰明又懶惰……

你能想到其他很棒的不對稱生活賭注嗎？你做到了以上幾點？

258．迷因理論

理查．道金斯（Richard Dawkins）的自私基因理論最為出名，但我認為他最偉大的貢獻是迷因理論。他表示，我們這個物種獨一無二，能透過文化的形式傳播知識——語言、習俗、藝術、建築、音樂、科學。這在「迷因」這個文化傳播的單位形式中，組成了一種新的不朽。迷因可能是一本書、一場戲劇、一個想法，甚至可能是小說中的七個偉大情節、一首低吟淺唱的曲子、流行用語、諺語、建造橋樑或房子的方法。迷因藉由從一個大腦跳躍到另一個大腦，並被人們模仿來傳播自己。[45]

迷因是人類的發明，但一被發明出來，它們就有了自己的半自主生命。迷因複製、變化、適應並融入進書本、電影和影片等厲害的載體中。迷因可能會以類似基因的方式製造出更複雜的實體。你最接近不朽的時候，就是提出一個能永遠改變人類的想法。若你貢獻了一個知識，就有戰鬥的機會。G・H・哈迪說道：「詩人埃斯克羅斯被遺忘時，數學家阿基米德將會被記住，因為語言死了，而數學思想不會。」

諸如80／20之類的有用迷因也可以透過案例和書籍灌輸人們並傳播出去。當然了，總是有新的迷因被發明出來並傳播出去。

你想要發明一個迷因，或是加乘它的用途和價值嗎？是什麼迷因？你要如何增加它的流傳速度？

259・80／20迷因

我們已經看到，迷因是文化傳播的單位，可以用來挫敗我們的自私基因的意圖。那什麼是80／20迷因？這是我發明的詞，用來指那些能用最少血汗、淚水發揮最大效用、增加人類

45 理查・道金斯《自私的基因》（*The Selfish Gene*），天下文化，二〇二〇年。

幸福感、舒適度和創造力的迷因。

定義能做到這一點的迷因是個主觀的過程，值得親身經歷，決定自己想要傳播哪些迷因，以及你想要且能夠發明哪些類似的迷因。以下是我選擇的一些80／20迷因，藉此說明你該根據哪兩個標準選擇迷因，這兩個標準是價值和容易程度：

80／20迷因	價值	容易程度
80／20法則	高	高（只要有想法即可）
民主	高	高（建立起來即可）
社會平等	高	高（同上）
禮貌	高	高（同上）
個人自由	高	高（同上）
交通規則	高	高（同上）
BCG 矩陣	高（商業上）	高（商業上）
星級法則	同上	同上
時間革命	高	高（同上）

健康飲食	高	高（同上）
喜歡的日常運動	高	高（同上）
專屬的情感伴侶	高	高（同上）

你的清單上有什麼？

260 • 我的經濟基因理論

商業的DNA、最基本的價值單位是什麼？這是經濟的資訊。有用資訊的單位可以被稱作「經濟基因」，和理查・道金斯用來描述文化傳播單位的詞「迷因」差不多。

經濟基因的例子是知識：蒸汽機、內燃機、電話或電腦等基本技術背後的設計；電影劇本或積體電路設計；可口可樂或合乎道德的藥物的配方；機器人和人工智慧。經濟基因是任何無形的東西，包含有用的訊息，可以單獨或與其他經濟基因一起整合到產品或服務中，或是整合到提供產品或服務的某些工具中。

從最廣義的意義上來講，經濟基因是專業知識、技能和技術的基石，包含在商業載體發揮產品價值或服務功用之前需要找到的資訊。這些資訊將自己融入到商用載體中，盡可能廣泛地複製自己。商用工具包含建築、機器、軟體、工廠、辦公室、卡車和產品；也包括人員、團隊、公司、服務和經濟體等生物。

它們是提昇財富和福祉所需的知識。這些經濟基因的載體是經濟活動的可見裝置，也是包括人員、團隊、公司、有形資產、產品和服務在內的移動零件。載體能夠吸引到好的基因，只要它是最適合那些基因的載體。[46]

你能夠發明、宣傳或體現經濟基因嗎？

261 • 人類和經濟基因

令人著迷的是，我們人類（我希望沒有機器人讀到這本書）與經濟基因、想法和有價值資訊單位的關係。我們可以成為它們的創造者。但我們也能成為它們的工具，在使用資訊的同時也被其使用。

我們可以傳播不是我們發明的想法。確實，這是經濟進步的正常過程。對於一個概念的人類發明者來說，可能會有數百人，有時甚至是數百萬人，在使用和開發這個概念。

80／20就是一個很好的例子。誰發明了80／20？雖然維爾佛雷多・帕雷托從未使用過這個詞語，但他發明了背後的概念。一九四九年，哈佛教授喬治・K・齊夫（George K. Zipf）

46 在《80／20法則與其他九十二條強大的自然法則》中，理查・柯克稱此為「商業基因」。

將其發展為他的「最省力原則」。不久之後，品質大師約瑟夫．摩西．朱蘭（Joseph Moses Juran）將其發展成「重要少數人規則」。一九五〇年代，「80／20」一詞慢慢流行起來，一九六〇年代，IBM 的數千名無名英雄使用並宣揚了它。一九七七年後段，我開始跟上這股潮流，花了幾十年的時間推動並完善它。

大多數致富或在商業上具有非凡影響力的人，都是利用別人而不是自己的想法來實達到成就。

亨利．福特發明了大眾市場汽車的想法，但他透過移動生產線實現目標，而生產線的作法並不是他發明的。偉大的想法需要同伴，**利用另一人的突破來實現比他們更偉大、更高回饋的目標，這就是典型的80／20——少即是多。**

你可以使用哪一個經過驗證的想法來發揮比任何人都更有效的效果？

262．以基因的觀點看待經濟生活

擁有經濟基因的新觀點，像是安排生活的新想法或新方式，掌控著方向。人類在這個過程中扮演重要角色：身為基因的發明者；身為使用者來創造更好的產品和服務；身為消費者和顧客，因此也是它們生存、傳播和消亡的仲裁者。

這是一種較少商業主義、更具企業家精神的經濟生活觀點。（我將所有藝術、音樂、創

作、人脈或自營職業都納入創業的範圍，這些職業可以提供高薪，並讓你發揮獨特的技能或個性。）偉大的經濟學家約瑟夫．舒彼特告訴我們，資本主義是透過「創造性破壞」的過程而有了進步。公司始終會破產，總歸來說，這是一件好事，確保了適者生存。過去五十年的新奇之處在於，大公司正在輸給規模較小、年輕的公司及其人類創造者。

經濟選擇原則日益顯示，某人在某個地方將嘗試新產品或新技術，其中一些將質疑僵化的老企業。公司可以延後清算的時間，但始終必須面對，當以前非常成功的大型企業最終面臨創新和適當的競爭時，可能很快就會崩盤。想想瀕臨崩潰的 IBM。想想曾經是世界上最大公司的蘇聯，最終也真的解體了。

隨著越來越多人接受了經濟基因的想法，那些對當代已經不再有用的公司被淘汰的速度將會加快。健康的經濟基因應該捨棄不再能好好運作的工具，這些基因日益這麼做——宜早不宜遲。

你能接受這個新觀點嗎？展開行動會帶來什麼影響？

263．考慮成爲分拆公司的一分子

分拆公司正變得越來越普遍且成功。

什麼是分拆公司？這是指出自某個組織的一群人開始自己創業，無論是否有得到原始

公司的支持或股份。巧克力公司吉百利（Cadbury）同意其食品業務被收購，並保留新業務 Premier Foods 的少數股權，該公司後來出售給了 Hillsdown Holdings。吉百利和 Premier Foods 背後的企業家們都受益匪淺。

製造大量副產品的行業比其他行業增長得更快，且提供給客戶和投資者的價值成長速度更快，這並非偶然。矽谷充滿了拆分公司。創投、管理顧問、獵人頭和投資銀行業務也是如此。在無聊的行業中，進步的速度就像患有關節炎的蝸牛一樣，也較缺乏人類的創意，副產品相當少見。有更多衍生產品的話，這些產業搞不好會更有趣且更成功。

自然選擇預測了分拆公司會發生什麼。新的團體繼承了老公司的優良基因，同時在產品、服務和客戶方面進行了創新。對於相關人員和整個生態系統來說，這是一個良性循環。沒有人會從不成功或低成長的公司中分拆出來。

如果你想幫助自然和市場，加入分拆公司吧。

你有想過開始或加入分拆公司嗎？

264・團隊流動

團隊流動顧名思義：在某個組織中成功合作的團隊決定「推銷」自己給同一行業的另一個團隊。團隊流動與分拆公司一樣在高成長產業中很受歡迎，例如高科技、投資銀行、顧問和創投公司。它們的發生的原因都是一樣的：一群人想要「做自己的事情」，並以新的方式發展他們的事業，而這也是為了他們自己的利益。和拆分公司一樣，團隊流動也相當「80／20」，它們往往能吸引創意產業中最雄心勃勃和最有創意的人。

團隊流動比拆分更容易。成員們不需要籌集資金來創辦新公司，只需要與團隊的「新家」的所有者進行談判，分享他們搬進來帶來的好處。另一方面，如果團隊搬遷的成本低於分拆的成本，那麼好處通常會少很多。概念上來講，團隊搬遷一方面是繼續作為普通員工為原公司工作，另一方面是創造分拆公司。對於搬遷的團隊和他們的新家來說，另一個潛在的不利因素是誰也無法保證團隊和新組織之間的化學效應。團隊內部的化學反應無庸置疑，但團員們和新家相處得怎樣就無從得知了。

你有經歷過團隊搬遷嗎？對你和其他成員們來說，這麼做有意義嗎？

265・加入一個充滿活力的基因庫

基因研究顯示了為什麼亂倫是個其來有自的禁忌。當比喻性的「基因庫」幾乎沒有任何變化時，近親繁殖的概念有助於理解科技、產品、公司、市場或國家的限制如何限制了演化。

以一個組織為例。基因庫不僅僅是高階主管的技能，還包括所有被投入的80／20內容，這些內容使公司與眾不同並具有超級生產力（情況也有可能相反）。這些投入內容包括公司的歷史和價值觀（通常來自一位或多位創始人）、供應商透過其產品和專業知識做出的貢獻、使用的技術和分銷管道、如何利用客戶來幫助公司進步（難相處的客戶最好）、做了哪些投資，以及尤其是公司內部和外部的所有合作網路。高知識公司的重要合作對象包括大學內的個人和公司，以及所有現有員工和新員工。

公司的位置及其存取聯鎖網路的能力相當重要。例如，有人極具說服力地表示，在某些方面，矽谷類似於一個複雜的生態系統，不僅包括個人企業家和生產公司，還包括風險資本家、獵人頭公司、整個「供應鏈」以及所有知識和技術的中心。公司相互競爭，但也能從生態系統中獲得寶貴的專業知識，尤其是當新的個體及團隊從組織轉移到另一個組織的時候。此外，城市也可以是基因庫充滿活力的「興奮劑」。

當總基因庫沒有被充分填滿、被改變和翻攪時，就會發生「近親繁殖」。產業和公司的快速成長是一種有用的「翻攪」機制，因為新人不斷進入並豐富基因庫。基因庫的成長和多樣性掩蓋並消除了許多罪惡。

你所在的基因庫有多活躍？如何增強並充分利用基因庫的力量？

266・使用現有的最佳經濟基因

經濟基因是經濟傳播的單位，是價值成長的推動者，更重要的是，它是「以少換取更多」

的新來源。一個成功的組織或個人會運用和製造大量的經濟基因。基因的例子包括想法和工作方式、技術和產品背後的設計，以及與供應商、客戶和創新來源互動的「腳本」。

有三種方式能有效創造這樣的基因。第一種是從零開始組造，發明一個新的產品、服務或一個新的商業系統。這是罕見的行動，需要堅決的創意，但沒有一般人想像中那麼困難。試試看吧。

第二種方法是挪用和使用已被證明有效的經濟基因。請記住，基因想要繁殖，所以它們喜歡被利用。比別人更早使用偉大的想法，你就登上賽道了。舉例來說，我的朋友雷蒙德・阿克曼是南非超市巨頭 **Pick n Pay** 的創始人，他在自助超市的理念已經在美國得到驗證、但在非洲尚未普及之前就採用了它。

第三種方法是採用一個已經成功的想法並稍微修改它，將其挪用到以產品－客戶為主的新利基上。

這些方法非常80／20：藉由確定一個簡單的個人使命，打造自己的優秀帝國，達到事半功倍。

哪個方法最吸引你？

267 • 讓自己成爲成功經濟基因的優秀載體

正如我們所見，經濟基因是個人和公司成功的強大推動力。經濟基因是獨一無二的，是80／20的想法，以及用更少的錢生產更多的工作方式。有兩個例子是長期存在但尚未耗盡的經濟基因，一是自助服務，二是比其他人更快提供產品或服務。

要實現個人成功，最簡單的途徑是熟悉一個或多個諸如此類的成功概念，然後利用它們進行創新。為此，你必須進一步發揮基因的作用並幫助它們繁殖。反過來說，你需要讓基因去適應新產品或服務、客戶群或地理位置，或者這些變數的排列組合。

適應經濟基因是一門藝術，但這門藝術並不需要侷限於工作室或其他私人空間之內。讓基因暴露在新的環境中，這是一個開放的過程，必然需要透露你的想法給潛在競爭對手。

不要試圖避免內部或外部競爭的影響，要是這麼做，你就會停止進步。要在主要市場裡，而不是在一灘死水中競爭。要宣傳你的新想法；依靠你的技能使自己成為商業基因的最佳載體。如果你比其他個人、團隊或公司更有效地理解、體現和傳播商業基因，那必然會獲勝。假若沒有，你就不配獲勝。若基因透過不同途徑繁殖，效果就會加乘。

經濟基因最適合被個人、企業家和小團體利用。要避免在巨大的企業金字塔中工作，這種金字塔使主管（尤其是高階主管）遠離競爭的前線。要從小處做大事。

你將在新的背景傳播哪些經濟基因？在哪裡、用什麼方式？

268・使用最好的工具並加速

你是價值創造過程的核心。你是經濟資訊的用戶。重要的是，你是基礎的經濟基因，你提供知識和技能，包括與其他成功想法及其載體（其他個體、團隊和組織）合作的技能。**你就是增加的價值，你是推動力**。你開創或加入的團隊或公司，你佔用的其他資源，都是你的工具。載體就在那裡供你使用，它們存在是為了幫你推進目標、提供保護、體現你的能量。請明白載體就在那裡，使用它的唯一原因是它最適合你的目標。

不斷詢問自己：我是推動還是被推動？我有運用正確的工具嗎？還有其他地方能增加更多價值嗎？我還能追求其他讓世界變得更豐富的目標嗎？

➤ 你正使用哪種工具？它們是滿足你需求的最佳載體嗎？你是推動者還是被推動者？這些都是難題，但也是根本的問題。花時間思考正確答案。

269・職涯發展需要變異

自然選擇進化論明確指出，變異能推動進步。如達爾文所說，「這種保留有利的、拒絕有害的變異，我稱之為自然選擇。」當「生活條件」（例如氣候）發生變化時，他說：「這顯然有利於自然選擇，因為更有可能發生有利可圖的變化；除非確實發生了有利的變異，否則自然選擇毫無用武之地。」

你的職業發展將由變異所驅動：一系列新工作（有或沒有改變組織），和完成現有工作的新方法。同樣有幫助的還有同事的變化、產品或服務重點的變化、客戶責任的變化以及工作地點的變化。越多變異越好。但有些變化是發生在你自己身上，並且是你自己尋找並引起、催動的變化。例如開啟新的項目、承擔新的職位與責任、改變家具。

識別出新的經濟基因、同盟或夥伴，它們可以提供你新的方向，並且你可以成為最棒的載體。重要的不是你工作多長時間或有多努力，而是你有多少不同的經驗以及你的想法，這些想法可以用來為客戶、同事、你的組織和你的生態系統創造額外價值。

在過去一年裡，你經歷了多少變化？在接下來的十二個月內你還能創造多少變？

270 • 基因學：總結行動的影響力

- 識別出經濟基因——尚未被充分利用，且目前擁有較差或平庸載體的有價值經濟資訊、工作方式或技術（例如，一家目前未提供最佳產品或服務的公司），創造出最棒的可行工具。
- 將現有的成功基因加入新的組合，為新的組合提供優秀的載體。
- 讓自己和同事（如果合適的話）成為獨特的致勝基因組合的最佳載體。

- 如果你參與經營一個組織，請宣揚這樣的觀點：該組織的價值源自於成為成功基因的最佳載體。
- 尋找方法不斷補充基因庫，注入新的人才和已經證明其力量的想法。
- 從現有組織中建立衍生產品和分拆公司（原公司持有新公司的股份），成為促成分拆的人。
- 無論你是在組織中，還是以藝術家、作家、編輯、影片製作者、攝影師、活動組織者或其他高級服務提供者的身分工作，經濟基因的觀點都是強大的。

你明白這個想法並對此充滿熱情嗎？

第三十一章　稱心如意和拍胸脯

我們的情緒反應很大程度上歸因於我們起源於石器時代，這麼說似乎是很合理。在這個章節，我們探討了四種需要避免的危險以及一種換取成功的不同方法。

271 • 高斯的差異化生存法則：爲自己找一份獨一無二的好工作

達爾文指出，「同一物種的個體之間的生存鬥爭幾乎是最激烈的，因為他們經常出沒於相同的地區，需要相同的食物，面臨相同的危險」，也就是說，「他們在自然經濟中幾乎處於同一位置。」

這與蘇聯科學家G．F．高斯（G. F. Gause）對小生物體進行的一些有趣的實驗相符。他將兩種同一科但不同種的單細胞生物放進裝有有限食物的玻璃罐中。這些小生物設法分享食物，而且都活了下來。接著，他將兩隻同種的生物放進罐子中，並放入與之前相同數量的食物。這一次，他們互相攻擊然後死亡了。

這就是高斯的「差異化生存法則」，而這和你的職業生涯密切相關。要在達爾文所說的「自然經濟」中佔有一席之地，你必須與所有（人類）競爭對手不同。差異可能很細微，但想要贏，你必須在某些重要地方異於其他人。差別可能不明顯，但必須存在。

另一個迷人的例子來自生態學家羅伯特．麥克阿瑟（Robert MacArthur）和他所觀察的雲杉樹上的鶯鳥。麥克阿瑟指出，每種鶯類都有自己的雲杉樹，它們將其當作食物和家園。每隻鶯鳥都有自己的小小舒適圈。

你獨特的舒適圈是什麼？你生活及工作中的「家」在哪？

272．爲什麼我們依然活在石器時代

演化心理學家提出了一個有趣且可信的假設，該假設認為我們的基因落後於社會的變化。大約二十萬年前，人類以狩獵採集者的身分出現，並進化出適應這種生活的特徵。接著，僅僅七千到一萬年前，人類放棄採集莓果和狩獵野獸，進入了農業社會，栽種農作物及飼養動物。最後，大約兩三百年前，工商業開始變得比農業更重要、更佔優勢，越來越多人開始在大城市生活。

每一個改變都需要不同的生活方式。然而，一萬年（當然還有三百年）的差異還不足以

讓人類演化，產生與我們的新環境相符的遺傳特徵。最重要的是，我們面對挑戰的自然反應，仍然是奠基於石器時代的心理學。比方說，我們的情緒勝過於理性。就像《摩登原始人》（*The Flintstones*）[47]一樣，我們依靠第一印象、拍胸脯誇大自己的重要性、發展追隨者小圈圈、不喜歡外人且隨波逐流、愛八卦，不假思索地追隨自信的領導者。許多方面看來，我們的基因造就了我們這群石器時代的動物。

情緒很重要，但經常令我們誤入歧途。在做出不友好的反應前請先三思。避免不必要的怒氣。做好判斷，展現合作意願。微笑，歡迎陌生人，讓路給別人。相信和平共處。

控管好你的摩登原始人基因。如果我們的行為符合都會、相互依存和文明的方式，那麼現代生活就不一定要是「骯髒、野蠻和短暫的」。

273 • 注意你的第一印象

石器時代的世界滿是威脅且複雜。人們不知道哪些漿果是好食物，哪些是毒藥。哪個地區適合狩獵？狩獵哪種野獸最不危險？能信任哪些陌生人？在那個時代，倉促的決定往往是必要的，錯誤的決定可能很致命。此外，坐下來分析數據並不能改善生活。唯一的依據可

47 又稱石頭族樂園，是由漢納—巴伯拉製片公司所創作的美國動畫電視劇集。

能是基於第一印象的刻板印象。如果一個陌生人看起來且表現得很友善，就可能值得信任。如果不是的話，很可能就是敵人。

今天，立即做出決定並不那麼重要。然而研究顯示，我們非常重視第一印象。反過來看，我們的立即反應會影響遇到的人的信心和同理心，進而強化我們的第一印象。由於石器時代的程序設計，我們可能做出許多糟糕的決定，且無法明智地權衡證據。且我們也浪費了時間，因為立即做出決定似乎是粗暴的行為。如果想要保留住第一印象，不妨將所有會議的時間控制在五分鐘以內。

如果你對第一印象抱持警惕態度，尤其是負面的印象時，就能交到更多朋友且影響更多人。若等到有證據顯示某人具有出色的特質後再與他們合作，還可以避免代價高昂的錯誤。

你是否承認自己經常依賴第一印象？為什麼要這麼急？

274 • 不要太用力拍胸脯

在狩獵採集者的危險世界裡，當生活充滿隨機性和可怕事件時，表現得最不害怕、最有自信的人有可能會吸引到追隨者、食物和性愛。自信的基因可能會增殖並且更加強大。信心比現實主義更受人讚揚。

在石器時代，拍胸脯不僅是一種放縱，也能換來成功。而在現代，拍胸脯做保證仍然能吸引追隨者，正如許多大師和江湖騙子所證明的那樣。但有三件事不一樣。

首先，事件變得更複雜、更難預測。

第二，我們的分析工具和直覺已經發展起來，不需要再做出立即的決定。

第三，盲目的自信已今非昔比。自大和拍胸脯做保證也是。過去這些令人留下深刻印象，現在人們覺得很討厭。我們的環境改變了，有些人已經注意到了這一點。

然而，我們的基因常常把我們拉回石器時代。今天拍胸脯做保證這個舉動不吸引人，往往還適得其反。

你拍胸脯做保證的次數太多還是太少？是時候改變個人風格了嗎？

275．你喜歡階級制度嗎？

關於狩獵採集族群的一切，全都顯示出等級制度的蓬勃發展。在一系列等級關係中尋求安全感的渴望，似乎是原始社會的一個顯著特徵。對於追隨者來說，越依戀或尊重領導者，能獲得越多安全感和充足的食物。

如果我們用某種方式與等級制度聯繫在一起，就有助於解釋為什麼每一次試圖推翻階級制度的革命，無論是法國革命還是俄國革命，還是現代扁平、情況不變的組織，最終都是創造出更有力、更專制的新形式等級制度，因而終止革命。二十世紀是普通人的世紀，也是精神病領袖的世紀——光是史達林、希特勒和毛澤東就殺害了約一億人。即使在我們這表面上自由民主的國家，一旦官方等級制度被廢除或走下坡，新的非官方等級制度就會蓬勃發展。眾人尋求地位。更令人憂心的是，地位會被承認。這些人受到的尊敬會持續一段時間。

生活就跟所有形式的組織一樣，少了洞察力或真正革新的等級制度，價值就會降低。然而，無論是小團隊還是大國家，大多數成功的組織都將近乎獨裁的目的與民主的方式兩相結合。想想邱吉爾。他以獨裁式領導擊敗了希特勒，但一九四五年競選連任失敗後優雅地轉身下台。

歷史表明，獨裁比真正的民主更容易實現，而真正的民主，需要幾個世紀以來激烈爭鬥，但最終相互妥協和容忍的派系慢慢達成和解。要平息我們的石器時代基因，只能透過長期、緩慢進展的民主制度。即便如此，退步的危機始終存在。例如，俄羅斯從未有過民主。這點說明了退步的危險。德國經歷了三個世紀的文化和自由主義不斷發展，還不足以克服德國民族主義和對最高領袖的渴望。

你依然渴望階級制度嗎？你能結合獨裁目的和民主方式嗎？

276・不要對外來族群抱持敵意

團體的力量及其對領袖的忠誠度，也招致了對團體之外的人產生敵意。這也有助於生存。達爾文表示：「一個擁有許多成員的部落，由於具有高度的愛國主義、忠誠度、服從性、勇氣和同情心，隨時準備互相幫助，並為了共同利益而犧牲自己，因此能夠戰勝其他部落；這就是自然選擇。」

歷史表明，只有貿易和削弱排他的民族認同才能帶來和平。我們對群體認同的渴望依然存在，但在文明社會中已昇華為示威、足球比賽以及富人之間的商業競爭。

新石器時代的習慣很難根除。團隊內部的凝聚力並不難建立，但相互競爭的團隊何時才能走到一起呢？古代持續不斷的競爭帶出了一個問題：在其他條件相同的情況下，由多個有凝聚力的群體組成的組織、地方社區或國家，能否像由單一同質群體組成的組織一樣有力？為什麼許多小國比類似的大國更富裕、更團結？

你能友善對待外人嗎？這絕對是個文明的選擇，但並不容易。

第三十二章 風險、財產、經驗和人際關係

我們將發現，80／20表明我們應該承擔更多風險，避免惶恐，捍衛我們的「領地」，並且重視經驗高於財產，重視關係勝過經驗。

277．避開風險只會弄巧成拙

演化心理學家表示，狩獵採集者只有在他們的世界分崩離析時才會展開冒險。這是否能夠解釋，為什麼今天我們能夠承受風險了，卻會厭惡風險，而當面臨損失時，卻願意冒險呢？或者為什麼賭徒們喜歡避開最喜歡的項目，但願意為了較少嘗試的項目輸錢？

我們承擔重大風險之前，似乎需要有高度的安全感，或是不安全感。兒童心理學實驗表明，幼兒只有待在母親身邊時才敢於探索。我的拉布拉多只有在我們去散步時才會離開家裡；但只要在我的口哨音範圍內，牠就會去到遠處。搞不好這些都是石器時代的後遺症。

我們似乎沒有「測量」不確定性並不是真正的風險。事實上，不確定性也可以非常可靠。很少有地方能像賭場一樣擁有如此高且穩定的收益。賭場老闆所做的大量賭注風險並不大。

風險無所不在，但並非隨處可見。生活是有風險的，尤其是如果我們有壞基因或壞習慣的話。大多數人做出的最重要決定，例如即結婚（或不結婚），都存在著很大的風險，但從長久承諾中獲得快樂的機會卻大有益處。風險是極大的不快樂；但考慮到情勢對你有利，並運用合理的常識，不冒險會更危險。

80／20說明了一切。下大賭注時要非常小心，但一定要下注。然後，無需經過太多深思熟慮，賠率較高的情況下就進行小額賭注。正如尼采所說，那些殺不死你的東西將使你更強大、更快樂。

你有多討厭風險？你能明智地下幾個大賭注，然後在小事上冒很大的風險嗎？

278・不要慌張

我承認我有時會感到恐慌。我不常這樣，但這會在幾分鐘內對我造成嚴重影響，除非我完全消除它並專注於生活中所有美好的事情，否則恐慌會讓我的一整天蒙上陰影。老實說，相較於「真實的」事情，我更擔心自己的恐慌，也更感到羞愧。

但現在問題解決了；我有一個厲害的代罪羔羊。我的基因。你也有同樣的解脫方法。你看，原始人確實會在生命受到威脅時冒險並瘋狂地展開爭奪，這是大型野獸狩獵者經常面臨的職業風險。此外，一如既往，自然選擇發揮了作用：越成功的搶奪者生存機率越大。面臨威脅（無論是真實的還是想像的）時使勁掙扎是我們基因組成的一部分。

然而今天，這種恐慌可能不再那麼必要，也不那麼有效了。現代世界不是稀樹大草原。一個理智的正常人在壓力下開車時，可能會因交通狀況而動怒或是感到恐慌，但停下來思考一下，其實恐慌與實際情況並不成正比。我們不會在高速公路上被野生動物吃掉。而恐慌或道路上的暴力行為根本不可能帶來幫助——情況恰好相反。我們的基因可能正在閃現「緊急情況！緊急情況！」的訊息，明智的做法是忽略它們，並讓恐慌平息下來。

在金融市場的賭博和交易中，如果損失數目增加，賭徒或新手可能會堅持下去，避免真正意識到損失；他們甚至可能會爭先恐後地透過增加周轉資金來讓平均投資金額「下降」。他們很恐慌。專業投資者接受的訓練是採取相反的方法，在損失失控之前冷靜地止損。

別慌！這是正常的人類反應，可能是石器時代的後遺症，但這樣只會讓事情更糟。保持冷靜，繼續前進。

你有恐慌過嗎？恐慌有帶來幫助嗎？試著忽略起源於基因的這個感受。

279．擁有者與闖入者

生物學和博弈理論提供了很棒的見解，是關於一塊領地的擁有人或任職者、挑戰者或闖入者之間的競爭。**身為擁有者，會有與相對實力無關的心理優勢。**

如果兩隻相似的蝴蝶爭奪一個陽光明媚的地方，通常會發生的情況是牠們漂亮地盤旋一下子，然後入侵的蝴蝶就離開了。但是，如果兩隻蝴蝶都已經居住在該地點或兩個互相靠近的地點，則這場競賽需要相當長的時間，獲勝的機會均等。以狒狒為對象的實驗顯示了相同的模式，領地的所有者很可能獲勝，即使它不如入侵者那麼強大。你可以在狗狗身上看到相同的情況。花園的「主人」會猛烈吠叫，挺身面對入侵者，即使後者體型更大或數量更多；入侵者會猶豫不決且容易被驅趕。在戰爭的過程中，祖國的保衛者可能會更加努力地戰鬥，並戰勝敵方的人數優勢。

基因似乎會使我們緊抓住已經擁有的東西，而不太願意開拓新領域。

這項知識有什麼效用？若一個個體、團隊或公司能夠說服自己，市場、有爭議的財產或遺產、任何有價值的物品等「領土」，是「理應屬於他們的東西」，那麼他們勝利的機會更大。

如果你是一個「入侵者」，不要害怕現任者的「咆哮」。如果你更強大，請毫不猶豫地站出去。若有爭議的領土的所有權不明確，那妥協比戰爭更好。

➤ **你是否很明顯是某些領域的擁有人？找到一些這樣的領地並頑強地保衛它。相信你熱切**

想要的東西理當屬於你。

280・稟賦效應：我們的財產擁有我們本身

心理學家發現，我們的行為有一個不正常的缺陷。想像一下，愛麗絲得到了兩張音樂會或頂級體育賽事的門票。幾天之後，有人表示要全額向她購買，即五百美元。在這項實驗中，大多數參與者拒絕交易。

然後將實驗反過來。被拍攝的受試者（我們暫且稱她為卡蘿）獲得了五百美元，不久之後，有人提供她價值五百美元的相同門票。你覺得發生了什麼事？邏輯上看來，如果愛麗絲拒絕賣出門票，卡蘿應該會在有機會時購入門票。但結果並不是這樣。大多時候，卡蘿都會拒絕這項交易。

要如何解釋這種不合理性？心理學家稱此為「稟賦效應」（Endowment Effect）。人們想要留住首先得到的東西，也就是他們目前所擁有的——無論是門票還是金錢。

汽車銷售員試圖鼓勵潛在買家試駕，好創造稟賦效應。顧客可能會對汽車產生依戀，並感覺它是「他們的」。稟賦效應顯然類似於「擁有者」與「入侵者」的理論。我們為捍衛所有權現狀而奮鬥。

所有權和稟賦效應的影響遠遠超出了明顯的博弈理論策略和狡猾的汽車銷售。我們喜歡自己的財產，而它們很可能會佔有我們。80／20的關鍵原則是「少數換取多數」。同樣地，我們可能會說「少即是多」。在其他條件相同的情況下，老年人往往比年輕人擁有更多的財產。隨著年齡的增長，我們會累積更多更好的財產。如果我們真的相信「少即是多」，那麼隨著年齡的增長，我們就應該放棄自己的所有物，專注於更重要的事情。

財富不如經驗重要，經驗不如情感關係重要。如果情感關係是我們能夠給予且接受最多愛的少數關係，那麼它們就是最有價值的。

你擁有太多東西了嗎？你的優先順序是對的嗎？

281・審核你的財物

將你的重要財產區分成百分之二十的重要財產，和百分之八十瑣碎或有毒的財物。**重要的財產**是能使你快樂的物品，就這麼簡單。**瑣碎的財物**是那些能帶來微小快樂或微小不快樂的東西。當保留財產的經濟或精神成本大於它們帶給你的快樂時，財產就會產生「淨不幸福」。有毒的財產是指它們的經濟或精神成本遠遠超過它們帶給你的快樂，或者它們會產生明確的不快樂感。

只要列出重要的、瑣碎的和有害的財物清單，行動步驟就很清楚了：

- 保留百分之二十重要的物品，加強你的幸福感。

- 立刻丟掉有毒的物品。
- 不用太急切、慢慢處理掉瑣碎的財物。

你可能百分之八十或更多的時間都穿著百分之二十的衣服和衣櫃中的其他物品。保留那百分之二十，出售或贈送那百分之八十的瑣碎物品。

你可能有一大堆永遠不會聽／讀的音樂或書籍。保留你會再次使用的那些，贈送或丟棄其餘的。那百分之二十重要且能帶來幸福的財產應該很容易識別。其他百分之八十的物品中，大部分可能都不重要。有毒的物品很少，或者沒有，但如果有的話（可能與自我毀滅的習慣有關），現在就消滅它們。

你什麼時候會丟掉不重要的東西？

282・審核你的經歷

我建議你審核生活中那些反覆出現、持續不斷的重要經歷。這些經驗包括假期或旅行、愛好（如體育、搜集或維修物品）、一週至少運動一次、觀賞音樂會、看電影、參加節慶表演、逛博物館、欣賞戲劇或其他活動、園藝、遛狗、當志工、公民或政治活動，以及所有對你的幸福感有明顯正面或負面影響的事。這些事情不包括與家人、朋友、愛人有關的個人情感關係，因為情感關係比事件／經歷更重要。

列出所有重要的體驗，無論是單獨進行的還是社交活動，並將它們分為明顯讓你感到更快樂的重要經歷；對你的幸福感只有輕微或是沒有淨影響的瑣碎經驗；以及有毒的經歷，有毒的體驗往往會讓你不那麼快樂。有了經驗，你就可以做出改變，可以是多做／少做／結束，也就是說，要增加、減少或完全避免類似的經驗。

80／20假設是，其中一些經驗會真實地讓你更快樂。你的大部分經歷可能都無法顯著且可靠地增加你的幸福感。而有些經歷可能真的會讓你不那麼開心。補救方法很明顯。

你應該擁有更多哪種經歷？

283・審視你的人際關係

你的人際關係遠比財務更重要，甚至比你的經歷更重要。人際關係是你和另一個人之間的紐帶，對你來說，關係具有高度情感價值並能影響你的幸福。關係可以是與家人、情人、朋友。請注意，關係的定義相當嚴格，要符合資格，必須具有高度情感價值。在某些人以為自己擁有數百個朋友的時代，很少人擁有超過二十段高度情感價值的關係。通常呢，這樣的關係用手指數得出來。大多數的幸福可能都是由六段以下的關係所產生。

你最重要的人際關係為何，請依它們讓你感到非常快樂（或不快樂）的能力進行排序？你有多常和這些朋友見面？哪些人不在名單上，你卻經常見到？關於那最重要的五段關係，你要如何更加鞏固，並且為自己和對方帶來更多幸福與生活意義？這些關係中，有沒有你或他人不快樂的根源？如果有的話，這段關係能否變得「淨正向」並帶來快樂？要如何做？若有這樣的關係，你應該盡力改善。如果無法改善，你應該怎麼做？

有時候，親密的家庭關係充滿麻煩。你必須把它排在第一位，盡一切努力使關係變得可以忍受或變得正面。斷開這樣的關係，或是情況惡化時要非常小心。若明天某個人就去世了，你會因為對他們做過或沒做過的事情而內疚嗎？

長期、認真、經常思考你的人際關係，讓它們成為你生活的中心。

第三十三章　神經可塑性、以牙還牙及正確的居住地

這章節是關於如何「覺得自己更快樂」，如何有效與他人合作、找到最大的相對優勢、找到最佳「互補者」以及正確的居住地。

284・重新配置你的大腦，讓自己更快樂

最重要的科學發現，以及關於對人類幸福的潛在影響的最偉大發現，或許就是神經可塑性，也就是大腦重新配線的理論與實踐。我們已經學到了基因和自然選擇對生活的影響。基因絕對是「80／20」——影響我們生活最重要的少數因素之一，但它並不是我們的命運。我們可以透過改變大腦的形狀來重塑未來。

孩童擁有與生俱來的語言學習能力。但學習的語言種類決定了大腦儲存的聲音。神經科學家已經找到原因，所有語言發出的聲音，都會讓大腦內部處理語言的部分重新配置接線。

腦部掃描結果也顯示，如果病患刻意思考其他事情，就可以得到緩解或治癒強迫症。驚奇的是，我們知道可以藉由意識的努力改變大腦的迴路。神經科學家傑佛瑞・舒瓦茲表示，「心靈是獨立於大腦的……如果我們的心靈可以替大腦重新接線，那麼從某種意義上來說，心靈就是大腦的主人。」[48]

你的想法決定你的感受和行為。藉由信念和行動，你可以「認為自己更快樂」。關於你和你的情緒，並沒有客觀的事實。想想任何你有理由相信的事情，這件事會讓你以及周圍的人更快樂。

你要如何「覺得自己更快樂」？

285 • 如何與人合作並贏得「以牙還牙」比賽？

博弈理論是數學和統計學的一個分支，它探討當兩個人面臨合作還是追求自私利益這種兩難情況時，會發生什麼事。典型的博弈是「囚徒困境」（Prisoner's dilemma）的變體，如

48 傑佛瑞・史瓦茲（Jeffrey M. Schwartz）和夏倫・貝格利（Sharon Begley）《重塑大腦》（*The Mind and the Brain: Neuroplasticity and the Power of Mental Force*），時報出版，二〇〇三年。也參見傑佛瑞・舒瓦茲（Jeffrey M. Schwartz）與雷貝卡・格拉丁（Rebecca Gladding）《你不是你的大腦：改變壞習慣、終結有害想法、掌控自己人生的四個步驟》（暫譯，*You Are Not Your Brain: The 4-Step Solution for Changing Bad Habits, Ending Unhealthy Thinking, and Taking Control of Your Life*），二〇一二年。

果兩人合作，雙方都能各贏一點；但如果一方自私，另一方認真合作，自私者就會獲勝，合作者則完蛋。

直到一九七〇年代在比賽中納入電腦程式後，才得出關於這點的有用結論。每個電腦程式運行不同的戰略，玩家和該策略進行了兩百或更多次競賽。驚人的是，贏得比賽的策略被稱為「以牙還牙」（Tit for Tat）。一開始它採取合作方式，而後模仿對手的行動。比賽籌劃者解釋，「以牙還牙」結合了友善、寬恕和透明而贏得比賽。它的報復阻止了對手的自私行為。它的寬恕讓雙方再次合作。而它的透明使得其他參與者能夠理解，從而開啟長期合作。

長期的好處往往需要合作的雙方輪流得到回報——若下次讓我贏得大獎，這次我便讓你先贏，而自己可能什麼都沒拿到。合作的重點是把蛋糕做大，並理解到，當雙方必須分蛋糕時，會顧及兩人的長期關係並採取合理的作法。

所有偉大的關係都是建立在長期互惠的基礎上，再加上人性、幽默、誠實以及透明。博弈理論提供了關係的骨架，而個人的化學效應讓骨架上生出血肉。

你是個多優秀的合作對象？

286・生而爲人的獨特優勢

科學作家麥特・瑞德里（Matt Ridley）在他那迷人的作品《德性起源》裡說道，人類之所以獨特且「善良」，不是因為和動物相像，而是因為「缺少了令人信服的類似之處」。瑞德里表示，社會的優勢在於勞動分工和社會化，人類已經將這兩者推向了幸福的端點。

根據他的說法，我們人類將自己組織成大群體，個體之間有著複雜的相互關係，因此我們的合作方式與其他動物本質上有所不同。個人和團體相互交易並互惠，以錯綜複雜的獨特方式獲得社交生活的好處。

動物和人類的這種差異，可以客觀地從生命的最偉大的奇蹟中看出，也就是人類的大腦。瑞德里寫道，「想在複雜的社會中茁壯成長，你需要一個大大的腦袋瓜。想擁有大顆的腦袋，你需要活在一個複雜的社會中。」隨著時間過去，人類的大腦及社會的複雜程度共生發展。良善和互惠是人類成功的重要潤滑劑，它們順應人性，而不是違反人性。[49]

我認為，宗教最大的錯誤之一是墮落和原罪的觀念，以及將這一猶太教義帶入後來的基督教，反對耶穌和保羅發展恩典和愛意的觀念。我們不應該沉溺於罪惡感中，儘管它替有組織的宗教和統治者帶來了所有好處；我們應該因自己更好的本性感到自豪，並意識到我們擁有無限的創造、寬恕、愛和互惠的能力。無論是個人還是社會的進步，所有都是奠基於人際關係，而這些關係的基石就是互惠互利。

你對自己的人際關係、愛意及互惠性負有什麼責任？如何讓關係更長遠且深刻？

49 麥特・瑞德里《德性起源》（*The Origins of Virtue*），時報出版，二〇〇〇年。

287・李嘉圖的比較優勢理論

一八一七年，經濟學家、激進的英國政治家及富有的投資者大衛・李嘉圖（David Ricardo）首次明確定義了合作、分工和貿易之間的聯繫。他的比較優勢理論讓群體與國家運用了勞動分工的方法。和80／20一樣，李嘉圖的理論很吸引人，因為它違反直覺。經濟學家保羅・薩繆森（Paul Samuelson）認為，李嘉圖理論是整個社會科學中唯一既正確且不凡的主張！

在李嘉圖之前，若一個國家生產某項東西的能力優於另一個國家，顯然才能在貿易中獲利。李嘉圖反對這點。他指出，只要生產力的相對比率不同，無論絕對值如何，都能擁有貿易的基礎。如果X國生產兩種產品的能力都優於Y國，那麼它們之間仍然可能存在能使兩國都富裕的貿易。如果X國的服裝生產率是Y國的兩倍、皮革製品的生產率是Y國的四倍，那麼X國應該專門生產皮革製品，而Y國應該專門生產服裝。雖然在絕對值上處於劣勢，但它在服裝方面具有比較優勢。

這個想法既適用於個人，也適用於國家。你能將一輩子視為一系列的交易，在其中找到自己相對最擅長、能創造有用產出的事情。例如，如果你最擅長的是物理，表現勝過其他學科，那你不需要跟愛因斯坦一樣聰明，也能替生活帶來精彩的貢獻。

找出自己擁有最大優勢且樂在其中的最強項。若世界上有人比你更優秀，請不要灰心。

288・文化優勢：了解非常有用的東西

我們已經探討了人類如何發明出新的演化形式：傳承傳統、習俗、知識、見解和信仰。這類型中最有效的「迷因」，以及讓它們發揮效用的能力，在某種程度上是一種新的競爭型態，不是基因的競賽，而是文化。一個人或一個群體的繁榮可能不是因為基因，而是因為知道一些極為有用的東西，並對此採取行動。

選擇一個或多個引導你的這類型思想，你有可能變得更有效率且更快樂。它可以是80／20或其中一個特定子集──或者其他能為你的生活提供焦點的強大思想。當然了，也可以是特定的宗教或哲學信仰。這些思想的共同主題是，優勢來自於強大的想法，以及針對該想法所產生的明確目標展開行動。

一個值得重複提起的80／20訊息是，**你不需要知道很多事**。當代生活令人困惑，因為我們的想法不斷增加，且獲得了太多的概念和建議。

媒體以及我們過度活躍的大腦每天都會一起告訴我們新的東西，而我們需要的其實是舊的東西──那些經歷過時間和經歷的淬煉，對數百萬人都非常有用的東西。很多人的生活中都有這樣的時刻，號角齊鳴，接著戛然寂靜，然後有個人大喊：「夠了！我要全心投入這個想法，它將為我和朋友們帶來和平、充實的生活及寧靜。」越多想法、則越少洞察力、越少動力、越少價值也越少快樂。

你知不知道何為最有價值，能成為你的人生主題曲的音樂？

289・文化優勢：當個優秀的合作者

群體之間會有文化選擇，而合作者的成長，是建立在非合作者的行為之上。人性的歷史是不斷增加、日益複雜的相互關係。社會並不是人為的建構或暴政，而是演化的最高形式。

是什麼驅動了個人及社會的進步？

我們已經考慮要提高專業度以及貿易。但是，三位一體的關係中，明顯還有一位成員。自活版印刷數發明以來，影響生活最多的便是技術，技術的能力與影響力自此之後呈指數級增長。技術或許是文化優勢最有力、最廣泛的來源，也是人類相對於其他動物最明顯的優勢。關於過去四個世紀中人口、財富和社會複雜性的爆炸性增長，不可能純粹用專業化和貿易的提升來解釋。在此之前，技術逐漸驅動著一切。

然而，還有其他東西在推動歷史。技術的最顯著進步和財富的增加發生於一八一五年至一九一四年間，以及一九四五年以後。這些時期，很大程度上也是最繁榮國家之間的和平時期，以及國家、團體和個人之間的大規模合作時期。這些絕非偶然。而誰獲益最多呢？大體來說，答案是最佳的合作者。

你是一名優秀合作者嗎？你如何改善自己的能力，花費最少心力更有效率地和他人合作？

290 • 找到你的互補者

互補者的意思是，某人的工作讓你的成果更有價值。競爭者則是指其工作讓你的成果減少價值的人。

不要混淆互補者和合作者。你和你的合作對象組成一個團隊，同心協力創造、行銷一個或多個共有產品。相對之下，互補者並沒有參與你的創造過程；他或她是個獨立的個體，但如果他們的作品一起被展示出來或銷售，就能提高你的作品的價值。

想像一下你是一名專門創造海景的藝術家。若你的風格和另一位海景藝術家的風格類似，而剛好有一位藝術愛好者在畫廊裡瀏覽你們倆人的作品，那麼你們就直接處於競爭之中。顧客不太可能想要兩幅相似的畫作。

但是呢，想像一間畫廊舉行了主題為「歷代海景」的展覽。展品的特色是J．M．W．透納（J. M. W. Turner）一七九〇至一八二〇年間的海景畫、十九世紀後期義大利藝術家的海景畫、二十世紀初美國人的海景畫、第二次世界大戰的海景畫以及你的現代海景畫。海景收藏家可能想要每個時期的一幅作品，如果你的作品是唯一的現代作品，那麼其他作品就是互補品。此外，如果收藏家只想擁有一幅海景畫，而你的作品是目前為止最便宜且品質一樣的，那麼其他海景畫也成了互補品。畫廊老闆顯然也是一位互補者。

我們傾向於思量競爭對手，可能還有合作者，但鮮少考慮到互補者。總體來說，針對競爭對手，除了讓自己與眾不同並避免競爭外，我們什麼都做不了。但只要想一下互補者，我們就能從他們身上找到好處。

誰是你的互補者？你們如何幫助彼此？

291・正確的居住地

作家暨教授傑拉德・戴蒙認為，一四〇〇年中國的技術遙遙領先歐洲，擁有世界最大的艦隊。然而，中國卻因權力過度集中而沒落了。一四三二年，新任皇帝反對海軍，並拆除了造船廠。

相對之下，同時期的歐洲分為許多不同的國家和公國。當義大利的哥倫布想要一艘船橫渡大西洋時，自然而然會尋求義大利的支持者。所有國民都認為這是一個愚蠢的主意。然後他嘗試了法國，也是同樣的結果。他從一個宮廷去到另一個宮廷，直到最後，第七次嘗試時，西班牙國王和王后贊助了三艘小船。這一偶然事件使西班牙和歐洲領先中國長達五個世紀。

戴蒙表示，碎片化可能帶來巨大價值，但程度有限。照理說，德國啤酒業擁有悠久的釀造歷史和優良的產品，理應稱霸世界。然而，負責生產德國啤酒的有數千家規模大小相當的公司，而美國主要的啤酒生產商擁有龐大的規模和行銷預算，能夠以（根據我的口味）極其劣質的產品征服世界。[50]

理想的地方是矽谷，這裡有許多競爭激烈的公司，但由於跳槽、風險投資家、記者和來自不同公司的人聚集的酒吧的影響，這些公司之間的資訊和思想可以自由流動。

你生活和工作的地方，與你的行動、你的表現同等重要。

- **你是否生活在一個「中度碎片化」的地區，個人和團體之間存在競爭，但彼此之間保有自由溝通？**

50 參見傑拉德・戴蒙（Jared Diamond）的〈如何致富〉（How to Get Rich），Edge56，六月七日。www.edge.org/documents/archive/edge56.html

第三十四章　時間綠洲、思考與混亂

當你創造出極有價值的作品時，如何辨識出你的「時間綠洲」呢？從第一性原理為出發點思考，在你的計劃中建立靈活性並抓住「先發優勢」。

292・時間綠洲

如果你從事任何類型的創造工作，有件事必須即刻知道。研究顯示，**我們的時間中，只有百分之十被用來取得巨大成效**。我們做的最棒的工作，與我們做的大多數工作，之間隔著一條「價值裂口」。愛因斯坦是個極端的例子。他需要多少時間設計出強大的方程式 $E=mc^2$？價值與花費時間的比例是多少？不是無限大，但是是個非常大的數字！

這種想法引出了「時間綠洲」的概念。時間綠洲是一個美好的地方，一塊小飛地，青翠欲滴，充滿美麗的植物和鮮花，令人放鬆心神，並且具有巨大的創造力和生產力。

你不可能把每一天都變成時間綠洲。根據定義，綠洲不僅僅是一片綠洲，也是一片不可見之地。它不普遍，它精彩可期，它不是背景布幕，它絕不普通。綠洲如此珍貴、如此有價值，以至於你在綠洲中產生的想法或做的工作，很可能比你在綠洲之外產生的想法或工作更有價值。

但要考慮一下這一點：如果你能增加花在時間綠洲上的時間，就可以創造出一份工作，這份工作能證明你其餘的所有時間都不必工作，而是做自己想做的事情。或許你還是決定要執行普通的項目，因為你更喜歡這件事。但剩下的時間你可以選擇完全閒置，**搞不好這種閒置能生成下一座綠洲**。

▸你的時間綠洲是什麼？你需要縮短「時間沙漠」，換取更多綠洲嗎？

293 • 思考產生新世界

說到二十世紀最古怪的科學家，你會提名誰？大多數人會說愛因斯坦，但他有個行為比他更加古怪的朋友。

庫爾特．哥德爾（Kurt Gödel）因為於一九三一年提出「不完備定理」而備受讚譽。這是二十世紀最崇高、最具破壞性的邏輯之一。他於一九二四年起在維也納擔任教授，一九三八年逃往普林斯頓。他試圖努力獲得美國公民的身分，差一點就失敗了，因為他詳細且迂腐地闡述了美國憲法中的許多嚴重缺陷。最後愛因斯坦想辦法讓他在審理公民身分申請的法官面前閉嘴。哥德爾最後讓自己死於飢餓，因為他深信自己的食物被下毒了。

哥德爾表示，所有數字系統都能生成公式，例如，「一個數字等於它自己」，或者「零是一個數字」，除非從系統外部導入公理，否則無法證明這一點。他證明了現實不是既定的，而是一種建構。80／20最有趣的論點是，**思考過程本身就增加了我們思考的內容……而這個過程永遠不會結束**。我們創造自己的現實。未來不是昨日重現；未來由我們親手創造；有許多潛在的未來樣貌；成功有多種途徑。成功的原料就在我們身邊，目前尚未使用但終歸是有用的。

思考是我們能做的最有價值行為。每當你進行思考，例如，認真思考如何創造更多價值或幸福，就增加了世界上有用思維的庫存。

✓ 你有思考的習慣嗎，認真思考為自己和周圍人的生活帶來重要的改善？在你的一生中，沒有其它什麼事情如此美妙。

294・偉大眞理的反面也是事實

偉大的丹麥物理學家尼爾斯·玻爾（Niels Bohr）於二十世紀初研究量子力學時，曾經認為：「平凡真理的反面顯然是錯誤的。然而，偉大真理的反面，也是事實。」

玻爾證明了一個非常奇怪的事實，即電子這個微小的物質碎片，可以從一個軌道跳躍到另一個軌道，從一個位置傳遞到另一個位置，而兩地之間不需要任何物理接觸。他也證明了兩個有關微觀世界相互矛盾的理念，例如，光既像波又像粒子，兩者都有可能是正確的。

看到一些重要的東西正在被展示時，你就會意識到，相反的情況有可能也是正確的。商業中隨時都有這種情況。舉例來說，亨利．福特將汽車簡化並大量生產，因為他認為極低的價格能夠吸引數百萬名顧客。

他說得完全正確。但後來通用汽車卻反其道而行，生產價格更高但能吸引到駕駛員的汽車，因為這些汽車實現了他們情感上的願望，無論是買一台雪佛蘭還是凱迪拉克。顧客可以依據價格購買……也可以基於非經濟方面的考量。

政治界中能觀察到這種「偉大真理的反面也是事實」的現象——資本主義和社會主義都會盛行——在時尚、藝術、建築、音樂和生活各個領域也能見到。甚至80／20中也有此現象：找出生活中最重要的事情十分關鍵，但生活中瑣碎的經歷也應該受到重視。極端的立場可能會導致極大的差異；價值低微或負面價值是中間的模糊地帶。

你周圍正在宣揚什麼偉大真理？藉由極端的立場並讓此真理對其他人產生重要影響，進而樹立你的旗幟。

295‧逃離「非此即彼」的暴政

「兩者／和」能作為「要麼／或」的合理替代替詞語，部分是起源於尼爾斯‧玻爾和其他量子力學先驅發現光同時既是波狀又是粒子狀。這句話一出現在科學界，很快就吸引了商界的注意。

例如，如果我們足夠有創造力或足夠幸運，既可以讓股市保持升值狀態，又可以承擔社會責任，這樣有關資本主義無可救藥地讓工人處於低薪和在恐怖條件下工作的說法，就會被證明是錯誤的。

同樣地，像蘋果這樣的公司可以賺取巨額利潤，同時也能運用一系列別出心裁的新產品讓顧客滿意，品質不僅是「免費」的，且成本是負數。有時候，以前「不可避免」的權衡妥協可以被取代——只需要相信做得到，並找出方法。

許多人認為，要取得成功，就必須極度努力工作並犧牲優質的個人生活。80／20建議你專注於重要且相對簡單的創新方式。我們有機會想到一個絕妙的點子，價值如此之高，讓我們過了一開始的創建時期之後，無需努力就能成功。

魚與熊掌兼得的最好方法，就是相信這是可能的。這樣想不總是正確，但只要有創意地思考如何將此化為可能，很有可能就會發現它是可行的。

當你覺得自己處於「非此即彼」的情況時，請讓潛意識設計出「兩者兼而有之」的解決

方案。

✔你能想到在過去的生活中，「兩者兼而有之」概念發生效用的時刻嗎？

296・如何識別「混亂」模式

對於有關複雜的宇宙（例如天氣、城市、經濟、星系、昆蟲群落、狼群、大腦和網際網路）的研究來說，「混亂」是個很糟糕的詞語。複雜的系統有個共同特徵，即它們都不是線性的，不容易預測，也不是各部分相加那麼簡單。你自己，以及其他所有人，都是一個複雜的系統。我們無法用熟悉的工具（幾乎是商業和官僚機構中唯一使用的工具）分析複雜的系統，但這並不能阻止勤奮且聰明的人做出嘗試。假使不分析，那我們能做什麼呢？答案是**辨識出模式**。

世界上最傑出的數學家之一伯努瓦．曼德爾布羅特（Benoit Mandelbrot）創造了「碎形」（fractal）一詞，來描述彼此非常相似但不相同的事物，例如海岸線、雲、地震、樹木和棉花價格，以及所有隨著時間改變的價格數據。

無論是什麼商品，繪製而出的價格數據圖都是非常相似的模式。例如，棉花價格的逐年圖表看起來和逐月變化非常相似，即使涵蓋範圍並不一樣。

當你在職場或生活中面臨重要決定時，請試著在自己、朋友或同事的經歷中找到最類似的情況。列出類似事件的「前三名清單」以及接下來發生的事情。隨著未來的開展，看看之前的三種模式中哪一種與新模式最相似。

你可能不是對的，所以要持續思考另外兩種模式，直到找到相配的為止。然後運用直覺，做出最終選擇。

297 • 混亂與複雜性

一九〇八年，法國科學家亨利・龐加萊說了一句意義深遠的話：「我們忽略了一個微小的原因，造成了一個無法忽視的龐大影響，然後說這個結果是偶然的。」換句話說，機會和運氣並不完全是隨機的。隨機的好運確實存在，但我們所謂的運氣，有時只是反映了自身的無知。

我們應該要意識到自身知識的侷限性、我們的計劃可能會碰壁。意料之外的事情會增加，但不要浪費時間試圖找出原因。原因可能是無法檢測到的。所以說：

- 不要期望能掌控所有事情
- 在計畫中建立彈性。尊重不確定性。如果X發生了，就做Y。如果W發生了，就做Z。
- 不要責備他人。惱人的是，或許沒有人做錯事。或者「做錯事的人」是遵從了你的指示。想想下一步該怎麼做。

・最重要的是，事情進展順利，可能跟你的技能沒有多大關係，或者根本沒關聯。這可能是「初始條件敏感性」[51]剛好非常適合你，例如天氣。充分利用這樣的趨勢，但不要聲稱是自己的功勞，或覺得自己可以輕鬆應對難題。下一個看似隨機的事件可能會令你崩潰。

在你的生活中，有哪些歷經好運或厄運的生動案例？你是否覺得這類事件本質上不可預測？你擅長在計畫中創造彈性嗎？

298・你能搶佔「先發優勢」嗎？

複雜的系統對初始條件非常敏感。因此，加入感興趣新項目的基層是有用的。「先發優勢」的概念在商界眾所皆知，而這也能套用到像你這樣的個人身上。

舉例來說，可口可樂不只是第一個可樂品牌，也是第一個碳酸飲料。這發生在一八八〇年代，當時一批原本不含碳酸的飲料被誤加了汽水。顧客很喜歡新產品，剩下的你都知道了。自此之後，可口可樂搖身成了全世界碳酸飲料的領頭羊，同時也是全球最賺錢的飲料公司。

先發優勢對個人來說同樣重要，無論是追求名聲或財富，還是單純想做些其他人會效

51 受初始狀態影響的敏感性，即使是初始條件非常微小的變動，也可能導致最終狀態的巨大差別。

仿的有意義行為。我們都記得丹增・諾蓋（Tenzing Norgay）和艾德蒙・希拉里（Edmund Hillary）是最先登上聖母峰頂峰的人，而羅傑・班尼斯特（Roger Bannister）是第一個在四分鐘內跑完一英里的人。

你有沒有考慮過，要做應該執行，但尚未完成的事情的先鋒？是什麼事情？如果你是第一個展開行動的人，會想運用先發優勢嗎？該如何運用？

第三十五章　帕金森定理

讓我們談談帕金森定理如何符合80／20法則，以及如何避免瑣事和不必要的支出。

299・帕金森第一定律

一九五八年，諾斯寇特・帕金森（C. Northcote Parkinson）的一本書引起了全世界的關注。這本書被簡單稱為《帕金森定理》（*Parkinson's Law*），該定理主張**工作會一直增加，直到所有可用時間都被佔據**。這是一本既諷刺又嚴肅的著作。

帕金森的觀點是，在管理階層中，包括專家和老闆都努力擴大部門規模，因為他們喜歡擁有大部門，而不是因為這項工作本質上是必要的或有益的。職員們為彼此工作，且總能找到大量的事情做，不論值不值得。他們藉此證明（或看起來像是在證明）擴大勞動力是合理的，掩蓋了建立帝國的真正目標。

帕金森沒有將他的定理和80／20相提並論，但卻可以這樣想。如果工作佔據了可用的時間，那麼很明顯，大部分工作都是不重要的，甚至帶來負面價值——正如80／20所說。此外，「工作會隨著可用時間的增加跟著增加」，這句話也適用於個人。80／20表示，根本沒有足夠多真正重要的工作要做，所以我們發明了不重要的工作來填補我們的工作週。我們沒有意識到那些都不重要，但如果我們時間不夠時，例如，遇到迫在眉睫的截止期限，那我們就會去做重要的事情。所以說，80／20提出了一種反向帕金森定理，即**時間不夠用時，瑣碎的工作就會跟著減少了**。

只有當我們意識到「工作」不是「工作」時，才能真正明白什麼是重要的，什麼則不然。重要的工作比例低，微不足道的事情比例高。一旦了解這點，我們就解脫了。我們可以做更重要的事，也可以享受大把休閒時間，或者也可以做重要的事情，同時享受自己。

想做更多重要的工作，並在工作之餘過上充實的生活，就要決定哪些工作內容是重要的，**然後就別做其他事了**。

你工作中最重要的百分之二十是什麼？你能抵抗做更多事情的誘惑嗎？

300 ・帕金森第二定律

帕金森的第二條定理是**支出會一直增加，直到所有資源被用完為止**。隨著職涯的進展，我們可能會賺更多錢，但不一定會感覺更好，也不一定有能力儲蓄和投資（這是擺脫依賴僱主唯一可能的辦法），因為如果我們擁有更多，花費就會更高。

你可能覺得這是中等收入人群的問題，但根據我在高級顧問公司的經驗，以及我對投資銀行家或其他高收入者朋友的觀察，帕金森第二定律同樣適用，甚至更適用於高收入族群。我們真的需要中上階層生活的一切陪襯嗎？位在城鎮「好區」的漂亮房子、兩輛或更多昂貴的汽車、孩子們的私立教育、昂貴的假期和餐廳、高爾夫俱樂部會員、私人助理……凡是你能想到的都有。

我觀察到一種持續不衰的現象。夫妻中主要的經濟來源背負著龐大的時間壓力，因此覺得自己「值得」被縱容。而夫妻中的另一方，可能會因為自己需要或渴望另一半在身邊時，對方無法在場而感到被忽視。

這兩種情況的解決方法一樣：願意花錢、花錢、再花錢，把這當作是生活的潤滑劑。當然了，這是帕金森陷阱。如果沒有大量的存款和流動性的投資，就永遠沒有解決之道。

80／20是救贖。只把錢花在重要的財物上。隨著收入的增長，將所有遞增的收入用來儲蓄和投資，這樣就能實現財務獨立，並可以從事自己喜歡的工作。

第三十六章 費波那契的兔子

本章講述的是你為何必須「成長或死亡」，為什麼你應該追尋意料之外的成功並停止所有消極的活動；為什麼找出最稀缺的資源很重要；你是否應該涉足新興技術；如何成為一名生活企業家；收益遞增理論；為什麼某些事情應該先做；幾乎沒人使用過的保證獲勝策略；睡眠的重要性；應該和不應該擔心的事；做你喜歡的事情以及80／20衝突。

301・成長或死亡

我有個朋友非常聰明又成功，他認為我們所有人都是機器——沒錯，他承認說，是極其複雜精密的機器，但終歸是機械。這點我不認同。比人類更簡單的有機體是有生命的，會組成同樣是生命的家庭和社區，例如潮間帶。人類不僅是單獨存在的個體，同時也高度無可預測，其所屬的家庭、社區和國家也是如此。而機器是可以控制的，甚至人工智慧也能被編寫程序。

這點為何重要？首先，一個生物，即便是寵物或奴隸，也比機器更難掌控。一個有機體是無法預測的，且擁有自己的思想。我們無法完全掌控另一個人，可能也控制不了自己。有機體有自己的目的。此外，機器不會成長。生物體除了衰弱和死亡之外，無法做任何事。第三，人類和其他一些生物可以建立網路和關係。機器辦不到。第四，生物會學習。人類個體和人類網路可以學習，創造出真正的新文物，甚至整個文明。最後，如同進化論告訴我們的，生物體，特別是人類，擁有自己的特徵和獨特性質。

身為奴隸不怎麼有趣，身為機器一點都不好玩。但身為一個人類有機體，可以帶來絕妙、無窮的樂趣。80／20說，充分利用這一點！

302 • 追尋無可預料的成功

彼得．杜克（Peter Drucker）或許是兩個世代前最傑出的管理大師，他提醒人們注意預料之外的成功這個現象。杜克很精明，且是個理論派。他沒有嘗試解釋為什麼會發生意想不到的成功。他只是說——睜大眼睛尋找，然後追過去。

現在，「出現理論」（Theory of Emergence）說明了為什麼會有預期之外的成功。混亂和複雜性理論解釋了為何複雜的系統（通常難以預測）能環環相扣。它們出現了。它們進化、團結一致。它們來自許多不同的部分，然後集合在一起。它們似乎毫不費力。結構誕生自無結構的狀態。宇宙設法從簡單的成因中生成越來越複雜的系統，像是細菌、植物、動物、星辰或銀河。

和目睹這些現象的出現相比，理性的計算可能是較差的策略。**當你看見一個新的型態時，問問它是否證實了一個新的複雜系統由內而外自動進化的現象**。如果有，且你喜歡這個型態也想加入，無論是身為員工、創業家、發起人還是投資者，都可以嘗試。

我個人相信那些無可辯駁且高效的模式，例如80／20和星級法則。但身為一名員工、企業家，且主要是投資者，我也因意想不到的成功受益匪淺。

如果時間還來得及，你可以從風險相對較低的意外成功中獲得龐大收益。當然了，追尋意想不到的成功本身就是80／20的一個子集——少量換取多數。

303・停止消極活動

變得更快樂、對其他人更有用的最佳方法，就是停止那些消極的活動。同時，只要多練習，這也是最簡單的辦法。

你對於自己生活及世界的每個影響，都能被分為三種活動。數學裡有一種名叫三分法的東西。根據這個定理，每個數字要麼是零，要麼是負數，不然就是正數。這看起來可能微不足道，但要在創造或破壞價值時反思它。我們又回到了「少即是多」原則。

順便問一下，「少即是多」從何而來呢？這句話因為二十世紀德國極簡主義建築師路德維希・密斯・凡德羅而聞名。事實上，「少即是多」第一次出現，是在羅伯特・勃朗寧（Robert Browning）一八五五年的詩〈安德里亞・德・薩托〉（*Andrea del Sarto*）裡頭。

「少即是多」中的「少」很重要。我們在生活中做了很多具有負面價值的事。例如，擔憂，最初這可能有些價值，讓你意識到危險。但若你無法（或者不會）採取任何措施避開引起憂慮的原因，那它只會一點一滴摧毀你的生活，而你半點好處都得不到。

生氣和魯莽毫無用處，只會減少生活中的快樂。即使是看似中性的逃避活動（逃避職責而做的事），例如無意識地看電視或瀏覽社交媒體，也可能取代潛在的快樂活動，或者至少會消耗掉時間和注意力，這些總是有代價的。

當然，你必須要用積極正向的活動，來代替負面或中性的事。這些事就在身邊。有哪個健康的人不會從散步或其他運動中獲益？有誰不會因為閱讀喜歡的書而受益？

每個人都可以和朋友談天，行善或是想想生活中美好的事物。**生活中沒有消極活動的容身之處，只要明白這點，你一定能讓自己更快樂。**

今天就開始，取消所有對你沒有任何正面價值的活動。

304・你的稀缺資源是什麼？

十七世紀法國傳奇數學家皮耶爾・德・費馬（Pierre de Fermat）發現，兩點之間傳播的光線不會走最短的路線，而是走耗時最少的途徑。他證明了「最短時間原理」，進而帶出了反射和折射定理。

藉由耗時最短的路線，光線節省了最稀缺的資源——時間。你可以把這個原理應用到生活中，想想自己最稀少的資源是什麼。是時間嗎？金錢？注意力？朋友？健康？興奮感？成就？愛？還是其他事物？

對一名青少年來說，最稀缺的資源不太可能是時間。帶對於八十幾歲的人來講，時光確實是最稀有的寶物。請注意，這是一個非常主觀的概念，但仍是真實無誤的。青少年可能會覺得答案是興奮感或愛。但任何年齡的人也可能有相同的答案。

所以，**你生活中的稀缺資源是什麼？你可以明智地採用哪些方法呢？**

我不太熱衷於內省，但這麼做有幫助。如果你可以找出生活中的稀有資源，如果它比第二稀有的事物稀少非常多，那麼你的使命就是要找出它，無論它是更多的時間、更多的愛、更多的興奮感、更好的朋友、更好的健康狀況、更多的成就甚至更多的錢。

你自己決定尋找的方法。但80／20說這是你的首要任務。

305・從事新興技術工作

技術的變革是長期成長的主要決定因素。技術能以更少勞動換來了更多成果，達到提高標準的同時還能將成本降低到神奇的程度。

以一百為指數，橫跨大西洋的通話費用一九四〇年的一百塊左右，下降到二〇〇〇年的二塊，而且如今透過網路，通話基本上是免費的。

最重要的是那些「賦予能力」的技術，能夠為其他技術帶來改變。綜觀歷史，這些技術包括字母和文字、青銅和鐵、水車、風車、三桅帆船、活版印刷、蒸汽機、電力、冰箱、內燃機、航運貨櫃、遺傳學、電腦、網際網路和人工智慧。最後三個可以有效地歸納為「資訊科技」。

資訊科技屬於所有技術中的百分之二十，而它對於我們的生活和財富帶來的影響，遠遠超過了百分之八十。

顯然，並不是每個人都想並且能夠成為資訊科技專家，但如果你屬於這一類別，那麼你很幸運。宇宙就是你的牡蠣，珍珠可能就在其中。

你屬於這一類嗎？如果是，找出資訊科技的眾多領域中，哪一個是你的領地。

306・費波那契的兔子

我必須要提到這個有關指數成長的有趣謎團。

一二二〇年，比薩的李奧納多（後來的綽號是費波那契）創建了這個謎團。這個謎團始於一對兔子。每對兔子一年內都生出了另一對，並在隔年生出第二對。然後牠們就太老了無法繁殖，但其後代遵循著相同的模式。

兔子（以一對為單位）的數量如何增加？如果你想的話，以自己計算，但這是連續幾年的數量：一、二、三、五、八、十三、二十一、三十四、五十五、八十九、一百四十四……。你能看出奇怪的地方嗎？

有件驚人的事情是，從第三年開始，後面的每個數字都是前面兩個數字的總和。

另一個令人難以置信的發現是，第三年之後，隔年的數字比前一年大，比例幾乎恆定，很快就非常接近一點六一八。換句話說，成長率一直保持在百分之六十以上。

當然，這種情況不能持續太久。經過一百一十四年的增長，兔子的數量將會超過宇宙的容積。到時所有人類早就死了，被毛絨絨的兔子大軍悶死的。

你有經歷過每年百分之六十的成長率嗎？我有過，分別在三個不同的企業，那真是令人陶醉，因為一年之內每個企業都變得非常龐大且有盈利。

➤若你想要刺激感和更多東西，加入或投資你能找到的成長最快速的企業或活動。

307・成爲一名「生活企業家」

一八〇三年，法國經濟學家讓・巴蒂斯・薩伊（Jean-Baptiste Say）寫了些非常現代、我認為整體能運用在生活的東西：「企業家將資源從低生產率的領域，轉移到了高生產、高產量的領域。」

現在，撇開經濟和商業領域，思考你的生活，問問自己兩個問題：

- 從對其他人有良好影響，但缺少幸福感的角度來看，哪些是你生產率低下的領域？
- 根據高幸福感和正面影響來判斷，生產力高的領域是哪些？

從這個角度看待生活，任何能帶來幸福的事情都是高效的，一旦了解這一點，你就應該花更多的時間在這些活動上。反之亦然，少做所有擁有良好影響，但幸福感低落的事情。從這些領域移往陽光普照的高地上！**花幾分鐘定義出你「生產力」高和低的領域。**

你要如何改變平衡，讓前者的比例提高？

308・W・布萊恩・亞瑟的增加回報理論

大約一九八〇年，在美國工作的北愛爾蘭經濟學家布萊恩・亞瑟（Brian Arthur）表示，「新經濟」表現出了收益遞增的傾向，也就是說，利潤會越來越高，也越來越像壟斷現象。

例如，軟體研發前期的成本很高，Windows 的首次銷售花費了微軟五千萬美元的開發成本。但第二次的生產成本僅三美元。網路效應再加上需要學習如何使用產品的時間成本，讓顧客離不開產品生態圈，就算其他商品更好也一樣。顯然，微軟、谷歌、Meta、蘋果和 Airbnb 等公司可以在相對較短的時間內獲得令人難以置信的更高利潤和價值。

但不提商業，增加回報理論也適用於個人生活。將注意力集中在個人習慣上。一開始，從不健康的習慣改變為健康的習慣可能很困難。例如，多運動、吃更健康的食物來改善飲食、戒菸或戒毒。這就跟發明 Windows 或 iPhone 一樣，成本非常高。但與這些產品一樣，健康習慣帶來的回報也呈現出遞增的趨勢，很快就能獲利，並在多年裡繼續帶來遞增的回報。

同樣，避開那些破壞你幸福的事情，例如擔憂、憤怒和對他人的不良行為，一開始可能很難做到，但幸福（以及健康）的回報來得相當快，並且會持續一生。

你可以改變哪些習慣，從而在幾十年內擁有更好的健康狀況與快樂回報？

309・無論你想做什麼，都必須先做其他事情

莫非定律有很多變體，其中最基本的一條是「如果任何事情都可能出錯，那就一定會出錯」。其他我喜歡的還有「如果有些事會出錯，那最有殺傷力的就會最先出錯」，以及「如果任何事情都不會出錯，那就是會出錯」，例如鐵達尼號。

但我認為，對人生最有幫助的是標題所說的內容。為什麼？因為其他莫非定律雖然可以採取有用的預防措施，但大多結果都很悲觀，**要想做某件事，你可能必須先做其他事情，這種想法實際上既富有洞察力，又非常積極。**

維克多·弗蘭克對於如何快樂和成功是這麼說的：「快樂肯定會到來，成功也一樣：要讓它們發生，你必須『不在乎』，以及『快樂是無法追求的』；它必須自然產生。一個人一定要有個快樂的原因。只要找到原因，就會自動變得快樂……這些都是理解內在和等待的潛在意義。」

他暗示，快樂來自於展現自己的特性和潛能。我同意這點，但如同我們學到的，你可以做些事情來增加自己的快樂，比如多花時間和親密的朋友在一起、從事喜歡的活動。這種增加幸福感的方式，不需要你先自我完善。然而，他的寶貴觀點是，要獲得永恆的幸福，你應該首先做必要的策略性80／20事項，例如熱愛你的工作和情人，然後你就會快樂了。

換句話說，快樂和成功可能需要兩個步驟：**想到達理想的終點，你需要先去別的地方。**

你必須先做什麼「其他事情」呢？

310 · 什麼策略幾乎乏人問津，但總是見效？

無論是商業領域還是其他團體、組織或網路，始終有效的策略是「A級」團隊，也就是只聘用領域中最優秀的人，只和最傑出的人合作。引進新人是為了提高平均能力：新的人員必須達到現有團隊頂尖的百分之二十之一的水準。

你瞧，「A級」人喜歡與其他「A級」人一起工作。這樣的特權很稀有，因此價值非常高。「A級」員工擁有更聰慧的頭腦、追求卓越和標準、充滿自信，且和他們工作充滿樂趣。

「A級」團隊看起來成本很高，但物超所值——別忘了80／20！

對於幾乎所有團隊來說，一個經常無法克服的問題，就是你必須從頭開始採用「A級」團隊策略的原因。這是針對新創企業的策略。如果團隊中有一些頂尖人才實際上只是B+，就無法組建一支「A級」團隊。

我在波士頓顧問集團、貝恩公司、LEK和OC&C等所有策略顧問集團中體驗過「A」團隊的魔力。我是LEK中的「K」；我們聘請了所能找到的最優秀人才。他們所有人幾乎後來都取得了偉大的職業生涯。與這種才華橫溢的人一起工作真是太棒了。我相信，同樣的方法對早期的微軟、蘋果、亞馬遜、高盛以及其他集團來說效果也很好。但隨著它們的成長，事情變得幾乎是無限困難。

要注意，**「B級」人會驅趕「A級」人**。這就是問題所在。資本主義通常沒有想像中那麼殘酷。組織是由人來管理的，而人們通常不會冷酷無情，甚至會釋出善意。殘酷的意思是**排除任何不是真正「A級」的人**。

你會這麼無情嗎？

311 • 睡眠：另一個80／20秘密

直到最近，我們才意識到睡眠之於健康有多重要。正如心理學教授馬修・沃克（Matthew Walker）的精彩著作《為什麼要睡覺？》[52]中所說的那樣，關於改善我們的健康、福祉和壽命來說，睡眠與運動及飲食一樣重要。沃克說明了睡眠如何結合我們白天學到的一切與我們儲存的知識，以及快速動眼睡眠幫助我們解讀過去這一天的痛苦經歷。事實上，**睡長夢多非常有價值**。

以下是沃克和其他人的要點：

- 一晚至少睡八小時
- 睡覺前避免運動、咖啡因、尼古丁、酒精、大量液體、大餐、電視和電子裝置藍光。
- 透過音樂和／或輕鬆的閱讀（不要驚悚片或令人心跳加速的內容）放鬆身心，睡前只想愉快的想法。
- 睡前泡個熱水澡。
- 在完全黑暗、通風良好、安靜、涼爽的房間裡，且沒有可見的鐘表。
- 疲憊時才去睡覺，但目標是每天同樣時間睡覺和起床，包括週末。

---

52 馬修・沃克《為什麼要睡覺？：睡出健康與學習力、夢出創意的新科學》（*Why We Sleep：The New Science of Sleep and Dreams*），天下文化，二〇二三年。

- 不要吃安眠藥。
- 如果發現自己夜晚保持清醒二十分鐘或更久，起身做些放鬆的事情，累了再回去睡。
- 早晨去到戶外，吸收一個小時的自然光源。

睡眠品質逐漸下降的狀況，可能是過去兩百年來最嚴重的社會變化。這與80／20的時間觀念相矛盾。

你的睡眠有多健康？你睡得夠嗎？

312・不要爲小事煩惱

理察．卡爾森撰寫了一本傑出的暢銷書，名為《別再為小事抓狂——創造A+好人生》。用80／20的話來說，小事情就是那百分之八十創造微小或負面結果的事。卡爾森的書涵蓋了一百個知識金塊，以下是我最喜歡的：

- 同意批評你的觀點
- 不要打斷別人的話，或替他們說完句子
- 欣然接受所在的地方
- 想像生活中的朋友都是小小嬰孩和一百歲的成年人

卡爾森博士給出了避免壓力的有效處方，但避免壓力並不是生活中唯一重要的事。認識到自己的潛力相當重要，而他的書中幾乎沒有提及這一點。歸根結底，「全部都是小事」是錯誤的說法。「幾乎」都是小事才對。「全部」和「幾乎全部」之間存有巨大差異。除了擁有平靜、安寧的心態之外，還有一些事情對於幸福相當重要。

有哪些事情是你不該煩惱的？以及你應該煩惱哪些大事？

313．做熱愛的事情，但是要有報酬！

我朋友裴利．馬歇爾發明了經濟活動的三個種類。

根據裴利所說，藝術是你想做，但沒有薪資的事項（顯然這並不適用於成功的專業藝術家）。而要是沒有薪水，沒有人會做血汗工作。有趣的是，在這兩者之間還有其他東西，**「只有當有人付錢給你時，你才會對世界做出獨特的貢獻。」**

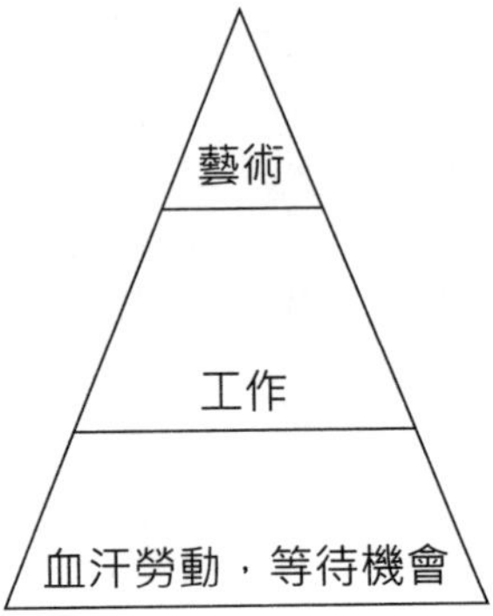

裴利引用了查爾斯．狄更斯的例子，狄更斯以分期領取報酬的方式在雜誌上發表作品。如果沒有人付費，他偉大的作品《雙城記》（*A Tale of Two Cities*）和《遠大前程》（*Great Expectations*）就不會問世。同樣地，許多偉大的古典音樂都是為了國王和貴族舉辦特別活動而創作的：「約翰．塞巴斯蒂安．巴赫從床上爬起來，為晚宴創作了一首交響曲，三百年後我們仍在演奏它。」

裴利所說的「工作」，對其他人、對你來說都非常有用，但如果沒有經濟誘因，你就不會去執行。我覺得這很有趣：一剛開始寫書時，我不會免費撰寫，但現在錢對我來說幾乎不重要了，我這麼做是為了表達自己，希望幫助到你。

你是否曾經為了金錢做過什麼事情，而這也成為你實現自我的關鍵要素？你能想到一件能賺錢又能實現自我的新活動嗎？

314・80／20衝突

衝突是好是壞？有個觀點認為，衝突是我們石器時代基因的可怕後遺症，特別是我們已經做好準備與外人發生衝突。根據這種觀點，大多數人都捲入了太多的衝突。生活不順利時，我們會感到惱火。惱怒可能會變成憤怒，然後是衝突。所以最好從容應對不愉快的事。

還有一種相反的觀點。蕭伯納說，一切進步都取決於不講道理的人，他們不接受現狀並努力改善現況。一九三三年至一九四五年間，大多數德國人接受了希特勒的恐怖以及奴役猶太人及其政治對手，這樣的立場是否正確？第二次世界大戰結束後，法國和英國的幾乎所有政客都立即綏靖希特勒或史達林，這樣正確嗎？

當衝突無關乎個人問題，而是關於重要的原則問題時，人們更傾向贊成衝突。如最大程度綏靖時期的英國首相張伯倫這樣避免衝突的人，自然會採取與熱衷衝突的邱吉爾不同的方法。即使是在民主國家，人們也自然傾向服從權威，例如，無論是在獨裁者的治理還是在新冠病毒的統治下，人們都會令人震懾地接受對自由的侵犯。

80／20提供了指引。對於微不足道和幾乎微不足道的困難，尤其是當它們讓你和其他人面臨不便時，請避免衝突。但對於少數嚴重的情況，即當權者正在做錯誤和壓榨性的事情時，請拿起你的武器，為正義而戰，特別是如果你的自然傾向是避免衝突的話。

你捲入太少，還是太多衝突呢？

第三十七章 好運氣和好機遇

在這個章節，我們透過80／20的視角來探討運氣。我們將學到，你無法改變你的運氣，但可以改變你的未來；不穩定性會孕育出機會；我們也會學到如何「輕鬆地坐在生活的馬鞍上」。

315・80／20、運氣和機遇

什麼是運氣？這是一個我們能掌控或影響力量或因素嗎？有幸運和不幸運的人嗎？在一個不穩定的世界裡，該如何將好運提升到最大值？當厄運到來時，該如何提前做好準備並應對它？

80／20的精髓是選擇性，幫助你預測及處理生活中最重要的事情，並拉動最有可能為你自己和你關心的人帶來幸福的槓桿。當運氣和機遇被同時提起時，機遇尤為重要，但也最常

被誤解。繼續下去前，請先問問自己：

- 你在生活中經歷過哪些好運或厄運？
- 你一生中發生過機遇最好的情況是什麼，請列出前三名。
- 它們是如何發生的，以及你負有多少責任？
- 你生活中機遇最不好的三件事情是什麼？你應該對它們負責嗎？你該負多大責任？

316 • 天賦、機遇和運氣

我們必須區分三種不同的東西：天賦、機遇和運氣。**你的天賦包括先天和後天的優勢及劣勢**，包括你出生的地點和時間、你的基因、你天生的才華、技能和氣質、童年時期擁有那樣的父母的利弊，以及你經歷的學校教育和社會條件。[53]天賦是你在生命的初始和早期階段所獲得的，而不是後天根據經歷而創造的。例如，如果你在學校努力讀書，並且有意識地在新的方向上發展技能，這並不是天賦。這不是你被給予的東西，而是你自己創造的——這是表達你的機遇的另一種方式。

機遇，無論好壞，都是你自己在生活中努力和決定的結果。包括你生活中發生的好事和

53 參見尼可拉斯·雷謝爾（Nicholas Rescher）的《運氣：日常生活的奇妙隨機性》（暫譯，*Luck: The Brilliant Randomness of Everyday Life*），二〇〇一年。

壞事，而你對這些事負有全部或大部分責任。**幸運，以及不幸，都是隨機的偶然事件對你生活的影響**。幸或不幸純屬偶然，幸運會突然降臨在你身上，你無法控制或影響幸運。

要是不分清楚天賦、機運和好（壞）運氣，你就會迷失方向，在原地兜圈子。顯然，天賦和機遇有時會一起為你的生活帶來好的（或壞的）結果，有時你可以有意識地建立最開始的好機遇來增加你的運氣，但這兩者的概念是不一樣的。你從來毋需為天賦和運氣負責，而你一直都要為自己的好、壞機遇負責任。

人們經常隨興地使用「幸運／不幸」來表示好或壞的結果，而實際上他們所指的是機遇。如果你直接導致某件事的發生，那就是機遇（無論好壞），如果你沒有導致某事發生，那就是幸運（厄運）。

你一生中最重要的三個好運是什麼，以及最重要的三件純粹的幸運是什麼？

317・是幸運，還是機運？

幸運和你合理期待的結果相反。幸運的本質，無論何種幸運，都是缺乏預測性，再加上它對你的生活產生了重大影響，以及你可能沒有做過任何相應的舉動。幸運完全是驚人的隨機與偶然。

可以用一些例子說明。想像一下你臨時要去英格蘭的新堡，情況非常緊急，因為有位親愛的阿姨可能快過世了。你衝到希斯羅機場，但是呢，驚慌之下，你完全不知道班機時間。結果你剛好趕上了當天最後一班飛機，在阿姨失去意識前見到了她。這是幸運。但如果你知道班機時間並提前計畫，那就是機遇，而非好運。

哥倫布到達美洲是幸運嗎？這不容易回答。他期望抵達印度，所以很幸運這之間有塊陸地，否則他和他的船員們都會死亡，因為他們幾乎沒有食物和飲用水了，所以說呢，他非常幸運。

但另一方面，哥倫布主動橫渡大西洋，發現了新航線，所以搞不好他有的是機遇，而非好運。一個合理的判斷可能是，他因為行動而換來機遇，因為錯誤估算距離而好運。基於錯誤的理由做出正確的決定往往是勇敢之人的特徵，而機遇（不是好運）青睞勇敢的人。

亞伯拉罕．林肯、詹姆斯．加菲爾德、威廉．麥金斯利和約翰．甘迺迪不幸遭到暗殺。狄奧多．羅斯福、哈利．杜魯門和羅納德．雷根很幸運在暗殺行動中倖存下來。不論哪種情況，都無關他們的個人優點或他們採取的預防措施。這單純是幸運與否。同樣地，搭乘沉默的鐵達尼號的人也很不幸，因為這場意外被認為是不可能發生的，而有船票卻錯過郵輪的乘客很幸運——這不是由於先見之明。

你會因為幸運，還是因為擁有機遇而獲得較高的滿足感？

318・有幸運和不幸的人嗎？

有幾本書是在講述幸運和不幸的人，分析他們的性格和屬性，這些書聲稱你可以學習變得更幸運。[54]人們普遍認為，人分為幸運的和不幸的人。然而，這是基於一個簡單的謬誤。很多人的好運氣和壞運氣都超出了他們「應得的額度」，但這一事實雖然令人不快，但與人們的特質無關。

幸運是個隨機的機會，根據定義，它不可能被影響。如果「幸運」並非隨機的，那就不是幸運了。更恰當的定義是，幸運是純粹的機會、純粹的幸運，讓你遇到好事或壞事。好（壞）運是無法避免的。它深植於生命現象本身——地震、天氣、「天意」和所有「混沌」系統；商業、社會生活和人類個性中所有不可預測的因素；針對生活，特別是對人類的所有錯誤估算。

如果自然的所有元素（包括人類）都是完全可預測的，並且「像發條一樣運轉」，那就不會有幸運這種事了，也不會有意外的後果，也不會有驚喜或驚嚇。如此的話，歷史將會是

54 其中最好的作品可能是麥克斯・剛瑟（Max Gunther）的《幸運因子：為什麼有些人比其他人更幸運以及如何成為他們的一員》（暫譯，*The Luck Factor: Why Some People Are Luckier Than Others and How You Can Become One of Them*），一九七七年。第二名是理查・懷斯曼（Richard Wiseman）的《好運因素：四個簡單的原則將改變你的運氣和生活》（暫譯，*The Luck Factor: Four Simple Principles That Will Change Your Luck – And Your Life*），二〇〇四年。

平滑的、可塑的。換句話說，歷史將難以被識別。

當人類的知識和計算不夠完善時，幸運就會存在，這情況或多或少會發生。宇宙的誕生完全是一種難以想像的好運，和任何人類機構無關；宇宙毀滅時，可能會遭遇難以想像的同等程度的災厄。

你尊重好運在你生活中扮演的角色嗎？你準備好迎接好運和厄運了嗎？

319 • 你不能改變運氣，但可以改變機遇

好的機遇可能起因於人類的思想、計算、直覺，尤其是行動。然而，你並不能消除運氣不好的可能性。如果你認為自己可以，那麼你將會面臨意料之外的驚嚇。

想想你的健康。現在你的身體狀況可能不錯，吃健康的食物、每天運動，並避免極大的壓力。然而，你隨時都有可能遭遇厄運，例如病毒、心臟病、癌症或交通意外。

這是否代表保護身體的措施都是徒勞？當然不是！你的行動就是你的機遇；你可以很大程度地增加或減少自己健康或長壽的機會。但你不能永遠將厄運消除，事實上，你採取的行動越多，無論好壞，一旦發生令人驚訝的事情，純粹的好運（厄運）就會越常發生。若你一天抽掉兩包菸、喝掉半瓶雪碧、服用又害藥物，但卻健康地活到九十歲，那你真的非常好運。如果你做了一切可以提升健康狀況的事，然而卻過早死於離奇的事故中，那就真是太不

幸了。

能夠帶來好機遇的行為，尤其是極有可能帶來巨大幸福的少數關鍵機遇，應該用盡全力把握。這些行為關閉了厄運之門，但也不能排除將其排除。好運氣與壞運氣並不公平，但它們是人類生命的一部分。

如果你沒有好運，請淡定地看待。如果你因為運氣不好而生氣（可以理解），只會讓事情變得更糟。如果你時時刻刻意識到厄運的可能性，同時採取行動將這個可能性降到最低，從長遠來看，你將會取得成功。這是《聖經．約伯記》所傳達的訊息，它可以說是有史以來最深刻的哲學著作。

你可以採取哪三個最好的步驟來改善你的機遇與幸福？

320．好運與厄運不是能力

我們都傾向於談論好／壞運氣，彷彿它是一個獨立的實體，像是風、海浪或你的基因組成的一部分，是你的性格特徵，也就是「你的運氣」。但幸運與不幸並不是以上那些東西。它們不是一種能力，不是一個人（命運之神或幸運女神），不是我們可以擁有的東西，甚至不是一個「東西」，就跟歷史、經驗和宇宙一樣。

你所經歷的每一次好壞運氣都是「獨特的」，是一個不可追蹤的過程帶來的或大或小的結果。如果好壞運氣總體上與某件事物相關，那麼它就是人類無知的結果。如果我們無所不知，能準確預測未來事件，那運氣就不會存在了。

德國哲學家黑格爾說，科學的目的是降低偶然事件的機率。如果我們回顧十七世紀以來科學的興盛和崛起，就會發現，科學減少了人類的無知，從而導致幸運、不幸事件發生的機率下降。每種消除疾病的發明，都會讓厄運的種類少一種。

沒錯，如愛因斯坦所說，天才和笨蛋（無知）之間的差別，就是天才有是限制的。科學不斷進步，對幾乎所有人來說，也變得越來越難以理解。現代世界有些複雜，部分原因是人類數量的巨大攀升和幾乎無限的人際關係網路，這使得預測變得越來越困難，從而提高了我們的無知和運氣的盛行。不可能發生的事情越來越常出現。

我們能做些什麼呢？對幸福十分重要的兩件事：第一，尊重生活中不同偶然事件的作用，不要因它們而感到困擾或不安。第二，可以帶來影響的少數關鍵機遇，是積極而充實的生活必不可少的。

對你來說，最珍貴、可以帶來影響的少數關鍵機遇是什麼？

321・不穩定性與機會

人生有和平與安寧的時刻，也有發生非凡事件的時刻，讓人們感覺整個世界可能要被顛覆了。也許我們生活在越來越動盪的時代。不穩定性打開了機會之門，機會帶來了比平常更大的損失和收益，無論是財務還是其他方面。不穩定性的提高源於技術的力量，技術運行得越快，就越傾向於99／1，一切都變得越來越不可預測。

納西姆．尼可拉斯．塔雷伯（Nassim Nicholas Taleb）是不確定性和機率的元老。他發明了「黑天鵝」的理論，即極不可能發生的事件改變了世界。有段時間以來，他一直認為，商業、職業和娛樂領域的「勝者全拿」趨勢日益增長，導致了高度不可預測的結果。他所說的「平均斯坦」（Mediocristan），也就是正常、平庸、收入可以預測，且不多元的世界，其結果是傳統的鐘型曲線。而今日逐漸不平等的世界，他稱為「極端斯坦」（Extremistan），並表明在這樣的世界中，極端的結果不僅更加頻繁，而且很難計算其成功的機會。他在字裡行間似乎暗示著，如果沒有合理的方法來計算不太可能發生的結果的可能性，這些後果可能會被嚴重低估。

這是典型的80／20，或更準確地說，99／1領域，不適合新手投資者或專業人士。明智的建議是專注於一些正在快速發展的外部前景、小型組織或運動，並比其他人獲得更多關於它們以及它們的世界的知識。

不穩定性會影響你的運氣，無論好壞，也會讓那些比別人更了解某些專業領域的人有機會獲得更多財富。

你是否有過比別人更瞭解一個高度成長的機會的情況？

322・輕鬆地坐在生活的馬鞍上

我從尼可拉斯．雷謝爾那裡借用了這句非常有用的話：你必須接受機會的存在、純粹的運氣。機會背後沒有規律或理由，若你期望生活是公平的，那你只會失望。你不應該指望運氣會包含「瓶中信」。如果你期待好運會緊跟在厄運之後，那也會失望。如果你覺得不會有厄運，生活是由仁慈的天意所安排，那麼，你會很沮喪。

當然了，壞運氣有時候（不常發生）會轉變成好運，比如剛好錯過一班意外撞車、導致重大傷亡的火車。然而，不會有幸運女神記錄你的好和壞運氣，確保你最終能達到兩者的平衡。上帝可能存在，如果真是如此，祂顯然不是平均分佈好運與厄運的神。如果上帝存在並創造了世界，祂將純粹的機會置於宇宙的中心，也許是為了允許自由意志的存在。生活的本質是你有能力選擇自己的行為和行動。

有些人一生都被厄運所禁錮。有些人過著迷人的生活。大部分的人一生都有許多幸運與不幸。我們無能為力改變運氣。如果你覺得有辦法，那麼會很失望的。運氣就是運氣，無法被任何行動或思緒所影響。

重複一次：正確的反應不是宿命論，讓事情自然發生，接受一切。正確的反應應當是盡你所能地帶來影響，讓自己和他人快樂。雖然你面對運氣的態度不會影響你的運氣，但你對運氣的態度卻能強烈地影響它對你生活的影響。讓壞運氣毀掉你的生活，甚至毀掉你接下來的五分鐘，這樣是不對的。正確的反應是放鬆地坐在生活的馬鞍上。如果運氣不好，那就聳聳肩，繼續生活、繼續做你可以帶來影響力的事情。

你有輕鬆地坐在生活的馬鞍上嗎？

323 • 關於運氣，唯一確定的事情：它會改變

運氣是隨機的機會。純屬運氣的事件隨時都在發生，一些很瑣碎、一些能改變生活，然而如同80／20所說，能改變生活的事情佔少數。瑣碎的事情都是些平凡的雞毛蒜皮，而重要的事情相當罕見。然而，由於我們遭遇如此多的獨立運氣事件，有一點是肯定的：只要你還活著，運氣就會改變。

要搞清楚一件事：**好運或厄運沒有必然性**。輪盤賭上連續出現二十個「紅」或「黑」的機率很低。同樣地，好運或厄運也不太可能接連發生。所以呢？如果你正在享受好運氣（不是好的際遇，際遇是你可以影響的），請不要假定這份好運會延續。有時候厄運很快就接著發生了。

反之亦然：如果你正受壞運氣所苦，不要陷入絕望。宇宙和其他人不會把你抓走的。這不是針對個人，這只不過是人生、是人類活著的一部分。你不能催促愛情，也不能催促運氣，無論好運或厄運。無論哪種情況，請將你所有的努力、想像和技能集中在增加你的好機遇上，

面對生活中真正重要的幾件事時，你可以將局面扭轉成對你有利的樣子。

我們很快就會回去討論運氣、際遇和機會的問題。無論你的運氣為何，都可以使用一些技巧，用「機遇友善」的態度為自己帶來好運。

同時，你能總結一下目前所學到的關於運氣的看法嗎？

第三十八章　生活在小小世界中

「六度分離」理論有效嗎？什麼是「薄弱連結的強度」？你生活在結構化、隨機，還是小小的世界中？什麼是「超級連接者」，你要如何成為這樣的人？這些問題的答案大大影響了你生活中的刺激感和成功。

324・你生活在小小的世界裡嗎？

你有聽過「六度分隔」理論嗎？一九九〇年，這個概念突然出現在約翰・瓜爾（John Guare）的戲劇中，進入了大眾的視野，而後被好萊塢拍成電影。這個想法起源於一九二九年匈牙利小說家佛里傑斯・卡林西（Frigyes Karinthy）的短篇小說中。這個理論的基本概念是，任何人都可以透過一條短的熟人人脈和世界上任何其他人產生聯繫，從人脈的起點開始跳躍五到六步：透過B認識C，透過C認識D，以此類推認識到F或G。

你覺得六度分隔理論現實嗎？還是純屬妄想？這點很重要。你是生活在大還小的世界中？小世界代表你能和任何你想聯繫的人產生連結。大世界意味著分隔的群體，周圍隔著巨大的社會或地理屏障。

一九六七年，特立獨行的社會科學家史丹利・米爾格蘭（Stanley Milgram）首次以實驗檢驗了這個理論，他說「小世界」代表網路中充滿了意想不到的連結，一個人在不同地方或社群活動時，可以和他人相聯繫。一個廣闊的世界代表人與人之間主要存在著不可逾越的鴻溝。米爾格倫表示，他在內布拉斯加州的實驗牽動了一百六十條鏈結，完成了四十四條，完成這些鏈結需要的中間人介在二到十位之間。

聽起來很迷人嗎？嗯，每個人意見不同。二〇〇二年，另一位心理學家朱蒂絲・克萊菲爾德（Judith Kleinfeld）針對他的實驗結果提出質疑。她認為這項結果已經背離了科學根據，「六度分隔理論」可能只是個都市傳說。二〇〇二至二〇〇八年間，其他心理學家進行了樣本數更大的研究，並得出了一個明確的結論。

你覺得「六度分隔理論」是事實還是傳說？

325・六度分隔理論有效嗎？

一九六七至二〇〇八年間，幾項研究調查了一小群熟人是否能夠連結到遙遠的目標，從而判斷世界是「小」還是「大」。研究結果令人驚訝，如果這條熟人鏈結中的成員真的積極地推動人脈，那麼就能發揮作用。結果顯示平均分隔度數是六點六。表面上來看，這證實了「小世界」的假設。這代表世界中的所有人（或者至少是二〇〇八年六月連接到微軟即時通訊軟體的一點八億人），平均可以透過人與人之間的七次「跳躍」，與世界上的任何其他人建立聯繫。

然而，不是每個人都有那麼好的人脈關係。雖然資料庫中近百分之八十的人可以透過七次或更少的跳躍連接他人，但在另一個端點，有些人需要二十九次跳躍才能產生連結。因此，雖然有些人能連接到網路訊息，但由於地理位置偏遠、貧困或缺乏社會人脈，很大程度上也與網路空間中的其他人分隔開來。

世界很小，前提是你要認為它很小，並積極與他人聯繫。和幾乎所有人產生連結，這件事比你想像中還要容易；主要的屏障是你的大腦。但是，你為什麼想要連結呢？擁有龐大人脈網對你而言很重要嗎？事實證明，**正確的聯繫比更多的聯繫重要**。

此外，還有一個有用的發現，比小世界更驚人……。

326・薄弱連結的強度

社會學家馬克．格蘭諾維特（Mark Granovetter）撰寫了近年來最重要的博士論文之一。

他想知道高階主管如何找到新工作，特別是那些有趣且高薪的工作。他認為方法是透過個人直接聯繫而不是廣告，以及透過家人和親密朋友。

他的調查結果令他咋舌。第一個方式的假設是對的，但第二個假設大錯特錯。**只有六分之一的好工作機會來自高階主管的家人或朋友**。其餘僅是來自認識的人，且通常是很不熟、很久沒聯絡的舊識，比如大學同學、前同事或僱主。怎麼會這樣呢？朋友跟家人肯定更希望幫這個人找到好工作啊？

格蘭諾維特得出的結論是，家人和朋友的問題是牢固的聯繫，他們想提供幫助，但總的來說無能為力。因為朋友和親人大多與我們生活在同一個圈子，所掌握的資訊並沒有比較多。關於職位空缺，如果我們想要獲得不同的資訊，我們需要搜尋人脈網路的遙遠邊緣。兩個人之間的聯繫越薄弱，重新取得聯繫的價值就越高。

我將這些友好但遙遠的聯繫為「薄弱的連結」或「友善的聯絡人」。他們可能是珍貴的金子。

下次需要新資訊或幫助時，列一份「薄弱連結」清單。

327・定義你的友善聯絡人

「薄弱的連結」，即過往擁有的友善聯絡人，擁有高度價值。

如果你想要一些自己沒有的重要資訊，例如工作或投資機會、失聯好友的聯繫方式或其他有價值的知識，請列出過去生活中的所有人，包括學校、大學、前同事、過去的朋友以及運動或興趣圈子中遇到的人，那些與你關係友好的人。安排一個半小時的時間跟他們講電話，說明你有一些特別的事情想請教他們，且你正在進行一系列的敘舊通話，事實證明，這些電話對你以前的朋友來說相當有趣或有用。

首先聊到自從你們上一次見面以來發生的事，以及現在正在做的令人興奮或值得注意的事情。接下來說：「你呢，你最近如何？」交談的範圍很廣泛，請用一種友善、隨性、良好的方式進行，彷彿你正在和他們喝一杯。**接著再問出具體問題**。如果對方幫不上忙，詢問他們是否認識誰可能了解這個主題。

記得要保留一些有趣的話題來結束通話，才不會平淡無奇地劃下句號。這些通話主要只會帶回快樂的回憶。但很多時候，你會獲得一些有價值的東西。

這個週末，列出你的初步友好聯絡人清單。完成之後，安排你的第一通電話。

328・建立一個新的友善聯絡人網路

你的網路之中有越多友善聯絡人，來自「社交系統遠端」的情報就越多。因此，你需要透過新的聯絡人來重新整理你的網路。每週增加一個新聯絡人，或許是個實際的目標。

應該將哪種類型的聯絡人加入網路？最簡單的判斷方法是，他們是朋友的朋友，且是在社交場合認識的。但不是所有朋友都適合。哪些才合適呢？最重要的是你要喜歡對方。你可能不太了解某人，或者根本不了解，但奇怪的是，你才看到對方幾秒鐘，就知道自己是否喜歡他們。如果你喜歡他們，那他們很可能也喜歡你，部分原因是你會不知不覺向他們發出友善的訊號！

如果你想培養新的聯絡人，請找個理由請他們喝杯咖啡或參加其他小活動，無論是單獨還是與其他朋友一起。見到他們時，露出笑容！自然地談論某些事情。不要做作、不要說太多。輕鬆愉快就好。而且，最重要的一點是，詢問他們的聯絡方式。

只有在心情愉悅及有自信時才這麼做。每個人都有自己喜歡社交的日子，也有想躲在洞穴裡的時候。選擇你自己喜歡的時刻。

現在開始思考，你想要新增誰到自己的網路中。

329・你生活在結構化、隨機，還是小世界網路中？

康乃爾大學的鄧肯・華特教授及其同事自一九九六年開始，就利用電腦建模來探索不同類型的個人網路，進行了開拓性的研究。他們定義了三種主要網路類型。

結構化網路（華特稱此為常規網路）是一個人和其他十個人有親密的聯繫，而只與少數人（或者沒有人）有遠端的連結。這是一個強調家人、朋友和同事之間緊密聯繫的理論模型。我們的成長過程會從這樣的結構化網路開始，其中有少數家人和親密朋友，我們與他們進行了大部分的互動。接著，研究人員建構了一個與結構化網路相反的理論，他們稱之為**隨機網路**。想像在一個圓圈中設定一千個節點（聯絡人），並隨機選取五千個連結。在地的集群會很薄弱——沒有強韌的連結，但分隔程度可能會很小，以此作為補償，因為你可以透過少數中間人和圈子中的所有人建立聯繫。

最後，華特和同事們開始從結構化網路開始，然後在節點之間添加隨機鏈結。結果證明，只需增加連結總數百分之一的隨機新鏈結，在任何節點之間建立連結（即建立一個**小型世界網路**）所需的跳躍數就會驟降到七次。事實上，只需在結構化網路中隨機新增五個新連結，即可將分隔程度減半。

迄今為止，小世界網路的溝通便利性和獲得資訊能力是最好的，而且建立起來也非常容易。你只需要在結構化的強韌連結中增加相對少量的遠端友好聯絡人，並且可以在必要時與他們取得聯繫。

你已經生活在一個小世界了嗎？如果沒有，可以在網路中添加遠端的友好聯絡人來輕鬆建立一個。

330・什麼是超級連接者？

「超級連接者」是我稱呼那些無論是在特定領域中，還是在跨領域的情況下，和很多人建立連結的人的方式。

或許在特定的領域中，最好的例子是半流浪的數學家保羅・艾爾多斯（Paul Erdös），直到一九六六過世之前，他主宰了他那個領域。他依舊是數學學術文章的紀錄保持人，總共有一千四百七十五篇作品。更有趣的是，其中大部分文章是與另一位數學家合作撰寫的，合作者的數量很驚人，總共有五百一十一人。在他那個時代的一千名頂尖數學家中，每個人都透過艾爾多斯與其他人聯繫在一起。

其他例子還有德國攝影界的安德烈斯・邁耶（Andreas Meyer），以及我最喜歡的例子，彼得・哈丁（Peter Harding），他是一位英國人，他將稀有的國際古董蘭吉雅汽車領域連結起來。世界上任何地方的蘭吉雅愛好者，可能都見過彼得・哈丁。他的客戶來自各行各業，經常和他一起去法國或義大利旅遊。他向每個人介紹彼此，並將許多相關的重要人士聯繫起來，包括買家與賣家、拍賣師和經銷商、汽車車主與零件供應商。

還有一些例子，例如芝加哥的洛伊絲・溫伯格（Lois Weinberg），麥爾坎・德拉威爾（Malcolm Gladwell）在《紐約客》雜誌上發表了題為〈洛伊絲・溫伯格的六度人脈〉（暫譯，*Six Degrees of Lois Weinberg*）的文章，以及其他許多人，他們在特定領域將全球各地的人們聯繫在一起，不過你可能不認識這些人。

大多數超級連接者都不出名，而且很多都害羞或內向，但他們用自己的方式，讓世界在他們的領域中運轉。他們將世界上每個人聯繫起來，或在不同的世界之間架起橋樑。為什麼成為其中一員是件好事呢？因為你將能做很多好事，成為你自己的小網路的中心，並早一步獲得有用的資訊。身為超級連接者有更多樂趣，沒有比這更好的理由了。

你是超級連接者嗎？你能成為這樣的人嗎？

331・你想成為超級連接者嗎？

十八世紀法國哲學家丹尼斯・狄德羅（Denis Diderot）寫道：「一切事物都是環環相扣的，人類透過一條鏈結相互聯繫在一起。」他表示，哲學家的藝術是在人與人之間加上新的聯繫，「以盡可能縮短人與人之間的距離」。

史丹利・米爾格倫（Stanley Milgram）、鄧肯・華特（Duncan Watts）、馬克・格蘭諾維特（Mark Granovetter）等人的實驗充分證明了「小世界」假說。對大多數人來說，透過某人認識某人……透過總共五到六個這樣的連接者，可以與世界上幾乎任何人建立聯繫。

有趣的是，實驗證明，有一小部分人是「超級連接者」，透過與社會上不同「群體」的人保持聯繫，進而擁有更大的社會影響力。藉由與至少一個來自完全不同群體、地點和職業的人保持聯繫，連接者們將原本八竿子打不著的人們聯繫在一起。他們藉由增加人們之間的連結，實踐了狄德羅的「哲學家的藝術」。

除了發現自主性連結的純粹樂趣之外，成為超級連接者的好處還有他們可以更快地獲取新資訊。他們從一組共享資訊的朋友那裡獲得新訊息，接著將資訊傳遞給和第一組群體沒有交集的個人或團體，超級連接者是兩群人之間的重要橋樑，並且可以比別人更早意識到新資訊的價值。

網路社會之所以能發揮效用，是因為超級連接者。少了它們，網路社會就無法運作得宜，甚至可能根本就運作不起來。因此，超級連接者理應從個人和團體的連結中獲取所有好處。

你知道如何成為自己世界中的超級連接者嗎？

第三十九章　選擇與創造你的樞紐

你生活在「樞紐」之內，也就是你所屬的群體和網路。要如何避免「樞紐的引力」，創建自己的樞紐並從「思想的網路結構」中受益呢？

332・選擇與創造你的樞紐

「樞紐」是我們所屬的群體，主要由生活中重要的人之間的緊密連結所組成。放眼歷史，特別是過去三百年，人類樞紐的數量和種類一直在穩步增加。在石器時代，人們只經歷過兩三個樞紐——家庭、部落，以及男性的狩獵團體。即便狩獵採集被農業所取代，大多數人的樞紐仍只有家庭、部落、農場，或許還有市場。

幾千年來，人類的生活高度可預測，且侷限於當地。接著是城市的發展及工業革命。普通人開始進入現代世界，像是城市、學校、大學、職業中的多種工作，自由的志願團體和朋友圈等都會的軌道。

列出你經歷過的所有樞紐。你出生的家庭，你透過婚姻進入的家庭；所屬的不同朋友群；就讀的學校和學院；你的公司，或你所在的部門（如果規模較大）或你參與的其他工作小組和專案；體育俱樂部、健身房、社團或興趣團體；社交或志工中心；教會和其他親善團體，或是社交或旅行時遇到的其他群體。

你估算自己大約屬於幾個樞紐？有幾個在你的生命中留下了印記？你認為整體來說，你有正確地選擇樞紐嗎？如何能有更好的選擇，或者你還會做同樣的選擇嗎？

最後，關於樞紐，最棒的是你可以創造屬於自己的新樞紐：一群親密的朋友，一個終生受用的學習小組，甚至是一個新的俱樂部、社團或組織。能夠創建一個或多個自己的樞紐，是生活中的巨大特權和優勢，可以提升生活的幸福感和意義。任何人這麼做都不會有障礙，但不是每個人都會採取行動。

你最想創造哪一個新樞紐？

333 • 避免樞紐引力

我訪問過數百個人，詢問他們過去和現在所屬的樞紐，並且詢問他們是否有做出正確選擇，以及現在是否繼續下去。你覺得這些人認為他們的樞紐最普遍的缺點是什麼？沒錯，你可能答對了！最常見的缺點是，人們在過去的樞紐中待了太長時間，甚至覺得在目前的樞紐中也花太多時間了。樞紐有很多優點，但它們急切想要留住人。這可能對樞紐有利，但對個人有害。

樞紐經常表現出群體思維和權威等心理力量，這形成了我所說的「樞紐引力」，即它們傾向於維持現狀並緊緊抓住成員。情況會變糟，因為組織中的個體經常表現出順從、害怕改變、希望成功以及自然而然對同事表達同情，這使得他們待在組織中的時間，超過了對他們有利的時長。此外，正如研究員馬克·格蘭諾維特所說，「長期待在裡頭，會切斷個人人脈的積累，從而減少流動的機會。」

我採訪了一位在LEK取得成功的朋友，後來他加入了一家比較小的公司，二十年後仍然在那裡工作。他告訴我：「上次經濟衰退時，公司經歷了一段艱難的時期，我覺得有必要留下來，讓業務重回正軌。坦白說，跳槽到這裡是個錯誤，繼續待著更糟。」

你目前正在哪些樞紐中？在那裡你開心嗎？

334 • 網路結構思路1：目標市場

有個網路結構，可以讓優秀的思維被發揚，並且變得更加強大。基督教和馬克思主義提供了很好的例子。拿撒勒人耶穌傳達了革命性的新訊息，十九世紀後的卡爾·馬克思也做了同樣的事。耶穌和馬克思活著時完全未能對他們的世界產生多大影響。首先，他們的目標市場不對。

耶穌的目標市場是猶太人。在他那個時代，猶太教的領袖是法利賽人，他們主張嚴格遵守猶太律法以及行善。另一方面，撒都該人、祭司和大祭司的首要任務是維護耶路撒冷聖殿的榮耀並與羅馬當局保持良好關係。這兩個群體互相不喜歡對方，但耶穌的社會革命訊息對任何一方都沒有吸引力。

大數的保羅修改了耶穌的訊息，以吸引希臘人和羅馬人，而不是猶太人。重點被轉向了利用上帝的力量來完善自己，這是斯多葛主義的改良形式，是一種成功的哲學，還加上耶穌的愛和永生思想。

馬克思的偉大思想是，資本主義正在取代封建主義，社會主義將不可避免地取代資本主義，他聲稱，資本主義使工人陷入了貧困。社會主義由聚集在城市的工廠工人所推動，他們在街頭進行革命。馬克思失敗了，因為資本主義使工廠工人更富有，而不是更貧窮。他的目標市場錯了。

列寧承襲了馬克思社會主義必勝的思想，但將目標市場改為俄羅斯農民，而不是已開發國家的工人。經過三年可怕的戰爭後，他承諾俄羅斯農民土地、和平和麵包。

若你想要有革命性的改變，目標市場是誰？

335 網路結構思路2：樞紐

除了將基督教的目標市場從猶太人轉向希臘人和羅馬人之外，保羅還建立了一個樞紐：耶穌追隨者的當地團體，他們組成一個強大的傳教團體「教會」。這個樞紐是人，而不是建築物。保羅利用羅馬的道路和航運網路，在羅馬帝國的每個主要城市組織教會。

列寧和保羅一樣，是一位有魅力的組織天才。他在俄羅斯城市中建立了在他一人掌控之下的樞紐，布爾什維克黨和革命基層組織。布爾什維克黨只有幾百人，但全都是忠誠的革命者，隨時準備射殺任何敵人。一九一七年十月，除了極大的運氣和農民的政治支持之外，俄羅斯主要城市列寧格勒的特殊情勢，就是建立社會主義暴政所需要的一切。

諸如基督教和馬克思主義之類的思想，或者任何其他強大而原創的思想，並不會因為其本身的優點而生死存亡。它們需要一個適當的目標市場、非常有能力、性格強烈的組織者，並創建一或多個新的樞紐。如果沒有保羅，以及後來的羅馬皇帝君士坦丁，基督教就不會重塑世界。要是沒有列寧，馬克思的雕像肯定不會存在於俄羅斯、東歐、中國和南美部分地區。

保羅和列寧分別為耶穌和馬克思的失敗思想注入了新的活力，澈底改變了目標市場，並建立了新的樞紐。無論一個思想多麼偉大，都需要一個由有紀律且專注的支持者組成組織，才有辦法改變世界。

你想用什麼重要的方式改變世界嗎？現在你知道該怎麼做了！

第四十章　預感

預感是基於直覺和過往的經驗，是快樂和成功的核心。預感並非不理性；我們知道的事情，遠遠超過我們有意識到或是能表達的。我們將會看到，預感的能力和80／20息息相關，且可以被大幅改善。

336・發展你的預感能力

只要培養出更優秀的做出非常重要（80／20）決定的能力，生活就能更進步、更快樂。這適用於你最重要的人際關係——要愛誰、和誰成為親密的朋友，在個人發展的道路上向誰學習；反之亦然，在個人發展的道路上教導和幫助誰、如何找到人並與對方相處，以及誰可以推進你的職業生涯。

回顧一下你的生活和事業。找出五個你所做出的影響最深遠的好決定，還有五個影響最深遠的錯誤決定。完成後，做出改變生活的決定，並回想一下是**如何做出這些決定的**。當然，你可能會請朋友幫忙做決定，但做出最終決定的還是你。你是怎麼做到的？

總體來說只有兩種方法。一是使用理性分析，找出替代決策的優缺點；另一個是憑藉你的直覺。大多數人最終都是憑直覺做出大部分的決定。例如，理性分析不能成為和誰結婚的主要決定因素。思考只能帶你走這麼遠；生活中幾乎所有關鍵決策（包括商業決策）都是憑直覺做出來的。

你覺得自己的直覺有多可靠？生活中的哪些方面比較優秀，哪些比較差？若你可以改善直覺（做決定時的預感能力），就能改善生活。

337 • 預感到底是什麼？

麥克斯．剛瑟總結地很好：「預感是心神的一部分，感覺像是知識，但不完全值得信賴。」[55]他舉了康拉德．希爾頓為例，希爾頓是同名連鎖飯店的創始人，當時他正在以秘密競投的方式競標芝加哥的一家飯店。在截止日期前幾天，希爾頓提交了十六萬五千美元的出

55 引用自麥克斯．剛瑟《幸運因子：為什麼有些人比其他人更幸運以及如何成為他們的一員》。我大力推薦這本書。我不同意剛瑟在書中所說的預感技巧，以及所討論的其他技能屬於運氣問題。我認為機遇很明顯是可以培養的技能，因此不能說是純屬運氣。然而這仍是本值得一讀的著作。

價（這已經是很久以前的事了）。那晚他睡得很不安穩，醒來時感覺自己的出價太低了，沒有勝算。基於這個直覺，他將價格提高至十八萬美元。最終他贏得競標，而第二高的價格是十七萬九千八百美元。

你記得上次根據直覺做出重要決定是什麼時候嗎？進展如何？

我們所知道的，比自己想像中還要多。終其一生，我們收集了數百萬，甚至數兆條資訊。這些數據可能是事實，但很多時候我們所知道的事情，包括最重要的事情，都不能稱得上是數據，它們不夠精確和確定。它們是介在感覺與事實之間的東西。

儘管如此，這些有用的資訊碎片都儲存在你的潛意識中，當必須做出重要決定時，就可以讀取它們。整體來說，你必須運用你的直覺。

當你在街上聽到某人的聲音時，即使你看不到他們，也會立即知道對方是誰。你會產生情緒反應並立即回憶起關於他們的事情。你的反應來自於潛意識，而不是你的理性頭腦。

你知道自己做出大小決定時，有多依賴直覺嗎？你的預感技巧能提升嗎？

338・80／20適用於預感技巧

80／20提出了以下關於預感技巧的假設：

- 每個人的成功和幸福都和他們根據直覺做出決策的能力有關。做出生活中的關鍵抉擇時，理性智慧的用處遠不如預感技巧有用。

- 理性智慧受鐘形曲線所影響。大多數人的智慧都處於一個狹窄的範圍內。根本沒有人的智慧比其他人高出很多倍。
- **預感技巧不一樣**。預感技巧受制於80／20。有些人的直覺比其他人敏銳很多。這能解釋為什麼有些人具有做出決策的技巧，從而帶來突破，而那些缺乏預知能力的人卻無法做到這一點。例如，很明顯，亞伯特·愛因斯坦的強大盟友是他的直覺，直覺帶來的見解，是受過更好教育和經驗豐富的物理學家無法獲得的。華倫·巴菲特和比爾·蓋茲等億萬富翁的預感能力比一般同齡人高出數百倍。
- 極其出色的預感技巧，通常僅存在於相當狹窄的範圍或專業「領域」。巴菲特的專長是投資可口可樂等技術含量相對較低的上市公司。蓋茲出色的預感技巧僅限於資訊科技的尖端範圍。
- 找出你預感技能最強的地方，將技能發展到更高等級。

在哪個領域中，你的預感技能最可靠、最有生產力？

339 · 預感的好壞取決於產生它的過去經驗的總和

「預感的好壞取決於產生它的過去經驗的總和」，娜塔莉·珊尼斯（Natalie Shainess）

如此說道。她在治療患者時依照直覺做出決定，並相信自己的預感，因為它們是基於狹窄領域內的長期經驗。

如果預感不是隨機的，而是基於所有部分事實、近乎事實、對先前模式的印象和認知、新的經驗，以及以最接近先前模式的形式幫新的經驗分類，那麼好的預感就完全有道理了。

由此可見，你可以透過精準定義專業範圍，以及在你的舒適圈內累積更多經驗，來提升自己的預感。此外，它還表明，在缺乏經驗的領域內，你不應該相信自己的直覺。

新手要小心，不應該相信籠統的直覺，也不應該基於有限的經驗基礎做出大額賭注，無論是財務還是個人方面的賭注。很多人以為他們可以選擇可能出現在輪盤賭或樂透開獎的數字，但他們錯了。諸如此類的隨機事件不易受到預感的影響。

這些純粹是運氣的問題，而運氣是不受預感影響的。大多數的賭徒最終都會把錢輸光，因為他們開始相信自己的直覺。少數成功的長期賭徒擁有其他賭徒無法獲得的特殊知識。

然而，巧妙的預感完全依賴潛意識的經驗和知識，這點可能不完全正確。有些人似乎在特定領域擁有卓越的判斷力和精明的技巧，即使他們在這些領域中並沒有累積很多經驗。

有一個好方法，可以檢視你是否屬於這類人。如果你認為自己有這樣的特技，請記錄下你的預感，觀察它們在經驗多和經驗少的領域發揮功效的頻率。

你在哪些領域擁有豐富經驗？你的預感在那裡更有效果嗎？

340 • 如何偵測錯誤預感

成功的預感最大的敵人就是癡心妄想。當你非常希望某事發生時，很容易以為自己有預感事情真的會發生。這裡是五個區分真實與錯誤預感的方式：

- 沒有既得利益的預感，可能值得相信。
- 你不希望產生的預感，絕對可以相信。
- 如果你有預感，也希望某件事情發生，問問在該領域有經驗的朋友，請對方給予意見。除非你朋友的想法非常樂觀，不然不要相信這種預感。
- 想像一下預感可能會出錯，且後果將有多嚴重。
- 假如深思熟慮後，你養成了將希望和預感混淆的習慣，那就停止相信所有的預感。

你相信自己不會混淆預感和希望嗎？

341 • 如何改善你的預感

藉由增加已經有良好預感的領域的經驗，你可以增強你的預感。還有另一種方式：多加利用潛意識，改善使用的方法。第二種方法能帶你前往第三種方法：避免過度分析。分析和直覺之間進行著一場拉鋸戰，兩者都在爭奪你的決策的「市佔率」。分析的歷史可以追溯至很久以前，法國、英國和美國十八世紀末啟蒙運動學派特別喜愛分析。這些學派相信科學和理性將帶來無窮的進步，搞不好能使人類變得完美！搞不好你還記得，班傑明·富蘭克林建議他的讀者，列出任何舉動的利弊之後才能做出決定。

雖然有強力的證據表明，我們的決策是隨意且憑直覺做出的，且人們認為這既是不可避免，總體上也是有幫助的，但生活和商業尤其著迷於定量分析，並且越來越依賴演算法而不是人類的判斷。舉例來說，是否該向銀行貸款印刷書籍。演算法的成本比人類低，但不一定更好。

詳細的分析，尤其是金融方面的分析，可能是件危險的事。它經常是建立在難以捉摸但不為人知的假設之上；例如，未來將會和過去一樣，透過分析法判斷的重要因素將繼續被採用。當我做出重要決定時，都會坐在魚塘邊，問問魚的意見。也許是因為我的定量技能不足，所以我依靠直覺來做出關鍵決策，到目前為止，直覺幫了我很多。**直覺越是基於相關的經驗，效果越好。**

你比較依賴分析還是直覺？你能藉由大量練習改善直覺嗎？

342・待在你的預感舒適圈內

我們都發現，有些人在自己的特定領域裡是直覺天才，並且獲得巨大的成功，但當他們試圖將自己的「天才」運用到新的領域，甚至是那些看起來與他們的領域相近的範圍時，結果卻一敗塗地。從成為政府部長的工會領袖到針對流行病發表看法的億萬富翁企業家，人們都認為在某個領域成功，到了另一個領域也會如此。

如果你遵循這樣的假設，即直覺和感受、印象、破碎的事實有關，而藉由幾十年在某個狹小領域內的經驗，這些都被集結到了潛意識中，那麼就能明白為什麼一個領域的成績可能無法轉移到另一個領域。這顯示了你必須待在自己的預感舒適圈，或至少要在新領域獲取大量相關經驗，才能在不同領域做出巨大貢獻。在熟悉任何陌生領域之前，保持謹慎及謙虛。

我四十多歲的時候開始執行一項新任務，擔任南非一家大型組織執行主席的顧問。這對我而言是雙重的新鮮事，因為我從未待任過教練／全職顧問，也從沒去過南非。我有很多我認為相關的經驗，但還需要透過了解新領域來完善它們。我很想提出個言之尚早的建議，但忍住了。這樣也沒什麼不好，因為最終我推翻了早期最喜歡的大部分假設。

你是否也有過類似，轉換成陌生角色陌生或是跳槽到新環境的經驗？進展如何？

343・謹慎判斷對人的預感

有些人面對他人時，非常擅長根據直覺產生預感。然而，如同80／20所預測，大部分人沒有這個能力。「大部分人」可能包括你，肯定也包括我！

問題如下。我們都傾向對人做出迅速的決定，這是一個簡單的化學作用。當你走進房間並遇到初次見面的新朋友時，可能會產生直覺反應。這樣有利有弊，但三十秒後，你就會知道自己是否喜歡對方。你可能對他們的聰慧程度有印象，以及有各種關於他們的想法。這可能和你是否認為他們「和我們一樣」有很大關連。我們本能地信任與我們相似的人，不相信相異的人。這種反應甚至能追溯至石器時代，當時人類的基因表示，不要信任部落之外的人。**不要相信你的反應**。你有多常不喜歡或不相信初次見面的人，但逐漸了解對方過後，喜歡並給予他們正面評價？這種事發生在我身上很多次。一旦我們更了解某個人，就會喜歡上對方。熟悉感通常不會換來蔑視，而是尊敬。

還有另一個原因說明不要相信你的即時反應。你的潛意識之所以能帶來準確的預感，主要是因為它含有你一生中累積的數萬億個印象、共鳴和事實或半事實。值得重複的是，**預感的好壞取決於你生成預感的經歷**。對於才剛認識的人，怎麼可能擁有大量資訊？你會因為有關他們表面或是不相關的數據偏離正軌，比如他們長得多好看，或是表現地多有自信。如果你已經認識某人很多年了，你對他們的預感通常是正確的。如果不是熟人，那就是錯的。

你會依據第一印象行事嗎？要如何避免這種傾向？

第四十一章　機遇眷顧勇敢的人

勇敢是有效用的。它融合了自信、意志和追求有風險的目標。想要成為勇敢的人，你需要做實驗，並且要有嘗試主宰生活的願望。

344・機遇眷顧勇敢的人

古羅馬人發明了這個說法：機遇總是眷顧勇敢的人。例如，尤利烏斯・凱撒就大膽地前往未曾有人去過的地方。他征服了高盧（法國）、德國和英國（嗯，幾乎）的野蠻人，並鋪設了至今仍然存在的道路網。正如他所說，「我來，我見，我征服。」只要夠大膽、有進取心，那就夠了。

由於三個簡單的原因，勇敢在今日依然有效。首先，勇敢的人更有可能承擔風險，並創造自己的人生道路，無論是加入快速發展的公司或社會運動、成為自營職業者還是創辦自己的企業，也無論規模大小如何。

風險之中有個錯誤的市場。潛在的回報超越了風險，因為太少人來冒險了。冒險是最快速的學習、創造價值的方式。你可能會做出錯誤決定，但即便如此，只要是有根據的行動，就有可能以錯誤的理由踏上一條正確的道路。永遠都要記得哥倫布，他的目標是印度，但及時發現了美國。哪裡有生命，哪裡就有行動、就有希望。

第二，大膽的人更有可能意識到巨大機會的存在。他們更有可能尋找並結識能夠在生活中提供幫助的人，也更有可能參加活動和聚會，在那裡遇見偶然的機會。

第三，勇敢的人更有可能尋求不合理的、驚人的成功。[56]

一分到十分，你的膽量有幾分？你能變得更勇敢嗎？

345・勇敢代表做實驗

根據觀察，生活不是彩排，而是真實的演出。每一天都很重要。每一天都能改變你、讓你發展，只要你敢做實驗的話。**實驗會幫助你找到命運**。它能緩解無聊，強迫你接受新的角色、新的面貌和新的身分。

56 關於這點，如果還想要了解更多，請參考我的書《如何達到不合理的成功：解開改變世界者的九個秘密》（暫譯，*Unreasonable Success and How to Achieve It: Unlocking the 9 Secrets of People Who Changed the World*），二〇二〇年。

你曾在幾個不同組織工作過？在每一個新的地方，你有學到不同的東西嗎？就算你不喜歡，也學到了應該避免什麼，或者還學到更多。

你經歷過多少不同的領域或學科？行銷是一門學科。任何可以深入鑽研的東西都是一門學科。銷售是一門學科，管理、工程、表演、任何形式的藝術、任何有專屬規則和方法的事物也是如此。

你屬於多少個不同的團隊（任何類型，包括運動、業餘愛好者、工作團隊）？你學到了什麼？你最喜歡哪一個？

你居住過幾個城市、城鎮和國家？每個地方都是不同的。它們都會教你一些東西。你與多少個不同群體或個人住在一起過？你對自己有什麼了解？

能在生活中找到自己的舒適圈非常棒，你會對這個地方和人感到認同並心滿意足。

▼你找到你的舒適圈了嗎？持續實驗，直到找到為止。

346・勇敢意味著主宰生活

每個人都主宰著生活，或者更常見的是，被生活主宰。

主宰這個行為，不必表現出任何形式的男子氣概。它可以是非常安靜、內省和溫柔的事情。細小鎮定的聲音，比滔滔不絕或吼叫聲更有效。主宰意味著在生活中留下你的印記。不可能有人很勇敢，卻不這麼做。

勇敢意味著固執，也就是擁有自制力。大膽往往代表著有些不近人情，意味著要求嚴格、自信，但也意味著富有想像力。大膽是著手執行新的、有時看似不可能的事。大膽代表要伸手摘星星。

尤利烏斯．凱撒很無畏。耶穌基督也是如此——用一種相反的方式。達文西很勇敢。過去和現在的每一位先鋒藝術家、音樂家、探險家和思想家也是如此。然而，大膽不一定是好事。列寧、史達林、希特勒和毛澤東都是大膽的。他們顯著地改變了世界，同時也許是不可逆地讓世界變得更糟。

要對付負面的膽量，不是依靠溫柔和自我克制，而是透過好的勇氣。

一到十分，你有多勇敢？你該怎麼做，才能將勇氣提高到十分？

347．勇敢與運氣

勇敢和運氣是兩回事。勇敢是個人的行動，是嘗試控制無法掌控的事情、主宰命運並改善生活，無論是徒勞還是成功。另一方面，運氣是純粹的機會。你不能改變或影響它，而是受到它的改變或影響，且完全是隨機發生的。你無法吸引或抗拒運氣。運氣是隨意地獎勵好人或壞人、好行為或壞行動、聰明或愚蠢之人。

你可能會這麼爭論，勇敢和運氣存在於不同的宇宙之中。勇敢是勇敢，運氣就是運氣，兩者永遠不會相遇。

大膽是種優點，因為它能替個人帶來好的結果，前提是出於善意。運氣完全無關道德。幸運不代表擁有美德；因為幸運的本質是被動的，不是因為你或你的行為。

然而，這樣說並不完全正確。大膽無畏需要實驗。勇敢代表你嘗試主宰生活，也代表你讓自己走上了好運或厄運的道路。幸運和厄運的數量可能會一樣，而這就是每個人運氣的本質。但是呢，好運與厄運的結果並不是對稱的。如果你態度正確，或許能夠擺脫厄運。此外，要是態度正確，也可能換來好運。請想像有兩個智慧與能力相當的人。一個待在他的洞穴和社區中，從不冒險踏出；另一個則充分體驗了生活。哪個人可能做得更多、成就更多呢？主動接觸運氣，帶來的總體影響是正面的。

機遇眷顧勇敢的人，不只因為思想和行動拓展了你與宇宙的可能性，也因為你主動接觸運氣的行為、你對運氣的反應相當重要。

你如何應對好運與厄運？

348・要慶幸生活並不公平

你可能希望隨機的事件對人類和社會的影響是中立的。根據定義，隨機事件是好是壞，機率是一樣的。沒有證據顯示上帝或其他人會投擲運氣的骰子，如果真的有，那就不是隨機的。**但我會挺身而出，斷言運氣的存在是一件好事**。

想像一下相反的情況——一個沒有運氣、沒有突然出現機會的世界。在這個世界中，所有人都會得到應有的懲罰。這樣有什麼問題嗎？大有問題。

如麥可．楊（Michael Young）在他一九五八年精彩的諷刺作品《精英政治的崛起》（暫譯，*The Rise of the Meritocracy*）中所說，人們將難以忍受一個以功績為基礎、只能透過資歷來做判斷的社會。那些位在頂層的人會沾沾自喜、囂張跋扈。而底層的人會受到壓迫、絕望，很快就會陷入被動或叛逆的貧困階級。

此外，透過試驗的錯誤，自由市場的經濟比社會主義或法西斯計劃運作得更好。我們藉由實驗找出更好的辦法。事實證明，人們鼓勵且獎勵那些能夠讓生活變得更美好的實驗。之所以如此，原因可能是實驗帶來更好的想法或技能，且幾乎也含有更大的運氣成分。對於社會來說，學術性較低，但是更活躍的推動者和撼動者，有時會勝過那些資歷較佳但做較少實驗的人，這樣對社會是有好處的。運氣是很好的平衡器。運氣鼓勵積極進取。

就個人而言，我們可能會經歷或多或少的好、壞運氣。但總歸來說，運氣是生活的甘美潤滑劑。因此，如果你運氣不好，聳聳肩，抬頭挺胸，體會到不平等中的公平。**要慶幸生活並不公平！**

你認為運氣的存在是好事、壞事、還是不好不壞？

349・生活是個高空鞦韆

吉姆・勞倫斯是我創辦 LEK 的兩位合夥人之一，他曾說了這樣的話：「這不是公司的階梯，而是公司的高空鞦韆。你從一個鞦韆跳到另一個。如果你很幸運，就能在它騰空飛往更高處前抓住另一個鞦韆。」

另一種說法是，不只是職業，生活也是一場蛇梯棋（一款兒童遊戲，棋盤上有蛇和梯的圖案）。期待有一條向上突破的道路是不切實際的，對你來說甚至沒有好處。沒有什麼比成功更容易失敗，也沒有什麼比失敗更成功了。

失敗是種回饋。你要不是做了錯誤的事，就是以錯誤的方法行事。是哪一種呢？做了錯誤的事，意思是你做了一些不感興趣或不擅長的事。用了錯誤的方式，代表你違反了80／20，投注大量心力卻得到糟糕的結果。如何才能反過來呢？

你很擅長某件事。可能是組建一個快樂的家庭、藝術之類的活動、勸服別人、科學、或者擅長讓某件事運作。做任何自己喜歡的事，只要不是法律、牙科或投資銀行之類的事情就好，這些領域中大部分的專家都很悲慘。

生活是高空鞦韆。盪上、盪下。讓自己到達有辦法抵達的高點。那比你想像地更高。是時候將你的高空鞦韆盪得更高了嗎？

第四十二章　帕斯卡賭注及不對稱賭注

哲學家暨神學家布萊斯．帕斯卡（Blaise Pascal）告訴我們，要考量賭注的好處和壞處。要想變得富有，或單純想享受生活，就應該投注高上漲、低下跌的目標。

350 • 帕斯卡賭注

布萊斯．帕斯卡是十七世紀的頂尖數學家、科學家、哲學家與神學家。身為虔誠的天主教徒，他提出了理由，說明要在不確定的情況下相信上帝。他的「賭注」的概念是，如果有人打賭上帝存在，並採取相應的行動，若上帝確實存在，這些人將在天堂享受永生，這是一場巨大的勝利。若上帝不存在，他們失去的東西相對較少，只是少了點生活的樂趣。

另一方面，如果有人打賭上帝不存在，結果賭輸了，那麼後果會很糟，這個人不僅錯過了天堂，還會被貶到地獄裡永世不得超生。正如許多人所觀察到的，這就是狡猾的神學。什麼樣的神會受到基於這種賭注的信念所吸引？什麼樣的上帝會因為人們做出了錯誤的理智決定，而將他們送進永恆的地獄？

然而，帕斯卡偶然發現了一種可以運用在生活中重要決定的方法，並且很大程度地幫助包括我在內的許多人賺了很多錢：要考量任何不確定的決定的好處與壞處。更重要的是，要將這個方法運用到生活中比金錢更重要的事情上，也就是和你的快樂與成就感有關的事。

你可能不知道決定是否「正確」，但或許能粗略地判斷做出這個決定的結果是好是壞。要做出高上漲、低下跌的賭注。

你是這樣想的嗎？你應該這樣想嗎？

351• 當事情變得艱難時，退出吧

投資者經常被告知，有一種叫做「棘輪」的裝置。這個裝置讓車輪向前轉動，但阻止其向後滑動。投資股票市場時，以「棘輪」的形式設定停損點通常是個好主意。例如，如果你購入股票，但股價下跌了百分之十五，那就賣出。這樣你的損失就只是投資金額的一小部分。另一方面，「運行你的收益」通常個好主意，代表你沒有限制你的上漲空間。

同樣的原則也適用於生活中較重要的領域。如果你做出了一個重大決定，例如與某人交朋友、換工作、加入俱樂部或網路，或任何其他真正重要的決定，但結果卻很糟，這時該怎

麼辦？

傳統的智慧是堅持下去：「事情變得艱難時，堅強的人會繼續前進」（也就是說，用更多精力堅持下去）、「贏家從未放棄」，以及其它類似的廢話。80／20的智慧是**退出**。在腦海中設定一個棘輪。如果有事情令你不開心，結束吧，做些不同的好事。

為什麼這麼做是明智的？因為當事情開始出錯時，只會每況愈下。如果你搭乘一艘小船出海，海面開始變得越來越洶湧，那麼繼續航行跟退回港口，哪個較為明智？

如果你是經理，遇到了表現不佳的人，並且出於人性的尊嚴給他們一次機會，然後又給了另一次，你總共會給幾次呢？有多少次能有好結果？有幾段婚姻開始出問題後，突然間情況扭轉，奇蹟般地走回正軌？如果你犯了一個導致壓力和不快樂的錯誤，有幾次堅持下去是明智的做法？

根據你的經驗，有多少次糟糕的情況會變得更糟？有多少次情勢會好轉？

352・我們犯錯的三個原因

為什麼我們會犯錯？首先，我們都很難說出「我犯了一個錯誤，我做錯了」這樣的話，尤其是需要公開這麼做的時候。

第二，我們做任何種類的投資，尤其是情感方面的投資時，很難放棄。我們都不願意、都很討厭虧損。我們否認、拒絕承認它。心理學家已經證明（至少他們自己滿意這個結果）我們討厭損失多於喜歡收益。這種悲慘的哲學似乎深深根植於我們的骨子裡。同樣地，很有可能是因為在石器時代，錯誤往往致命。在現代世界，如果你準備好改變想法，做些更有可能讓你快樂和安全的事情，那麼錯誤通常可以修正，不會感到丟臉或焦慮。

第三個原因是沒有人真正「理解」（完全理解、深刻重視、時刻放在心上）80／20。生活中有一些領域，尤其愛情和工作，當中的少數事情會影響和豐富我們的整個人生。正是這些領域中的錯誤必須被糾正，否則你便無法得到應有的快樂與能力。

並不是說你應該改正所有錯誤，老天爺不可能允許的！你總是不斷地改變想法和行動。不會影響到你生活中的和平和地位的小錯誤是可以存在的。

你可以持續厭惡損失，持續感到驕傲，否則你會覺得人生完全無望了。很多方面我們都是如此，但沒有關係。繼續維持你錯誤的自尊心吧！但在重大的領域中，你必須糾正錯誤。

當生活中非常重要的領域情況嚴重惡化時，你會止損嗎？

353・在你三十、四十、五十歲之前……

麥克斯．剛瑟提出了一個引人注目的觀察：「按照常見的模式，一個人生活的主要結構，在三十歲或更早的時候就已經定型了。」他表示，過了這個階段，很難改變職業或重新設計你的生活。

這可能是真的，也可能不是，很難用經驗來衡量它，因為改變職業或重新設計生活的定義非常模糊。但正如他所說，「從那時起，我們只會做一些小小的修改」。然而，這當然不是必然的。

你的人生是否在某個特定的年齡中斷了？所謂的「中斷」，我指的是職涯改變、新的情感關係、搬到完全不同的國家或地區、態度和性情的轉變，或任何主要的中斷，讓你脫離了從前的道路。

三十歲那年，我陷入了危機。我在唯一真正重要的工作上失敗了，並力求讓職涯重振旗鼓。三十歲時我在「策略諮詢」同一領域找到了一份新的工作，三十三歲時，我成了該公司的合夥人。

如果你的職業生涯陷入停滯或自我毀滅，請**在一個截然不同的環境中再試一次**。四十五歲左右我搬到南非兩年，接受了完全不同的挑戰。從那時起，我同時擁有了兩項新的職業：作家和創投家。三十歲、四十歲、五十歲……或八十歲，可能都是盤點和改變方向的好時機，但你隨時都能這樣做。

如果你的生活不順遂，那就與過去決裂，去做點別的事情吧。

▶你想這樣做嗎？做吧！

354・我們應該嘗試了解多少？

今天我讀到韋納・海森堡（Werner Heisenberg）這句有趣的名言，他是一九二〇、三〇年代世界頂尖的物理學家之一：「只有少數人知道，我們必須知道多少，才能藉此知道自己有多無知。」

海森堡是微觀世界的偉大探索者之一，微觀世界是物質的微小部分，其中行為極度不可預測。對他以及此後的許多人來說，貌似我們越了解科學，對它的理解就越少。

這讓我想知道80／20的知識觀為何。嘗試看看這些假設：

- 在十八世紀，受過教育的人可能了解所有知識分支的基礎知識。這些人只佔社會的一小部分，但知識是通用的，而不是屬於特定人士的。
- 今天，知識被分成一百萬個不同的學科和子學科。只有一小部分受過高等教育的人能夠自信地跨越學科界限。
- 然而，有些「生活技能」是大家都可以掌握的。這些「生活技能」是一種普遍智慧，它使積極主動的學習者比大多數人更成功和快樂。這些技能包括心理學、醫學、運動、飲食、機率論、科學、歷史和其他一些對生活相當重要的學科的微小部分。我將理解80／20列為這些技能的關鍵組成要素。

人生中應該要習得以下兩種知識。第一，掌握一些重要的生活技能。第二，掌握一門非常有用的專業知識，能幫助人們更享受生活。

很少人同時擁有這兩種知識，但他們知道想改變生活，要從改變自己開始。

你擁有什麼知識？你想習得什麼新的知識？

第四十三章　黑天鵝效應及歷史

納西姆．塔雷伯在他的偉大著作《黑天鵝效應》中指出，歷史偶爾會因不可預測的隨機事件而跳躍，這與80／20非常相似。和80／20所堅持的論點一樣，重要的事情佔少數，但影響力無窮大。

355・塔雷伯的偉大概念：黑天鵝效應

二〇〇七年，納西姆．塔雷伯在他的代表作《黑天鵝效應》提出了與80／20有關的強大新概念。他的偉大想法是，社會和歷史的變化來自罕見的、不可預測及沒有預測到的事件，而不是來自緩慢累積起來的已知、重複和可預測的事件。他以拉丁詩人尤維納爾的名字將此稱為「黑天鵝」效應，意為「像黑天鵝一樣稀有的鳥類」。

這是一本關於機率的書。塔雷伯說明了卡爾．弗里德里希．高斯著名的「鐘形曲線」，該曲線描述了大多數事件如何落在狹窄的分佈範圍內，而曲線的兩端都有極值。人類的身高、體重以及可疑的智力衡量指標IQ都恰好落在鐘形曲線內。

但個人財富並不符合鐘形曲線。如果符合的話，那麼在二〇〇七年，十六億兆人中將有一個人的收入超過會八百萬歐元，也就是說，沒有人做得到。但事實上，收入超過八百萬歐元的人每五百人中就有一個。財富分佈如同80／20，遵循著一個冪定律。根據鐘形曲線，非凡的結果完全不會對平均值造成任何影響。根據冪律，頂級選手或頂尖賽事可以主宰總數，並使平均值變得無關緊要。

80／20呈現出的是一幅靜態圖片。塔雷伯則很好地描繪出一幅影響力極端變化的動態圖。很多方面來看，他的書都可以說是《80／20法則：第二部》。他還有可能改變我們對歷史的了解。他呼籲要用非凡的成果作為理解現代世界的起點，而不是將它們視為不方便、非典型和難以理解的東西。他的主旨是，因為我們無法預測黑天鵝（無論是正面的還是負面的），所以就是無法預測。

你能想到你的經歷，或是歷史上的黑天鵝效應嗎？

356・黑天鵝效應及歷史

根據黑天鵝理論，歷史是緩慢和跳躍交替前進的。大多數時間都是緩慢前進——改變是漸進式、逐漸累積且可以預測的。巨大且不可預測的跳躍，則是罕見的情況。但這些跳躍改變了歷史，且無法解釋。跳躍的起因不清楚，可能永遠都無從得知。沒錯，塔雷伯說，歷史學家可以解釋發生了什麼事。然而，他們面臨著逆向解讀歷史的危險，解讀出了某種程度的可預測性和必然性，不過那根本不是真的。

塔雷伯表示，以基督教的興起為例。誰預言到它會崛起成為羅馬帝國的主導宗教？當時的羅馬編年史家幾乎沒有留意到耶穌。據我所知（這是我的觀點，而不是塔雷伯的），就在西元三一〇至三一三年，也就是君士坦丁皇帝信奉基督教之前，帝國中最多只有百分之十二的人是基督徒。如果皇帝（及其繼任者）沒有信奉基督教，此宗教可能就此消失，無論如何，耶穌和大數的保羅都會憎恨君士坦丁的宗教。羅馬帝國基督教的崛起是一隻真正的黑天鵝——出乎意料、不可預測且後果極其可觀。

關於歷史，我和塔雷伯不同的觀點在於：我認為找出原因是歷史學家的工作，而這並不是一項無望的任務。正如他所說，黑天鵝確實會出現，例如工業革命、法國大革命、兩次世界大戰、列寧和共產主義、希特勒的崛起、一九四五後歐洲的重建、共產主義的垮台以及國際社會的崛起，還有我們今天所知道的網路。這些事件不可預測且非常重要，但並不代表我們無法確定原因。

尋找原因的過程中，我們應該要記住，它們都是罕見的事件，極不可能發生，當然也不是必然會發生的事。

你同意我的觀點嗎，即理解歷史及其如何展開對於理解現代世界十分重要？你認為你足夠瞭解歷史和我們今日的生活背景嗎？

357・歷史和黑鴨理論

將歷史分為兩種類型是不夠的——一是緩慢前進、可預測的，另一種是黑天鵝的世界，巨大且影響力可觀的事件朝著意想不到的方向前進。

除了黑天鵝，還有「黑鴨理論」[57]。黑鴨子是黑天鵝的基石。它們是重要的事件，可以在很大程度上，或是完全解釋黑天鵝效應。它們比黑天鵝更容易預測，有時會被同時代人關注到。如果那些人將幾隻黑鴨子之間的點連接起來，很可能就有辦法預測到黑天鵝。因此，如果事件是良性的，就能加快它們發生的速度，如果是惡性的，就有辦法阻止事情的發生。

例如，以下這些黑鴨子是工業革命最重要的起因——莊稼輪作和十七世紀農業革命的其他要素、運河的興起、詹姆斯・瓦特的蒸汽機、水力磨坊和其他發明，如飛梭、多軸紡紗機和鐵製工具機，使機械化棉花生產成為可能，理查・阿克萊特等修補匠的存在，早期「創投」融資的可行性，以及蒸汽動力船和火車頭的發明。所有這些都是工業革命起飛的必需要素。

57 我把這個術語及其背後的想法，歸功於我的朋友暨歷史系同學傑米・里夫（Jamie Reeve）。

這些事件或發明，每一項都是不太可能發生的，因此工業革命最初的累積機率近乎為零，但在每個黑鴨子實現後，機率顯著提高。十九世紀中葉的一些同時代人，包括卡爾．馬克思和弗里德里希．恩格斯，注意到了這些事件，並預言了驚人的後果。要是沒有工業革命，不可能實現今天這樣的生活。

你認為是什麼原因，讓黑鴨子連接成網路並且實現？你能發現一些可能變成黑天鵝的黑鴨子嗎？

358 • 與事實相反的歷史，以及歷史和生活中的僥倖逃脫

沒有發生的黑天鵝又如何呢？例如，一九六二年十月十六日至二十八日發生的古巴飛彈危機，被廣泛認為是世界最接近核災的一次。據說甘迺迪總統認為爆發戰爭的可能性介在百分之三十三到百分之五十之間。如果他真的這麼想，那真的非常可怕。

歷史學家應該調查這些以及其他差點發生的災難嗎，或者那些確實算是人類的正面突破呢？如果歷史學家有時因為暗示諸如第一次或第二次世界大戰之類的可怕事件，而遭受到無可避免批評，那如果他們沒有告訴我們即將發生的精彩事件，是否也會被批評，比如反對毛澤東或暗殺希特勒避免大屠殺？

我們正處於與事實相反的歷史的迷人花園中，這些歷史版本可能會改變其整個進程。

與事實相反的歷史真正始於一九二〇至一九三〇年代，尼爾·弗格森和羅伯特·考利等著名歷史學家最近出版的書籍，也探討了許多有趣的假設，當中的假設具有不同程度的歷史嚴謹性。這種類型的假設很容易讓人異想天開或陷入木馬遊行的故事中，但《黑天鵝效應》讓我們非常認真地思考，如何讓與事實相反的歷史受人尊敬並具有學術性。我們能否量化一年左右發生的事件，或是即將發生的事件的機率？

你的生活中，是否發生過重大的「假設」事件？有沒有僥倖逃脫災難，或是不該發生但卻發生了的怪異事件？它們是否值得反思，對未來有何教訓？我曾經躲過幾顆子彈。那些不配得到的極度好運，值得你好好表示感激。

359・80／20的史前起源

黑天鵝包含一些有趣的想像，即可拓展的事件（換句話說，80／20法則）的起源。這些事件可能是DNA，它使人類和其他生物不必活著，也能世代複製自己。進化論是可以擴展的事件；也就是說，獲勝的DNA複製自己，其他DNA則會消失。反思人類如何日益殖民地球，或更「先進」的文明如何消滅其他文明，你就會明白他的觀點。

當字母使我們能夠儲存和加乘資訊時，人類便向前邁出了不公平的一大步。然後是書籍，接著又帶來了更重大的結果，活版印刷技術。書籍被撰寫並印刷出來後，它的訊息就可以傳播出去，而作者不需要做任何其他事情。幾乎沒有事情比圖書出版更「80／20」了，少數受青睞的書本賣出了數百萬冊，並賺取巨額版稅，而絕大多數作者卻無法賺取最低工資。留聲機、廣播、電視和網路加劇了可擴展性，無休止且不公平地將觸角伸向社會及其未來。我甚至不必提到創投，以及它替少數幸運的企業家賺取的鉅額回報。

天知道可擴展性會為我們帶來什麼樣的未來。正如科幻小說作家威廉·吉布森所寫，「未來已經到來，只是沒有均勻分布」。就跟享受成功和道德地位的香檳社會主義者一樣，站在80／20正確的一邊，同時譴責它的不公平傾向。或許文明、宗教或哲學的目的應該是減輕透過80／20傳播出去的負面影響。

你會擔心80／20固有的不公平性嗎？可以採取什麼方法來緩解這種情況？

360・平均斯坦和極端斯坦

納西姆·塔雷伯發明了兩個虛構世界。

平均斯坦是平庸者的領域，大多數事件和觀察都是顯而易見、常規、集體發聲、漸進式和可預測的。這是鐘形曲線的領域，所有一切都接近平均值，非常高和非常低的觀測值很少見，並且永遠不會壓倒大量結果換來的平均值。

極端斯坦是一個由極少數不可能，但具有強力後果的事件組成的世界，這些事件單一、偶然、不可預測、斷斷續續、突然發生、具有破壞性，並且往往是由個人或小團體驅動的。

減肥（或增重）屬於平均斯坦（阿拉伯人稱為M'stan）。無論你做什麼，永遠無法在一天之內減掉很多重量。你也不會突然發財，而是非常緩慢地、經過許多年的努力，比如成為一名優秀的牙醫之後才能實現。大多數的人都是居住在平均斯坦，或許幾乎所有人大部分時間都住在那裡。

極端斯坦是一個不公平的世界，時間和精力往往都不重要。如果你是居住在極端斯坦的金融投機者，可以很快（也許在六十秒內）賺到或損失一大筆錢。塔雷伯沒有明確說明這一點，但極端斯坦是80／20的世界（實際上是99／1）。

平均斯坦是過去的世界，極端斯坦是未來的世界。平均斯坦受到引力和物質世界的暴政的影響；極端斯坦沒有實質的限制，它們都是精神上的，並且從屬於古怪的想像力。平均斯坦不受單一事件或個人的影響，極端斯坦會。平均斯坦輕易地表明事態，而在極端斯坦，很難弄清楚發生了什麼事。

你想住在哪個世界？

361・歷史上的平均斯坦

以下是歷史上一些最重要的事件，這些事件基本上是漸進式的。

幸運的平均斯坦事件：

- 城市的建立和擴張。這是數千年來逐漸發生但重要的趨勢，增加了人際關係和繁榮。
- 為了管理社會生活和防止無政府狀態而制定的民事和宗教規則。
- 自西元一千年起，逐漸增加的自由和封建主義的衰落。
- 科學與技術的興起，主要是一段很長的累積過程。
- 國家及地區之間貿易和共同語言的傳播。
- 十七世紀以來世界性的農業和工業革命，使人口數量和財富呈指數級增長。
- 一八〇〇年後人口遷移到較富裕、較自由的國家。

不幸的平均斯坦事件：

- 大約一八四〇年左右，奴隸交易的興起。
- 綜觀歷史，致命的戰爭技術不斷興起。

你認為有沒有重大證據，顯示人類隨著時間不斷進步？

362・歷史上的極端斯坦：一些正向的黑天鵝

以下是歷史上一些著名的「黑天鵝」事件，這些事件出乎意料、具破壞性、後果重大，但總體而言對人類有益：

- 宇宙大爆炸、細胞有機體和脊椎動物的生命起源、演化過程中最顯著的發展以及隨之而來的發明，例如用火、輪子、字母、活版印刷、眼鏡、窗戶、莊稼輪作、工業革命的重大轉捩點（包括蒸汽機、蒸汽水力驅動的棉紡廠、船和鐵路）、電力、電報、自行車、汽車、飛機、無線電、現代農業、微晶片、網際網路、智慧型手機，以及所有可以拯救生命並讓人們更加舒適的醫療相關的進步（例如適當的衛生設施、細菌理論、抽水馬桶、現代牙科、阿斯匹靈、抗生素、抗憂鬱藥物和微創手術）。
- 文藝復興。
- 美國革命及隨之而來的自由主義及民主主義；一八三〇年、一八四八年、一八七〇、七一年歐洲革命的失敗。
- 廢除奴隸制。
- 一九四五年擊敗希特勒，西歐的和平重建。
- 一九八九年柏林圍牆倒塌，東歐民主的崛起。

如果少了智慧的意識、個人和小團體的作用，這些事件多數都不會發生。你認同嗎？你會在我的暫時清單中新增或刪除哪些內容？

363 • 歷史上的極端斯坦：一些糟糕的黑天鵝

- 黑死病；其他重大疾病，包括第一次世界大戰後的「西班牙流感」。
- 所有造成大量人口傷亡的重大戰爭，尤其是導致社會持久分裂的內戰。
- 哥倫布航行之後，美洲原住民實際上遭到了大屠殺；以及發現澳洲後的類似屠殺事件；所有古代和現代的種族滅絕。
- 一九一七年十月的俄國革命以及列寧、史達林的崛起；東歐共產主義暴政。
- 一九二九年的華爾街崩盤，以及緊隨而來的一九三〇年代經濟大蕭條；此次崩盤也是以下事件的重要起因或催化劑：一九三三年一月希特勒上台，以及其導致的大屠殺；一九三九年納粹與蘇聯簽訂條約，觸發第二次世界大戰；一九四九年毛澤東和共產主義在中國崛起；隨後於一九六六年的「文化大革命」中，數百萬人遭到迫害或謀殺。

除了流行病和某些情況下的戰爭以及華爾街崩盤之外，幾乎所有負面黑天鵝都和正面黑天鵝一樣，都是有魅力的個人和與之相關的派系所為。

負面黑天鵝幾乎都是不可預測的。如果能令人信服地預測到這些事件，那麼或許就能避免其中多起事件。

你會在清單中加上哪些負面的黑天鵝事件？

364・關於資訊，少卽是多！

在塔雷伯的《黑天鵝效應》中，我最喜歡關於博弈公司的故事。在一項心理學實驗中，保羅・斯洛維奇讓博弈公司在根據馬匹表現的八十八個變數中選擇十個，他們認為這些變數對於計算賠率最有用，然後便能預測比賽結果。然後，除了前十個變數之外，斯洛維奇還給了另外十個變數。額外的十個變數並沒有提高博弈公司的準確性，但確實顯著提高了他們對預測的信心。[58]

我堅信未知的優勢。我不斷嘗試減少評估是否進行創投所需的資訊。我需要的客觀資訊無非就是以下這些：業務的歷史成長率、所在分拆市場的歷史成長情況，以及該公司與該分拆市場和最大競爭對手相比，規模有多大。我不想知道更多了。我唯一需要的主觀資訊是與執行長面對面的交談。然後我就做決定了。我從不使用（事實上我是不會使用）電腦的電子表格。我從不看商業計劃中提供的「資訊」，它們往往包含大量不相關或誤導性的訊息、無人相信的預測以及有偏見的邏輯。三十七年來，我的稅後財富以每年百分之二十二的速度複合成長。

任何分析中，無論是財務分析還是其他分析，應該優先選擇最高品質的少數變數，而不

58 塔雷伯在敘述中引用了大量心理學論文，這些論文的結論都是：更多的資訊對我們不利！

是數量較多的低品質變數。知道自己要尋找什麼，尤其知道自己不應該尋找什麼，這一點相當重要。[59]

當你決定任何和幸福感密切相關的事情時，會考慮多少因素？哪些因素最有價值？你能堅持考慮這些因素嗎？

365．深度懶惰和自然的秩序

準備完成這本書時，我在網路上看到了莎拉．佩里（Sarah Perry）寫的一篇關於「深度懶惰」（Deep Laziness）的精彩文章。[60]有關克里斯多福．亞歷山大（Christopher Alexander）的作品，莎拉如此評論道：「自然界中明顯存在著深度的惰性（人們只需觀察家裡的寵物就能明白這一點）。」在科學界中，有「最小作用量原理」。例如，肥皂泡將表面積的使用縮減到最小，或者一條河流緩慢而懶洋洋地蜿蜒流向大海。

在自然界中，我們可以觀察到一個具有「強中心」的結構，例如鑽石、雲或有分枝的樹（永遠都是類似的形狀，無窮無盡的物體有此特徵）。森林中的樹木能自然地形成一條大道。透過保留相同的形狀，但加入精心的設計，就能展現出自然的美麗、靈活性和經濟性（懶

59 若對我的方法感興趣，請參閱理查．柯克《星級法則：如何致富》。
60 莎拉．佩里的精采文章，請參閱 https://www.ribbonfarm.com/2018/04/06/deep-laziness.

惰）。大自然從來都不是一團糟。哥德式、文藝復興或喬治亞式等建築風格可以模仿大自然的深度惰性。現代建築卻沒有做到相同的事情——通常沒有中心模板；經常顯得雜亂無章。

向大自然致敬的絕妙而美麗的方式，除了欣賞「聰明與懶惰」之外，我們還能如何運用這一理念呢？莎拉認為，我們都有少量的「行為中心」，而她的主要兩個是跑步和編織。當我們有空閒時間或金錢時，根據我們的行為中心之一，或是兩相組合的形式進行新的活動，這麼做可能是有意義的。

就我而言，我主要的兩個行為中心應該是坐在魚塘邊思考和閱讀。通常我每天都讀到很晚，大多是到睡覺之前。而對我來說，偷懶並在下午三點左右停止工作是有道理的，這樣我就可以在魚塘邊看書，這對我的思想、我的眼睛都有好處，和在強烈的電燈下閱讀相比，在魚池邊讀書，晚上我的睡眠品質會更好。如此也能有更多好點子。

你要如何運用深度懶惰的概念呢？

謝謝你，後會有期

366 • 繼續走在快樂且通往良好結果的路上

謝謝你讀到最後——這裡也是一切的起點。

這段非凡的旅程永遠不會在你的生命中結束。

80／20邀請你分享喜悅，不帶有負面影響——成功由你自己定義，無論你願意付出多少努力；實現你的個人潛力，從一個高度抵達另一個高度的目標，將你的生活能夠擁有的意義最大化，這遠遠超過我們從一開始甚至現在意識到的；消除壓力和焦慮，因為你相信自己，並且選擇踏上通往想要的結果的道路，繞過絕望的深淵和任何耗盡你能量的事情；與你所愛、所欽佩的人共享旅程，共同取得偉大成果；生活充滿了愉快的日子和歲月，以小或大的方式豐富了你沿途遇到的每個人的生活。你快樂是因為你喜歡並愛你的同伴，因為你有充分的理由與他們快樂地待在一起，且對他們來說這也很重要。

將80／20植入你的思想和行動中，萬事皆有可能。你的武器是樂觀，尋找令人難以置信

的機會，只做自己能做的事情，並且要帶著愉悅的心和獨特的沉著，不要有超出負荷的焦慮或辛勞。每天都要做一些讓自己和其他人更快樂的事情，這些事情可以只佔據少量的時間和心力，且帶來的不便相當微小，例如微笑、小小的鼓勵和同理心，但效果卻非常好。

當然，你周圍還有另一個宇宙——邪惡的宇宙，有時甚至比邪惡更糟糕，因為它更廣泛、更令人沮喪。那個世界平庸、視野低矮、焦慮、憂鬱，艱苦地做著毫無意義的工作。只能透過相反的行動來對抗那個宇宙，這種對抗行動如此有吸引力，以至於越來越多的人加入，那就是80／20的方式。

你人生的使命，就是走向幸福和美好的結果。現在就出發吧！

高寶書版集團
gobooks.com.tw

RI 395
80/20 思維：放掉 80% 的無效努力，抓住 20% 讓人生持續獲益的關鍵
80/20 Daily: Your Day-by-Day Guide to Happier, Healthier, Wealthier, and More Successful Living

作　　者　理查．柯克（Richard Koch）
譯　　者　蕭季瑄
主　　編　吳珮旻
編　　輯　鄭淇丰
封面設計　林政嘉
內頁排版　賴姵均
企　　劃　陳玟璇
版　　權　劉昱昕

發 行 人　朱凱蕾
出　　版　英屬維京群島商高寶國際有限公司台灣分公司
　　　　　Global Group Holdings, Ltd.
地　　址　台北市內湖區洲子街 88 號 3 樓
網　　址　gobooks.com.tw
電　　話　（02）27992788
電　　郵　readers@gobooks.com.tw（讀者服務部）
傳　　真　出版部（02）27990909　行銷部（02）27993088
郵政劃撥　19394552
戶　　名　英屬維京群島商高寶國際有限公司台灣分公司
發　　行　英屬維京群島商高寶國際有限公司台灣分公司
法律顧問　永然聯合法律事務所
初版日期　2024 年 12 月

國家圖書館出版品預行編目（CIP）資料

80/20 思維：放掉 80% 的無效努力，抓住 20% 讓人生持續獲益的關鍵 / 理查．柯克 (Richard Koch) 著；蕭季瑄譯. -- 初版. -- 臺北市：英屬維京群島商高寶國際有限公司臺灣分公司, 2024.12
　面；　公分
譯自：80/20 daily : your day-by-day guide to happier, healthier, wealthier, and more successful living.

ISBN 978-626-402-150-0(平裝)

1.CST: 自我實現　2.CST: 成功法

177.2　　113018840

GOBOOKS
& SITAK
GROUP ©